国際政治の数理・計量分析入門

松原 望／飯田敬輔──［編］

東京大学出版会

FORMAL AND QUANTITATIVE ANALYSIS OF
INTERNATIONAL POLITICS
An Introduction
Nozomu MATSUBARA & Keisuke IIDA, Editors
University of Tokyo Press, 2012
ISBN978-4-13-032221-8

まえがき

　科学哲学者ブラックは「すべての科学はメタファーに始まり代数学で終わる」と言ったが（Black 1962, 242），政治学もメタファーには事欠かない．例えば，国際政治は「弱肉強食」であるとよく言われる．しかしよく考えてみると，このメタファーが何を意味するのかはよく分からない．弱いとはなんであろうか．強いとはなんであろうか．肉を食べるとは何のことであろうか．こうした疑問にきちんと答えるには，国際政治におけるパワーとはなんであるかを概念化し，それを測定する方法（数量化）を編み出し，そして，それがどのような帰結をもたらすか（因果関係）をきちんと明示的に示す必要が出てくる．最初の「概念化」だけであれば，日常言語を使うだけでも可能であろうが，測定とか因果関係となると，何らかの形で数字が必要である．ブラックの言葉でいえば代数学である．

　本書で解説するのは，そのような代数学，すなわち数理分析（ゲーム理論）と計量分析（統計学）の手法である．ゲーム理論は経済学では1970年代ころより本格的に導入され始め，現在では，最初にその応用が始まったミクロ経済学だけなくマクロ経済学や国際経済学でも頻繁に使用されるツールである．政治学でも1980年代から頻繁に使われるようになり，現在では，少なくとも米国の政治学では必須のツールとされている．計量分析に至っては，もっと応用の歴史は古く，それだけ定着度も高い．現在，欧米の政治学の学術雑誌を開けば，計量分析にお目にかからないことはまずないといってもよい．

　それだけ頻繁に使われる数理・計量分析であるが，日本の政治学ではまだ認知度はかなり低い．特に日本の国際政治学では外交史の伝統が圧倒的に強いため，どうしても，その他の手法が軽んじられがちである．そこで，日本でも数理・計量分析が当たり前のように使われるようになることを祈念して執筆したのが本書である．

　確かに国際政治学におけるゲーム理論の応用といえば，鈴木基史『国際関係』（鈴木2000）があるが，あらかじめある程度のゲーム理論の知識があるこ

とを想定して書かれているため，初心者にはハードルが高い．また日本語で書かれたゲーム理論の入門書は数多く出版されているが，政治学の応用例はほとんど載っていないのが実情である．このような現状に鑑み，手法と応用例をバランスよくブレンドし，かつ初心者にも理解できるような本をお届けしたいと思って書かれたのが本書である．

　しかし，読む上で，読者に注意を喚起したい点がいくつかある．まず，学部生で本書を手に取られた方には，次のように言いたい．手法はあくまで道具であって，それ自体が目的ではないと．究極の目的は，国際政治とはいかなる営みであるかを体系的かつ本質的に理解することであろう．もしそうであるとすれば，本書を読んだだけでそれが身に付くとはいえないであろう．国際政治学の基本書（猪口2007；日本国際政治学会2009）や，さきほど述べた外交史なども貪欲に読んでいく必要がある．

　次に中級以上，あるいは大学院生レベルの読者で本書を手にとった方には，次のように言いたい．本書だけで満足するなかれと．本書に書かれていることはあくまでも基礎中の基礎である．本書で国際政治学の数理・計量分析のすべてがカバーされているわけではない．巻末に参考文献も載せているが，本書を読みおえた後，中級あるいは上級向けの書物にも目を通していただければ幸いである．

　最後に，研究者の諸兄にお願いを一言．本書は大学の国際政治学の入門講座の教科書あるいは副読本として使用されることも想定している．学会などで，「国際政治で何を教えるべきか」というような企画に出席したこともあるが，全国の諸氏がどのように国際政治あるいは国際関係論を教えているのかは依然として謎のままである．私の察するところ大学の講義で国際政治学におけるゲーム理論の応用例を教えておられるのは，全国でも片手で数えられるほどではないかと思う．国際政治学の講座を持っておられる諸先生がたは全授業のうち1回でも2回でもよいから，そのようなテーマに時間を割いていただき，本書を使用していただければこの上ない幸せである．

執筆者を代表して　飯田　敬輔

目　次

まえがき

第1章　国際政治学における数理分析の役割 ─── 1
1.1　数理分析の効用　　1
1.2　ゲーム理論の誕生と発展　　5
1.3　国際政治学におけるゲーム理論の応用　　7
1.4　数理モデルの計量的検証　　16

第2章　数理分析の基礎 ─── 19
2.1　意思決定の数理としてのゲーム理論　　19
2.2　効用の考え方　　20
2.3　確率の考え方　　23
2.4　期待値原理と期待効用仮説　　26
2.5　確率と情報　　30

第3章　非協力ゲーム ─── 35
3.1　戦略的相互作用とゲーム理論　　35
3.2　2人ゼロサム・ゲームの重要性　　36
3.3　マクスミン・ミニマックスと鞍点・ナッシュ均衡点　　39
3.4　混合戦略　　44
3.5　優越戦略　　50
3.6　非ゼロサム・ゲーム　　51

第4章　非協力ゲームと国際政治 ─── 59
4.1　国際政治分析における非協力ゲーム　　59

4.2　ゼロサム・ゲームとしての戦争——ビスマルク海戦　60
4.3　チキン・ゲームとしての米ソ冷戦　65
4.4　両性の闘いとしての国際的調整　69

第5章　協力ゲーム —————————————————— 73
5.1　非協力ゲームと協力ゲーム　73
5.2　協力ゲームの基礎　74
5.3　コアとシャプレー値　82

第6章　協力ゲームと国際政治 ———————————— 89
6.1　国際政治分析における協力ゲーム　89
6.2　コアによる環境汚染問題の分析　90
6.3　シャプレー値による拒否権の分析　95

第7章　ダイナミックなゲーム ———————————— 101
7.1　展開形ゲーム　101
7.2　繰り返しゲーム　108
7.3　2レベル・ゲーム　114

第8章　ダイナミックなゲームと国際政治 ——————— 119
8.1　国際政治分析におけるダイナミックなゲーム　119
8.2　展開形ゲームと国際政治　120
8.3　繰り返し囚人のジレンマ・ゲームと国際政治　129
8.4　2レベル・ゲームと国際政治　134

第9章　ベイジアン・ゲーム ————————————— 139
9.1　不完備情報ゲームとしてのベイジアン・ゲーム　139
9.2　ベイズの定理と事後確率　140
9.3　ベイジアン・ゲームの考え方　145

9.4　同時確率に基づくナッシュ均衡　146
　　9.5　条件付確率に基づくベイジアン均衡　148

第10章　ベイジアン・ゲームと国際政治 ―― 153
　　10.1　国際政治分析におけるベイジアン・ゲーム　153
　　10.2　ベイジアン・ゲームによるミュンヘン会談の分析　154
　　10.3　ベイジアン・ゲームによる戦争を意識した交渉の分析　156
　　10.4　国際政治における誤認の問題　167

第11章　計量分析の基礎 ―― 169
　　11.1　数理分析と計量分析　169
　　11.2　データからの出発　171
　　11.3　図によるデータの表現方法とその解釈　173
　　11.4　回帰分析　176
　　11.5　ロジット分析　179
　　11.6　検定の考え方　182

第12章　計量分析と国際政治 ―― 185
　　12.1　データで国際政治を捉える　185
　　12.2　日ソ漁業交渉の回帰分析　192
　　12.3　デモクラティック・ピースのロジット分析　196
　　12.4　国際的テロ行為のロジット分析　203

第13章　計量分析による数理モデルの検証 ―― 209
　　13.1　モデルとデータの補完関係　209
　　13.2　計量分析による数理モデルの検証例（Ⅰ）――経済制裁　210
　　13.3　計量分析による数理モデルの検証例（Ⅱ）――同盟の約束履行　217
　　13.4　計量分析による数理モデルの検証例（Ⅲ）――国内政治と戦争　223

補　章　231
参考文献一覧　239
あとがき　253
索　引　257

第1章 国際政治学における数理分析の役割

　本章の目的は，国際政治の理解に当たって，数理分析，特にゲーム理論がどのように役に立つかを説明することである．最初に，簡単な例を用いて，ゲーム理論が仮説の構築や検証にどのように役に立つかを説明する．次に，ゲーム理論の歴史を振り返った上で，これまで国際政治学で，ゲーム理論がどのように応用されてきたかを，代表的な書籍や論文の解題を通じて説明する．最後に，数理分析と計量分析を組み合わせた研究例についても紹介したい．

1.1　数理分析の効用

　国際政治学を含む社会科学には様々な分析方法がある．たとえば，読者がなぜ日本は勝てる見込みもない太平洋戦争を戦ったのであろうか，という疑問に答えたいとしよう．この設問に答えるには様々な方法がある．

　第一は歴史的な方法である．具体的には公開されている史料をひもとき，これまでに書かれてきた歴史書に批判を加え，さらに新たな解釈を提示するという方法である．たとえば，日本国際政治学会では，この問題について膨大な共同研究を行い『太平洋戦争への道』全8巻（日本国際政治学会太平洋戦争原因研究部 1962-1963）を発表している．このような本を読めば，歴史的方法とは何かがわかろう．第二は，戦争論一般から始め，太平洋戦争をその一例として扱う方法である．戦争論については膨大な理論体系があるが，ここでは単に一例をあげよう．ヴァン・エヴェラは『戦争原因論』（Van Evera 1999）の中で，戦争の主な原因として i) 先手の優位，ii) 機会の窓，iii) 資源の集積性（力が雪だるま式に膨れ上がること）という3つの説を提示し，なかでも ii) は日本の太平洋戦争開戦の状況に合致しているという．「機会の窓」(window of opportunity) というのは，日本語の慣用表現でいえば，「千載一遇の好機」とでもいいかえることができよう．すなわち，日本は1930年代後半以降の海軍増強により，少なくとも西太平洋地域においては米国に対して優位に立ったこと，

1939年の欧州戦線の開戦により，欧州列強の植民地の保護が手薄になったこと，1941年7月の米国による対日制裁強化により2年以内に資源枯渇の危機に瀕したこと，冬に開戦すればソ連からの攻撃を受けにくいこと，などの理由が重なったため，1941年12月を「千載一遇の好機」と見たというのである (Van Evera 1999, 89-90).

もちろん，これだけで日本の太平洋戦争開戦の決定がすべて説明できるわけではないが，このような一般理論があることにより，その説明がより一般性・普遍性を増すことになる．つまりこのような現象は日本のみならず，そのほかの戦争にも共通することが明らかにされる．

仮に読者が第二のような方法に惹かれ，それを実践したいのだが，適当な理論が存在しない，あるいは存在してもどうも納得がいかないため，より良い理論の構築を目指したとしよう．その場合，どうすればいいであろうか．そのさいに便利なのが，数理的分析方法である．たとえば，読者が「戦争は当事国双方が同時に自国が勝つ確率を過大評価した時に起こりやすい」という仮説を立てたとする．しかし直観的にはいかにもっともらしい仮説であったとしても，論理的にそれが正しいかどうかを確かめるのは容易ではない．

そこで，話を単純にするために，読者が次のような簡単な例を考えついたとしよう．

経済学で期待効用[1]の計算の仕方を習ったばかりの読者は，ある選択肢の期待効用が次のように計算できると知っている．選択肢 x を選択した時に起こりうる結果が2つ，すなわち x_1 と x_2 だとして，x_1 の起こる確率[2]を $P(x_1)$，x_1 の効用を $U(x_1)$，同様に x_2 の起こる確率を $P(x_2)$，x_2 の効用を $U(x_2)$ と表すとすると，選択肢 x の期待効用は，

$$E(U(x)) = P(x_1) \cdot U(x_1) + P(x_2) \cdot U(x_2)$$

と表すことができる．E は期待値の意味である．そこで，x を開戦の決定，その時に x_1 は勝利，x_2 は敗戦だとし，単純化のために $U(x_1) = 1$，$U(x_2) = 0$ とすると，この式は

$$E(U(x)) = P(x_1)$$

---

1) 期待効用については第2章第4節参照．
2) 確率については第2章第3節参照．

となる．ではこの決定は合理的であろうか．開戦しないで平和を保った時の効用がわからないと，開戦決定をすることが合理的か否かがわからない．仮に平和（y と置く）の効用が $U(y)$ という定数だとする[3]と，開戦するかしないかの決定は $P(x_1)$ と $U(y)$ の大小により決まることになる．これがきわめて単純ではあるが意思決定論による戦争起源論である．

そうすると，それぞれのアクターの勝利の確率の評価と，平和の効用の大きさのみによって決まってしまうので，上記の仮説の中の「双方が同時に自国が勝つ確率を過大評価」という条件のうち，「双方」の部分が欠落してしまうことになる．

しかし，ここで，読者はあることに気がつく．2 カ国が戦争する時に国家 A が勝つ確率と，国家 B が負ける確率は独立ではないと．したがって，もう一度分析のやりなおしである．国家 A が開戦する選択を x_A（上記とは表記が異なり，下付きの記号は国家を指していることに注意），開戦しない選択を y_A とし（B についても同様），開戦した場合には，国家 A が勝利する結果 w_A，国家 B が勝利する結果 w_B があり，引き分けの可能性はないものとする．

前と同じようにどちらの国にも勝利した時の効用は 1，敗戦の効用は 0 とする．また選択 y は一通りの結果しか生じないので，これをそのまま y とする．

$$E(U_A(x_A)) = P(w_A) \times 1 + P(w_B) \times 0$$
$$= P(w_A)$$
$$E(U_A(y)) = U_A(y) \text{（ある正の定数）}$$

したがって，前と同じように，開戦するかしないかはこれら 2 つの値の大小によって決まることになる（なお，ここで U_A となっているのは，A の効用であることを明示するためである．同様に B の効用は U_B で表す）．

そこで，たまたま経済学で，ゲーム理論の初歩を学んでいた読者は同時手番ゲーム[4]を考えてみることにした．しかし，やっている途中で，はたと気がついたのは，一方の国が開戦決定を下し，もう一方の国が戦わないこと（平和）を選んだ場合に，結果はどうなるであろうかということであった．そこで，

---

[3] 定数だと仮定するということは平和には一通りの結果しかなく，それが確率 1 で起きることを仮定していることと同じである．もちろん現実はもっと複雑であろう．

[4] 手番の考え方については第 7 章第 1 節参照．

表1.1 開戦ゲーム

A \ B	開戦	平和
開戦	$(P(w_A), P(w_B))$	$(P(w_A), P(w_B))$
平和	$(P(w_A), P(w_B))$	$(U_A(y), U_B(y))^*$

*ナッシュ均衡

表1.2 開戦ゲーム（簡略化）

A \ B	開戦	平和
開戦	$(P(w_A), P(w_B))$	$(1, 0)$
平和	$(0, 1)$	$(U_A(y), U_B(y))$

仮定1：もし一国でも開戦を決意したら，他方は自動的に応戦する．
また平和主義者である読者は，

仮定2：上の不等式は一般には，$P(w) < U(y)$ である（U_A, U_B の両方について．以下同様）．

と仮定することにした．

このときゲームは表1.1のように書ける．（ ， ）は国家 A, B の期待効用である．

しかし，読者は，このゲームでは，（平和，平和）が唯一の均衡解（厳密にはナッシュ均衡[5]）であることに気がつく．これでは戦争は均衡としては起こらないことになる．

そこで，読者は仮定1を考えなおし，

仮定3：どちらかが開戦決定をし，他方は平和を決めた場合には，先手必勝により，開戦決定をした方が，必ず勝つ．

としてみた．すると，ゲームは表1.2のように変わる．ここで，確率はかならず0から1までの数であるから，$0 < P(w_A) < 1$．また仮定2により，$P(w_A) < U(y_A)$．また新たに

仮定4：$U(y_A) < 1$（平和よりはかならず戦争に勝つ方がよい）

とし，国家Bも同様とすると，上記のゲームは有名な「囚人のジレンマ」[6]ということになり，（開戦，開戦）が均衡解となる．これでやっと戦争が均衡解

---

5) ナッシュ均衡については第3章第3節参照．
6) 囚人のジレンマについては第3章第6節参照．

として現れた．これはヴァン・エヴェラのいうような先手優位の仮説の有用性を物語っているのであり，「双方が同時に自国が勝つ確率を過大評価」したということとは異なる．

しかし上記のゲームを次のように解釈すると，もともとの読者の仮説に近くなる．すなわち，実際には戦争は必ずしも先手必勝ではない．ただし，仮に国家がそのように誤解をして意思決定をするとすれば，やはり上記のゲームのように戦争が均衡解として起こりうる．これは——実は先手必勝ではないのだが——国家が先手を打った時に勝つ確率を過大評価した，と言い換えることができよう．

ずいぶん回り道をしたが，以上から次のようなことがわかる．
(1) 意思決定論，あるいはゲーム理論（いずれも数理的分析である）を使うと，自分の考えている仮説をより厳密にかつ論理的に示すことができる．
(2) モデルを作る過程で，いくつかの仮定を設けざるを得なくなるが，その仮定いかんによっては，自分の考えている仮説とは違った結果が（均衡）解として現れることがある．これによりそれぞれの仮定の重要性が把握できる．

数理モデルの効用としては，(1) の方が強調されがちであるが，(2) も同様に重要である．このように人間の思考過程では，ささいではあるが大事なこと（仮定条件など）が捨象されがちである．そういった思考の隠れた部分を浮き彫りにしてくれて，自分の考えがそれほど正しくはないこと，あるいは時によっては全く的外れであることなどが，数理分析をしているうちに次第に明らかになってくるのである．

1.2 ゲーム理論の誕生と発展

前節では意思決定論とゲーム理論の効用について説明したが，国際政治学におけるゲーム理論の貢献を説明する前に，ゲーム理論の歴史（誕生と発展）について，簡単に触れておこう．

ゲーム理論を発明したのはフォン・ノイマンであるとされている．ハンガリー生まれのユダヤ系数学者であるが，ナチスを嫌って 1930 年代に米国に一家

で亡命し，アインシュタインもいたプリンストン高等研究所の研究員となった．彼が最初にゲーム理論を構築したのは，1928年にドイツのゲッチンゲン大学の数学論文誌に書いた「社会的ゲームについて」という論文であったといわれている（岡田 2008, 6）．すでにこの論文のなかで，2人ゼロサム・ゲームの「ミニマックス定理」[7]の証明を行ったと言われる．

オーストリアの経済学者モルゲンシュテルンも，ナチスのウィーン侵攻をきっかけに米国に亡命し，プリンストン大学経済学部で職を得た．モルゲンシュテルンはフォン・ノイマンの発明したゲーム理論の重要性に早くから気づき，プリンストンで議論を重ねた結果を共著として著したのが『ゲームの理論と経済行動』（von Neumann and Morgenstern 1944）である．

すでにフォン・ノイマンの1928年の論文に提示されていた2人ゼロサム・ゲームにおけるミニマックス定理の証明により，ゼロサム・ゲーム理論の基礎を完成させたほか，n人ゲーム（3人以上のゲーム）での提携形成の理論を定式化し，「安定集合」（フォン・ノイマン＝モルゲンシュテルン解）[8]の概念を確立した．

上記のn人ゲームは「協力ゲーム」とも呼ばれ，ゲーム理論の発展の初期段階では，最も発展した．しかし規範性が強いことなどから，経済学などでは敬遠されがちであった．したがって，それ以降ゲーム理論が発展したのは，「非協力ゲーム」理論の確立と，それにおけるナッシュ均衡の発明によるところが大きい[9]．

映画『ビューティフル・マインド』でも知られる天才数学者ナッシュも，プリンストン大学で博士号を取得したが，1950年提出の博士論文の中で「ナッシュ均衡」の概念を提示した．この均衡解が非協力ゲーム理論の礎となったといってもよい．したがって，ゲーム理論はプリンストン大学で新たに再出発を遂げたといえよう．

ナッシュ均衡はもっとも一般的な条件の下で存在する．その存在が，均衡解を求めることができるという安心感を与えるとともに，一部のゲームではあま

---

7) ミニマックスについては第3章第3節・第4節参照．
8) 安定集合については第5章第2節参照．
9) 協力ゲームについては第5章，非協力ゲームについては第3章参照．

りにも多数存在するために，その中で，どれがもっともらしい均衡解であるかというのが，ゲーム理論家の論争の種となった．したがって，ナッシュ均衡のうち，さらにその一部を抽出する（専門用語では精緻化 refinement と呼ばれる）作業が，ゲーム理論の発展の一種の起爆剤となっていく．換言すれば，ナッシュ均衡の精緻化がその後のゲーム理論の発展の歴史といってもよい．

まずドイツの経済学者ゼルテンは「部分ゲーム完全（ナッシュ）均衡」[10]の概念を確立した．これは，いわゆる「ゲームの木」で表されるような，プレーヤーのプレーする順番があらかじめ決まっている種類のゲーム[11]で，単純にナッシュ均衡の概念を応用すると，信憑性のない均衡が現れるため，そのような均衡解を除外するために考案された．

また経済学におけるゲーム理論の応用ではしばしば情報が不完備であることが想定されることが多いが[12]，この時にナッシュ均衡をさらに精緻化した「（完全）ベイジアン均衡」[13]を用いると分析がきれいに行える．このようなゲームを別名「ベイジアン・ゲーム」と呼ぶが，この分野を開拓したのがハンガリー出身の経済学者ハーサニであった．このように，ナッシュに続いてゼルテン，ハーサニが現代ゲーム理論の基礎を築いたわけであり，1994年にこの3人がそろってノーベル経済学賞を受賞したのもうなずける．

その後もさまざまなナッシュ均衡の精緻化がおこなわれているが，いずれも，ナッシュ均衡，部分ゲーム完全（ナッシュ）均衡，あるいは（完全）ベイジアン均衡のいずれかをさらに精緻化したものに他ならない．

1.3　国際政治学におけるゲーム理論の応用

1.3.1　黎明期（1960年代〜1980年代中葉）

シェリングの核抑止論　ゲーム理論を国際政治学に最初に持ち込んだのはお

---

10)　部分ゲーム完全均衡については第7章第1節参照．
11)　展開形ゲームと呼ぶ．同上参照．
12)　情報の種類については第2章第5節参照．
13)　ベイジアン均衡については第9章参照．

表 1.3 チキン・ゲーム

A \ B	ハンドルを切る	切らない
ハンドルを切る	(0, 0)	(−1, 1)
切らない	(1, −1)	(−∞, −∞)

そらくシェリングであろう．プリンストン大学で博士号を取得し，長年にわたってハーバード大学で教鞭をとった経済学者シェリングは，2005 年にノーベル経済学賞を受賞している．

シェリングの最も有名な著作は『紛争の戦略』（Schelling 1960）および『兵器と影響力』（Schelling 1966）である．このなかで，特に核抑止についてゲーム理論的な論理が応用できることを如実に示した．特に彼の「信憑性のあるコミットメント」（credible commitment）の考え方が，それ以降の核抑止ならびに国際政治一般に大きな影響を及ぼした．

核戦争とは，極限的な状況である．そこでは合理性と非合理性が交錯する．核戦争の一歩手前の状況は，よく「チキン・ゲーム」になぞらえられる（表 1.3）[14]．

シェリングは，チキン・ゲームに似た状況では，信憑性のあるコミットメントを行った方が勝ちであると主張する．たとえば，通常戦争において一個師団を率いて進軍した司令官が，後方にある橋を焼き払ってしまって退路を断つなどのやり方で，コミットメントをすることができると主張する．核戦争の一歩手前の国際危機でも同様である．お互いに核戦争は避けたい．しかし，自分から先に引き下がることは自国の弱みをさらけ出すことになり，そのような屈辱は受け入れがたいとする．すると，やはりチキン・ゲームと同じ状況である．このような場合，国家はどうするであろうか．

シェリングの答えは，確実な第二撃（反撃）能力の確保である．敵から第一撃を受けても，確実に自国の核兵器の一部は生き残り，それをほぼ自動的に発射できるようにしておけば，敵は第一撃を打つことはない．ここまではそれまでの核戦略でも考えられていた（大量報復戦略）．しかし，それまでは単に敵

---

[14] チキン・ゲームについては第 3 章第 6 節参照．

に耐えられないほどのダメージを与えることだけが重視されていたのが，敵の第一撃にいかに持ちこたえるかに，よりウェートがおかれるようになり，その後，相互確証破壊（MAD）として定式化される．このように，シェリングの理論はその後のアメリカの核戦略に大きな影響を与えた．

スナイダーとディージングのゲーム類型論　シェリングの登場以降，ゲーム理論は国際政治学の教科書にも頻繁に登場するようになったが，本格的理論研究は核戦略の分野にとどまっていた．国際政治学一般に大きな影響を与えるようになったのはスナイダーとディージングによる『国家間の紛争』（Snyder and Diesing 1977）である．彼らは，国際紛争あるいは国際危機の状況が全部で24のゲームに分類できるとし，それぞれの均衡解と現実に起こった様々な危機・紛争・戦争がどのように対応しているかを明らかにした．これにより，ゲーム理論は核戦略の考案のためのツールであるという狭い解釈から，国際政治全般に広く応用できるとの認識が広まったのである．またそれまで国際政治への応用というと，もっぱら「囚人のジレンマ」や「チキン・ゲーム」にレパートリーが限られていたが，彼らの著作以降は「鹿狩り」などさまざまなゲームが国際政治学者に知られるようになった．

しかし，彼らのゲーム理論の用い方には当初から疑問も投げかけられた．あまりにもアドホック（場当たり的）だというのである．国際政治学は国際政治で実際起こる現象を説明することに関心がある．ところが，過去に起こった紛争や戦争に関する限り，われわれは実際の結果がどうであったかを知っている．するとどうしても，その結果に均衡解が対応しているゲームであったのに違いないと推測しがちである．それではいわゆるトートロジー（同義反復）に陥りがちである．これ以降，もっと演繹的なゲーム理論の展開が好まれるようになったのも，彼らが反面教師となったからに他ならない．

アクセルロッドの協調論　これに対し，アクセルロッド（Axelrod 1984）はまったく異なるアプローチを採用した．彼は繰り返し囚人のジレンマ・ゲーム[15]で最もよい戦略は何かを探るために，以下のようなコンピュータ・トーナメントを企画した．囚人のジレンマとは以下のようなゲームである．それぞれ，

---

15) 繰り返し囚人のジレンマについては第7章第2節参照．

表 1.4　囚人のジレンマ

1＼2	C（協力）	D（裏切り）
C（協力）	(R, R)	(S, T)
D（裏切り）	(T, S)	(P, P)

注：S<P<R<T，R>(S+T)/2

　C（協力）とD（裏切り）の2つの行動があり，お互いに協力すれば，それぞれRという比較的高い点数（利得）を獲得できるが，一方的に裏切ればさらに高い点数（T）が取れるため，短期（1回きり）の均衡解ではその誘惑に駆られて裏切ってしまうというゲームである（表1.4）[16]．これを無限に繰り返せば，協力も均衡解（厳密には部分ゲーム完全均衡）として維持できることが知られていた．

　アクセルロッドは，繰り返し囚人のジレンマで，どのような戦略が優位に立つかを調べるため，プログラムを公募して，それらの戦略を総当たりで対戦させ，全体で高得点を獲得した戦略がどのようなものであるかを調べたところ，2度の総当たり戦でどちらも優勝したのは社会心理学者で数学者のラパポートが提出した「ティット・フォー・タット」（TFT，しっぺ返し）という戦略であった．この戦略によるとまず初回は協力するが，それ以降は，相手のプレーヤーが前回に出した手（action）をそのまま真似するのである．つまりある回に相手が裏切れば，次回自分が裏切り，ある回に相手が協力すれば，次回自分も協力する，という比較的単純な戦略であった．また，さらに生物学の進化論の応用により，高得点の戦略を持つプレーヤーの数が世代ごとに増殖するという設定でゲームを行ってみても，TFT戦略が生き残った．このことから，国際政治における「相互主義」あるいは「互恵主義」（reciprocity）が競争的な環境においては合理的であることが判明した．

　アクセルロッドの実験が行われた1980年代初めには，アナーキー（無政府状態）の協調抑制効果を強調するネオリアリズムが隆盛を誇っていたが，それに対抗するリベラル学派の論者たちはアクセルロッドの実験結果を根拠として，国際政治において国際協調の可能性を主張するネオリベラリズムの理論を打ち

---

16)　お互いに裏切る場合はPという比較的低い利得となるが，最悪の結果は自分が協力しながら相手に裏切られる場合の利得Sである．

立て，これが一世を風靡した．またアクセルロッド（Axelrod 1984）やオイ（Oye 1986）は，繰り返しゲームで協調が維持されるためにはゲーム理論でいう「割引因子」がある程度大きくないといけないことに注目し，それを「未来の影」といいかえ，未来の影が国際協調のカギであると主張した．

このようにゲーム理論は，1980年代の中頃までには，国際政治学の理論のなかでも重要な役割を果たすようになってきていた．

1.3.2　成熟期（1980年代後半〜1990年代）

パウエルの衝撃　このようにゲーム理論は国際政治学にはなくてはならない存在となりつつあったが，技術的には初歩的なレベルにとどまっていた．

しかし，1980年代の後半くらいからその様相は一変する．その契機となったのは，1987年に発表されたパウエルの論文である（Powell 1987）．パウエルは国際危機がエスカレートしていく過程を不完備情報ゲームの逐次均衡（完全ベイジアン均衡をさらに精緻化したもの）として解き明かした．つまり，最後には核戦争に至るような国際危機を想定し，自分がどれだけリスクに耐えられるかを示す「決意」（resolve）の要素について相手が完全な情報をもっていないときに，それを誇示するための手段として国家が危機をエスカレートさせていく様が描かれた．実質的な洞察としては，それまでシェリングら核戦略家が主張していたこととさして変わりはないが，技術的には，それまで国際政治学者が到達していたレベルをはるかに超えていた．彼はこの論文をさらに発展させた論文をいくつかその後発表し，それらをまとめて1990年に単行本として出版した（Powell 1990）．この本を書評した評者がいみじくもいったように，パウエルは国際政治学に「新たなスタンダード」（Mor 1992, 294）を設定したのである．これ以降，少なくともゲーム理論で国際政治学に貢献するには，パウエルに匹敵する技量がなければならないということになったのである．

しかしパウエルがこれらの論文を発表したのは時期的には最悪であった．ソ連は崩壊への過程をたどりつつあり，また冷戦の終結とともに，超大国間の核戦争の可能性は急速に遠のいていった．したがって上記のような技術的な面を除いては，パウエルの一連の論文は顧みられることはなくなってしまったのである．核戦略の必要性の低下とともに，パウエルの関心はゲーム理論をこれま

での国際政治理論に応用する方向に向いていった．

まず 1996 年に発表された論文（Powell 1996）のなかで，勢力均衡論のゲーム理論的再構成に挑んだ．2 カ国が領土を分割するゲームで，軍事力を背景にバーゲニング（駆け引き）を行うという設定でゲームの均衡解を求めた．このゲームの分析によると，戦争が起こる確率は戦争前の領土の配分に大きく影響される．すなわち，事前の領土配分が少ない国は，たとえ戦争に負ける確率が高くとも，現状に対する不満が強いため，戦争のリスクを受け入れる．ということは，戦争が起こる確率は軍事力が均衡しているか否かだけではなく，軍事力の配分がどの程度，領土の配分に呼応しているかにも依存することになる．

それまでの勢力均衡論では，勢力（軍事力）を均衡させることが国際政治の安定につながるとみられていたが，パウエルは，単に軍事力が均衡しているかだけではなく，領土配分（あるいはもっと広義に現状の国際秩序から得られる利益の配分）が軍事力の均衡とどのようにつながっているかによって決まることを示したのである．

パウエルはこのモデルをさらに動態的にし，軍事力が時間とともに変化していくモデルを構築した．軍事力の変化と領土分割のバーゲニングがどのように連動するかを調べたのである．すると，軍事力の変化に遅れる形で，衰退国から台頭国に対して領土割譲が行われることが判明した．これはある意味では，ギルピンの勢力均衡論（覇権国の衰退に伴い戦争が起こるという理論）（Gilpin 1981）にも似ていた．しかし，ギルピンの理論とは異なり，完備情報のモデルでは戦争が起きない．そこで戦争が起こり得るように，不完備情報ゲームを構築すると，覇権国の衰退過程で戦争が起きた．これによりギルピンの覇権と戦争の理論がゲーム理論的裏付けを得ることになったのである．

フィアロンのモデル 1990 年代に国際政治学に大きな衝撃を与えたもう 1 つの理論はフィアロンの理論（Fearon 1994）である．この理論もゲーム理論に基づく成果であった．フィアロンの論文が発表されるまでに，国際政治学では「デモクラティック・ピース」論[17]という理論が有名になっていた．ドイル（Doyle 1986）によると，民主主義国と非民主主義国では，それぞれが戦争に

---

17) デモクラティック・ピースについては第 12 章第 3 節参照．

関与する頻度では大きな違いはないものの,民主主義国どうしでは戦争をしないという経験則がある.またラセット (Russett 1993) は,これは民主主義の国内制度的制約と非暴力の規範の両方の説明がありうるが,どちらかといえば規範説のほうが有力であるとしていた.これに対し,フィアロンは「観衆費用」(audience cost) という概念を持ち込み,民主主義国が戦争を抑制するのは,いったんコミットメントをした場合に,そこから退却するには国内的に大きな費用が発生するからであるとした.つまり,いったん大上段に構えてしまった場合に,事後的にそのような態度を翻した政府に対して民主主義国では国民が罰を与える——たとえば選挙で与党を敗北させる——など,大きな費用が発生するというのである.これにより,民主主義国は戦争に巻き込まれにくい——特に民主主義国どうしではお互いにこの抑制が働くため戦争に巻き込まれにくい——のであるとした.「観衆費用」はその後,実験などにより裏付けられ,いまでは国際政治学理論のなかでなくてはならない概念となっている.

　そのほか,ゲーム理論が国際政治学に大きなインパクトを与えた分野として2つだけ挙げておこう.1つは相対利得論をめぐる論争であり,もう1つは2レベル・ゲームの分野である.

　相対利得論争　グレコ (Grieco 1988) はネオリベラリズムに対する批判として,ネオリベラリズムは「絶対的な利益」(absolute gains) だけを強調しているが,競争的なアナーキーの下では,国家は相手との相対的な利益 (relative gains) の差にも留意する必要があり,そうなると協調は国家が絶対利得を追求している時よりもさらに難しくなると説いた.これが相対利得論である.これに対して,ゲーム理論による反論がいくつか行われた.

　まずスナイダル (Snidal 1991) は,グレコの提示した,国家は絶対利得と相対利得の加重平均を目的関数とするという前提を受け入れながらも,さまざまなゲーム構造の中では,相対利得の考慮だけでは国際協調がなくなるとは言えないことを示した.これに対しパウエル (Powell 1991) はグレコのリアリスト的主張には一定の理解を示しながらも,グレコのようにもともと目的関数のなかに相対利得を含ませてしまうのは,モデリングの仕方としては邪道であり,むしろ(軍事等の)技術の中に相対利得の考慮を発生させる要素があるとした方が理論的にはすっきりするとして,そのようなゲーム・モデルを構築した.

このように，相対利得論の是非をめぐる論争のなかでゲーム理論は重要な役割を果たしたのである．

2 レベル・ゲーム　パットナムは 1988 年の論文（Putnam 1988）のなかで，国際交渉は国際レベルのゲームと国内レベルのゲームの二重構造になっており，その両方のゲームで勝つのが交渉者の目標であるとする理論を提唱した．この論文が発端となって 2 レベル・ゲーム理論[18]が急速に発展した．

たとえば，飯田（Iida 1993）は，ルービンシュタインのバーゲニング・モデルを使ってパットナムの議論をできるだけ忠実に再現するとともに，国内的制約は交渉力を増すというパットナムの仮説を批判的に検討し，交渉の結果は国際的な情報の非対称性と国内的な情報の非対称性の両方によって影響され，特に国内ゲームの情報をお互いがよく把握していない場合には国内的制約は交渉を困難にすることはあれ，交渉力の源泉とはならないと主張した．ミルナー（Milner 1997）も国際交渉と議会による批准のモデルで，国内的制約（ここでは議会）が交渉を困難にするとともに，国内の賛同者（endorser）の役割が重要であることを強調した．タラー（Tarar 2005）は，2 レベル・ゲーム理論のなかでは国内制約が交渉力を高めるか否かについて論争があるが，その是非は国内の選挙制度の違いに対応すると主張した．

1.3.3　近年の動向

前述のように 1990 年代を中心にゲーム理論は国際政治学のなかで確固たる地位を確立し，国際政治学者にとっての必須のツールとなっていった．このため，その応用範囲も多岐にわたるようになり，これを簡単に要約するのは困難である．したがって，それぞれの分野においてどのような展開があったかを簡単に概観するに留める．

戦争原因論　パウエルの核抑止論などに代表されるように，これまでの国際政治学の諸理論のなかでは，戦争はあくまで背景にあり，現出する均衡解では戦争は起きないモデルを書く傾向が強かったが，2000 年代になって，アフガニスタン戦争，イラク戦争などが続いたせいか，戦争あるいは戦闘があくまで

---

[18]　2 レベル・ゲームについては第 7 章第 3 節参照．

均衡の経路上に現れるようなモデルが出現するようになってきた.

たとえば，ワグナー（Wagner 2000）は，現実に戦争が起きるのはなぜかという問いに，通常の戦争（戦闘）は絶対的な戦争（世界大戦のような敵を完全に武装解除する戦争）に先立つ前段の手段であるという説明をしている．またスランチェフ（Slantchev 2003）は，戦争が非効率的であるにもかかわらず起きるのは，外交的解決（戦争以外の解決）では最悪の事態（戦争よりもさらに悪い結果）を甘受せざるを得ない当事者（国）が存在することに起因するとしている．

戦争終結論　戦争終結のモデル化はウィットマン（Wittman 1979）に始まると言われるが，最近では戦争の発生と終結を統合したモデル化も始まっている．フィルソンとワーナー（Filson and Werner 2002）は交渉と戦闘が交互に起こるモデルを構築し，その均衡のなかでは，国家がよりよい条件で講和できると思っている間は戦闘を継続するということを示した．そして戦闘の終結は，相手国が手強い相手であることを十分確信した時に起きるが，そのような確信は交渉の決裂――これにより相手が強いタイプである確率が高くなる――および戦闘の勝敗によって決まる．また戦争の継続期間が長いほど，戦争を引き起こした側の敗北の可能性は高まることを示した．

デモクラティック・ピース論　シュルツ（Schultz 2001）はデモクラティック・ピース論について，フィアロンとは異なるアプローチを採用した．すなわち，戦争の原因は情報の非対称性にあるとする点では同じであるが，民主主義国では政党間競争があるため，野党が出すシグナルが，相手国に対して情報を伝達する機能を果たすという．これにより，戦争が回避しやすくなるというのである．具体的には，野党が存在することにより，政権与党が相手国に対してこけおどしをするインセンティブが制限されるという．

一方，ラムゼー（Ramsay 2004）はシュルツのモデルに懐疑的である．野党は選挙に勝つことが目標であれば常に与党に反対するし，国益を重視するならば常に与党を支持する．したがって，情報伝達の役割を果たさないというのである．しかし，それにもかかわらず，チープトーク（外交における声明のようにコストのかからないコミュニケーション）[19]により，情報が伝達される均衡も存在することを示している．

抑止論 フィアロンのモデルでは，観衆費用がコミットメントの信憑性を高め，戦争あるいは相手の攻撃を抑止する働きをしているが，その他の抑止論も登場している．たとえば，スランチェフ（Slantchev 2005）によれば軍事動員が戦争の利得を高めることにより抑止効果を発揮する．これはシグナルとしての効果と相乗的である．またサルトーリ（Sartori 2002）は評判が抑止には重要であるが，評判はコストのかかる軍事行動ではなく，比較的費用のかからない外交によっても作り出すことが可能であるとしている．

民族紛争 冷戦終結後の国際政治では，これまでの国家間戦争にかわって国内紛争，特に民族紛争のウェートが増したが，ゲーム理論はこの分野にも応用されるようになった．特にフィアロンは民族紛争についても独特なモデルを構築した（Fearon 1998）．彼の仮説によれば，民族紛争の後に和平合意がうまく機能しないのは，政府側のコミットメントに信憑性がないからであるという．つまり紛争終結後，国家の方が力をつけるとすると，和平合意を破ってしまう誘因があり，そのような場合に対して政府は信憑性のあるコミットメントができない．これが紛争再発の原因とされている．

1.4 数理モデルの計量的検証

これまで国際政治学あるいは国際関係論における数理モデルは，抽象的なレベルにとどまるか（パウエルの上記各種モデル），あるいは検証するにしても事例研究による（スナイダー＝ディージング，2レベル・ゲームの検証など）ことが多かった．これには理由がないわけではない．計量分析を行うには独立変数（原因）および従属変数（結果）などを定量的に測定する必要がある．国際政治の場合，従属変数（被説明変数とも呼ばれる）は主に国家による行動で，それはCOWデータ[20]など戦争のデータ，MID（COWデータの一部であるMilitalized Interstate Disputes）など軍事紛争のデータなどを利用すれば，測定可能である．しかし問題なのは独立変数の方である．ゲーム理論で独立変数

---

19) チープトークもゲーム理論では頻出する概念であるが，やや難易度が高いため，本書では扱っていない．
20) COWについては補章参照．

として用いられているのはプレーヤーの効用関数，ある状態の蓋然性に関する信条など，それぞれ理論的には重要であるものの，直接測るのは難しいものばかりである．これらは他の変数で置き換えることは困難であるため，ゲーム・モデルの直接的検証は難しいのが実情である．

　しかし，それにもかかわらず，近年になって若干ではあるが，数理モデルを定量的手法により検証しようとする試みが行われているので紹介しよう．まずこの分野で先鞭をつけたのは，マーティンの業績（Martin 1992）であろう[21]．彼女は，経済制裁に関する多国間協力について，さまざまな集合行為（国家間の調整）問題が発生することをゲーム理論を使って説明するとともに，計量分析を行った．計量分析により，3つの変数が経済制裁上の多国間協力に影響することが判明している．1つは被制裁国の政治経済状況で，すでに経済制裁以前から苦境にある国が対象である場合は協力が得られやすい．2つ目は主要制裁国にとっての制裁のコストで，逆説的にコストが大きいほど協力が起きやすい．3つ目は国際制度の関与で，国連や地域機構が制裁を要請している場合の方がそうでない場合よりも各国の協力が得られやすいことが判明した．1つ目の政治経済状況の要因は（不況時には制裁のコストがより増すなど）各国の利得に影響するため，これを間接的に測っているといえる．2つ目は「シグナリング理論」[22]の一例として説明されている．これなどはゲーム理論的発想がヒントとなっている例であろう．3つ目の国際機構仮説は，必ずしもゲーム理論によって導出されたわけではないが，上述した Axelrod（1984）などのゲーム理論が発想の起点にはなっている．

　次に，ゲーム理論と計量手法を組み合わせた業績として有名なのはブエノ・デ・メスキータとラルマンの著書（Bueno de Mesquita and Lalman 1992）である．この本は，戦争と国内政治の関係を多角的に検討し，特に国内政治に関する5つの謎（puzzles）を解明したことが特徴的であるが，理論の展開にゲーム理論を用いると共に，できるだけ計量的データを使って仮説を裏付けている点で高く評価できる．特に巻末に示されている方法により効用（ペイオフを推定するのに使用）や費用を間接的にではあるが，かなり踏み込んで計測して

---

21)　マーティンの業績については第13章第2節参照．
22)　高いコストを負担することが，自分のコミットメントのシグナルとなるという理論．

いる点が特徴的である．その後，ブエノ・デ・メスキータはシヴァーソンらと共同で「選挙人団」および「勝利連合」という概念を考案し，これにより国内政治をモデル化し，戦争やその他の外交政策への影響を検討した（Bueno de Mesquita et al. 2003）[23]．それによると，リーダーによる公共財の供給量は「勝利連合」の規模に比例し，そのため，例えば戦争になった際の資源の割り当て量も「勝利連合」の規模と正の相関を示すなど，興味深い発見を行っている．

最後に，すでに言及したシュルツの業績（Schultz 2001）にもあらためて触れておこう．彼はデモクラティック・ピース論が主張する「民主主義国どうしは戦争をしない」という因果関係がどういうメカニズムにより発生するのかを明らかにしようとし，民主主義国内における党派対立により情報が開示されるメカニズムに注目した．この理論については前述したが，自身の仮説をゲーム理論を使ってモデル化しただけでなく，データの計量分析によって検証した．特に自身の理論に則して「民主化」の程度を測定している点，また既存のデモクラティック・ピースの仮説と自分の説の違いを明らかにしながら，対抗仮説とも併せて検証している点など，模範的ともいえる検証方法といえよう[24]．

---

[23] ブエノ・デ・メスキータらの業績については第13章第4節参照．
[24] なお，国際政治の数理分析について日本語で書かれたレビュー論文として山本（1989b, 1998），計量分析については原田（1998），多湖（2011）がある．あわせて参照されたい．

第2章 数理分析の基礎

　もっとも基礎的な章である．「効用」と「確率」はゲーム理論などの数理分析全般にとっての柱であって，国際政治の分析にとってのみ有効なのではないが，この2つの重要概念なしでは，国際政治の数理分析は事実上成り立たない．「効用」は'良さ'の感覚を量的にあらわす一般概念で，利得の効用などのように言い表し，また「確率」は文字通り，起こることの'確からしさ'の量的表現（0～1の数字による）であり，（不）確実性の程度を言い表したもの，と考えておけばよい．

2.1　意思決定の数理としてのゲーム理論

　「効用」と「限界効用」は経済理論においておなじみのものであり，効用を1つの柱とするゲーム理論も経済学の理論とだけ思っている人は多い．フォン・ノイマンとモルゲンシュテルンの著書（von Neumann and Morgenstern 1944）のタイトルからそう思われるのであろう．だが実は，経済学的内容からすると思ったほどの割合ではなく，サムエルソンのように経済学の理論として認めない向きもある．むしろ，ゲーム理論を意思決定の理論（決め方の論理）の範疇に含めることについては，国際政治学でも比較的順当に賛成してもらえるであろう．現に，この分野の古典であるアリソンの『決定の本質』（Allison 1971）のうち，第一の「合理的行為者モデル」（rational actor model）は経済学理論に加えて，一般の意思決定理論，ゲーム理論を柱にしている．タイトルのごとくアリソンのこのモデルは国際政治における意思決定理論へのかっこうの入門である．このように，ゲーム理論は普遍性の高い，より広い社会の数理科学に向けられていると考えられる．ここでは基礎ワークとして，意思決定理論の2つの柱である「効用」と「確率」のごく入門的概説を述べておこう．

2.2 効用の考え方

2.2.1 効用とは

　端的に言うと，**効用**（utility）[1]はもの（たとえば，椅子，机，バター），行動ないしは行為（戦争），状態（平和），ことがら（協定）などの，'良さ'の感覚の度合いを量的に言い表したものである．「利得」「利益」よりも広く抽象的であり，多分に心理的，精神的な要素も含む（「平和の効用」など）．方法で大別して**序数的効用**（ordinal utility）と**基数的効用**（cardinal utility）がある．「序数」とは「順序」「並び方」のことである．順序は第1順位，第2順位，第3順位，第4順位…のように与えられるが，これも価値評価に適用でき，この方法による効用が序数的効用である．本書での例としては，政治は結局は利益配分に関わる数個の代替案からの選択にしぼり込まれ，「ベスト」「セカンド・ベスト」…など優先順序の割振りで結着する．他方，数学で「基数」とは多少のことであり，したがって基数的効用とは量的に'価値が多い''価値が少ない'ことを指す．

　効用の2つの表現としての基数的効用，序数的効用は，以後それぞれを単に「効用」「効用関数」，「選好順序」あるいは単に「選好」と呼ぶことにする．効用に2種あるということではなく，表現の方法ないしは'あり方'が異なる．まず，序数的効用から述べていこう．

---

[1]「効用」は元来，古代ヘレニズム時代のギリシアの哲学者エピクロスの快楽説に起源をもち，近代においてベンサムの「功利主義」（utilitarianism）の中心的考え方として大きな影響力を持ち続けている（「功利」も「効用」も元はutilityであり，単なる和訳の違いである）．功利主義というとベンサムの主著『立法と道徳の原理序説』（1789）での「最大多数の最大幸福」（the greatest happiness of the greatest number）を思い出させるが，これには前置きがある．ベンサムの言い方では「自然は人間を2人の主君の支配の下においた．苦痛と快楽である．我々が何をなすかだけでなく，何をすべきかを指示するのはあげてこれらの主君だけによる」．すなわち，人間はこれら苦痛と快楽の2つの原理の支配の下で動き，裏を返せば，人は善悪や義務の観念だけでは動かないという考え方である．

2.2.2 序数的効用（選好順序）

　まず単独の行動主体を想定し，その上でその行動や状態，ことがらなどの個人の選択の対象をあらわすものを A, B…と表記しておこう．議論の出発点として，その主体が「あなたはAとBのどちらを好みますか」と問われ，その答えが，行動

$$\text{Bを採らないでAを採る，AをBより好む}$$

であったとしよう．このような行動の形で述べられた事実を

$$A > B$$

と表記し，AはBより好まれる（preferred to），好ましい（desirable），より良い（better）などと呼び，最も基本的な価値の表現として採用し，$>$ を「選好順序」「選好」という．この選好順序については，

$$A > B, \ B > C \ \text{ならば} \ A > C$$

が成り立つことを仮定する（2つの $>$ から最後の $>$ に移ることから，「推移律」という）．これは，選好順序の関係が「円環的」（cyclic）になる不都合

$$A > B, \ B > C \ \text{であるが} \ C > A$$

を起こして決定不能となるケースを除外するためである．

　さらに，全く無関係なもの（例えば，「団子」と「内閣総理大臣」）は比較さえできないといってよい．しかしながら，例外を作るのは普遍性を欠くので，どのようなAとBも比較可能，すなわち必ず

$$A > B \ \text{または} \ B > A$$

を仮定すること，あるいは最初からそれが可能な範囲内に限定することで，比較は無制約とすることが理論上好都合である．ただし，比較したとき同等で甲乙付け難いケースはあるかもしれない．このとき，A, B は比較自体はできるが，'差が付けられない' として

$$A \sim B$$

と表し，決定主体が A, B 間で「無差別」（indifferent）という．むしろ，日本語としてはA, Bを「区別」できないというべきであろう．$A > B$ と $A \sim B$ を合わせて $A \gtrsim B$ と表すのがふつうである．

　そうした上で，

　　　　　　任意のA, BについてA≳B あるいは，B≳A

を仮定する場合「線形順序」「全順序」といい，日常的なケースでは全順序ほど完全でないという意味で「半順序」という．政治学，社会学における社会選択論では，さらに厳密な定義や条件を規定するが，ふつうは全順序を仮定すれば十分である．

　ここまでは単独の行動主体を仮定したが，複数の行動主体がいる「集団意思決定」（collective decision）の理論もある．たとえば主体1, 2がいて，A案対B案で

$$A >_1 B, \quad A >_2 B$$

ならば（> の添字1, 2は選好の主体を示す），皆で集団としてA案を選んだとしても1, 2の間で不満は出ない．これをA案はB案に対し「パレート優位」（Pareto-superior）である，「パレート優越する」（Pareto-dominate）と言う．この「パレート原理」を中心に国際政治の，あるいは社会学的な分析（例えば，宮台1989）が展開できることも知っておこう．パレート原理が従来の国際政治学に登場することは基礎レベルでは少ないが，それでも「囚人のジレンマ」（第3章第6節）では重要な性質として表れる．

2.2.3　基数的効用（狭義の効用）

　「効用」（基数的効用）とは，価値の大きさ，つまり'良さ'の量的表現である．ただし，経済学とは違って，ここで「価値とは何か」は論じない．わかりやすく言うと「あなたは○○をどのくらい好みますか（良いと思いますか）」という問いに対する答えである．もちろん，一般には感覚が数量化できるとは限らないが，ここではこれに対して答えうると理論の上で仮定する．自然科学では寒暖の感覚の数量化が「温度」である．フォン・ノイマンとモルゲンシュテルンは，『ゲームの理論と経済行動』で，'好み'も同様に数量化できると仮定して効用の公理を立てている．

　対象Aの効用を$U(A)$と表す．これは関数と考えてもよく，$U(\cdot)$は「効用関数」（utility function）といわれる（ここで・は，数学の場合と異なり，貨幣量などの数量とは限らない）．AのよさがBの良さより大きければ，当然AはBより好まれ，また逆にAがBより好まれるなら，Aの価値はBの価値よ

り大きいであろう．したがって
$$U(A) \geq U(B) \Rightarrow A \succeq B$$
となる（⇒ は'ならば'の意味）．たとえば $U(A)=2$，$U(B)=1$ なら A>B である．ただし，ここで，$U(A)=3$，$U(B)=1$ でも A>B である．いいかえれば，効用による選好の表し方は選好順序による表し方よりも多様でかつ細かい．だから，便利なのである．

なお，ルースとレイファ（Luce and Raiffa 1957）が言うように
　　　　Aの効用がBの効用より大だからBよりAを好む
と読むよりは
　　BよりAを好むことの表現として，Aの効用はBの効用より大である
と読むべきである．AをBより好むことは選択の行動を見ればわかるから客観的事実であるが，良さといった心理的価値は観察不可能であるため，推量するほかない[2]．

2.3 確率の考え方

2.3.1 確率とは

われわれの日常生活は確率的言い方，考え方に満ちている．次の不確実性の程度の言い方に注目しよう．

i)「十中八九確かだ」

ii)「成功か失敗かはフィフティ・フィフティだ」

---

[2] 効用概念は便利ではあるが，それを用いなければならないということではなく，選好順序だけでも社会科学的に重要な結果が得られることが多い．有名な「アローの不可能性定理」はその一例である．このように，政治，社会理論の本質理論は序数的効用（選好順序）のみに立脚すべきとする哲学上の立場を，経済学者センに従って「序数主義」（ordinalism）とよぶ．効用関数を用いて，数量に翻訳して表現すべきかどうかは，要・不要の問題であり，それなしですませることができるならば，むしろそうすべき，というのである．経済学者ヒックスも，「効用」は不要な概念としている．とはいえ，経済理論においては限界効用の有用性についての反論は少ない．とはいえ，効用関数を用いる場合はそれにふさわしい必要性がなければならない．不確実性がある場合（確率を用いる必要がある場合）がそれで，ことにアナーキー（無政府状態）を本質とする国際政治の分析理論では，効用概念の有用性には疑問の余地はない．

iii)「千に一の可能性もない」
iv)「100% 請け合う」
v)「1000% 大丈夫だ」

これらはすべて確率的言い方を目指している．注意すべきは，i) は必ずしも正確に 0.8〜0.9（80〜90%）と計算した結果ではなく，ii) も正確に 0.5 を意図したわけではない．大略の感覚の表現である．iv) は「ほぼ確実」という意を含んだ言い方であり，さらに v) は確率が 0〜100%（0〜1）というルールに明確に違反している．が，全体的にある心理的な「確信の程度」（degree of belief）は伝わって，微妙なことがらのコミュニケーションとしては成立している．ことに iii) は，今日脚光を浴びている「リスク」概念で活用されている．重要なことは，これらの数がどのようにして算出されたかではなく，その数字を用いてある確からしさ（確かでないことも含めて）が心理的に表現されていること，それが相手に正しく伝わるかどうか，相手との間で誤算はないかである（Jervis 1976）．

戦争と平和を主要なテーマとする国際政治の分析においては，この不確実性（蓋然性）の微妙な差こそが論ずべき中心課題である．「戦争の危険がある」「戦争のリスクがある」（戦争になるかもしれない）と「戦争になる」（戦争を選択する）というのは言語的な微妙な差があるが，「危険がある」「リスクがある」は「確率が高い」と言いなおすことができる．**確率**（probability）とはこのような可能性あるいは不確実性を表す便利な方法である．ことに，アナーキーの支配する国際政治の世界は，事態の推移が見定めにくく確かな見通しを持ちにくい「不確実な世界」であるから（Snyder and Diesing 1977），「確率」を用いる研究は本質をとらえており，メリットは少なくない．

2.3.2　確率のルール

確率は数であるので，最小限その扱い方に慣れておく必要があるが[3]，次の

---

[3]　新古典派経済学においては，経済の自然的本質を市場均衡と見ており，「確率」はそれへ向かう一過程にすぎないから脇役である．しかし，ケインズはそう考えず，社会を不確実性に襲断され，人智によって克服されるべきものと考え，最初の著作として『確率論』（*Treatise on Probability*）の大作を著している．ケインズは少数派ではあるが，「確率」は，可能性，偶然性そのものを指し必ずしも数では表現できないと主張した．

用い方のルールをおさえておけば足りるであろう．

確率の大きさ 「確率」は数であって，
(i)「確からしさ」の度合い，程度を表す．
(ii) 0 から 1（パーセントなら 0～100）の間の数である．
(iii) 1 に近づけば確からしさが増して起こりやすくなり，0 に近づけば確からしさは減り起こりにくくなる．ことに，確率＝1 なら必ず起こり（確実性，確定性），確率＝0 なら起こることは全くない．

確率の計算ルール 確率の大きさは，$p, q, \cdots$ などで表される．
〈ルール I〉ことがらの起こる確率が p なら，起こらない確率は $1-p$ である．
例：戦争が起こる確率＝0.2 なら，起こらない確率＝0.8
〈ルール II〉あることがら（A）の起こる確率が p，別のことがら（B）の起こる確率が q なら，どちらかが起こる（$A \cup B$ と表す）確率は $p+q$ である．ただし，A と B は同時には起こらないとする．
例：X 国は A 国，B 国とそれぞれ緊張関係にある．ただし，両国と同時に戦争する余裕はない．A 国との戦争は確率 0.2，B 国との戦争は確率 0.4 である．しからば X 国がどちらかの国と戦争に入る確率は 0.2＋0.4＝0.6 である．
〈ルール III〉あることがら（A）の起こる確率が p，別のことがら（B）が起こる確率が q なら，A, B の両方が起こる（$A \cap B$ と表す）確率は積 pq（$p \times q$）である．

ただし，このルールには「独立性」（無関連に別々に起こること）の条件が必要である．すなわち，ことがらの間に関連，条件性，相互依存関係などはないものとする．独立でない（独立性が成立しない）場合はこの算法は成立しないが，q の定義を修正すれば積 pq で計算してよい．

例：X 国は A, B 両国に挟まれている．A 国から侵略を受ける確率は 0.2，B

これ自体は誠実な主張であるが，確率で表しうるとの前提は第 9 章で解説するベイジアン・ゲームで重要である．もとより，「確率」は最初は哲学者，それに次いで論理学者が主に関心を持っていた．カイサルの「さいは投げられた」（Jacta alea est）のように，重要な意思決定場面は確率で象徴的に表現された．カントは『純粋理性批判』で人間が人間の外側の世界を認識する最も基本的な枠組み（基本範疇＝カテゴリー）として「確実性」と「可能性」の分類を構想していた．パスカルは『パンセ』で，人間を確実なものは何もない不確かな世界に直面して生きている存在として，将来を予想するため「確率」を構想した．

国から侵略を受ける確率は 0.4 である．A, B 両国の間には何の申し合わせもないものとする．このとき，両国から同時に侵略を受ける確率は $0.2 \times 0.4 = 0.08$ である．

確率の表記 $P(\cdot)$ の（ ）内に，ことがらを入れて表す．

例：$P(A) = 0.2$，$P(戦争が起こる) = 0.2$ など．

2.4 期待値原理と期待効用仮説

2.4.1 確率による期待値

意外にも，確率が現実にどのようにして計算されるかは，ほとんどの社会科学でそうであるように国際政治学でも従来ほとんど問題ではない．これにはこだわらず，むしろこれから導かれる帰結を検討するという立場をとる．先の確率的言明 i）～v）はほんの一例である．むしろ，表明された確率をどのように利用できるか，それからどのようなことがらが結論できるか，それが確率のポイントである．その重要な1つの用い方に「期待値」の原理がある．次の単純な例で説明しよう．

成功すれば 10，失敗すれば -10 になる計画（プロジェクト）で，成功，失敗の確率が'フィフティ・フィフティ'の 1/2 ずつなら，行動主体はこの計画の実行につき全く中立であることは，特に確率を知らなくても多くの人の納得するところであろう．また，計画にはある程度成算があるとし，この状態を確率が 7 分 3 分（$P(成功) = 0.7$，$P(失敗) = 0.3$）とあらわしていいとする．このとき，成功の確率は 50％以上であるから当事者は計画の実行に前向きであろう．成功の確率が 10％しかなければ（$P(成功) = 0.1$，$P(失敗) = 0.9$），絶対に実行してはならないだろう．これらの不確実性を図 2.1 のように整理しておこう．この図を理論的に「くじ」（lottery）と呼ぶことがある．もちろん，実際の「くじ」のことではない．この際，上記〈ルール I〉を確認しておこう．

くじ A, B, C を次のように確率を用いて評価するのが期待値の考え方である．

$$A : 0.5 \times 10 + 0.5 \times (-10) = 5 - 5 = 0$$
$$B : 0.7 \times 10 + 0.3 \times (-10) = 7 - 3 = 4$$

第 2 章 数理分析の基礎

図 2.1 不確実性の例

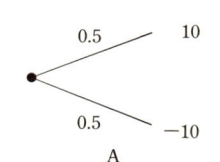

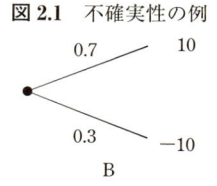

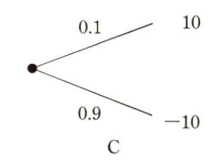

```
        0.5    10              0.7    10              0.1    10
      •                      •                      •
        0.5   -10              0.3   -10              0.9   -10
         A                       B                       C
```

$$C: 0.1 \times 10 + 0.9 \times (-10) = 1 - 9 = -8$$

これから，A は中立，B は実行してよい（正（プラス）だから），C は実行すべきでない（負（マイナス）だから）計画であることが結論付けられる．いずれの計算においても，10 には確率 0.5, 0.7, 0.1 が掛けられて割り引かれている．すなわち，'10' は確実な額ではなく，実現しないかもしれない不確実な額であるから，それぞれ 5 割，7 割，1 割にまで割り引くのは合理的であり，-10 についても同様である．またここで 2 つが + で加えられているのは，10 と -10 の両方が効いているからである．一般に

n：すべての場合の数　上のケースではともに $n=2$
$x_1, x_2, \cdots, x_n$：可能な結果　同じく $(10, -10)$（一般に X で表す）
$p_1, p_2, \cdots, p_n$：それぞれの確率　同じく $(0.5, 0.5 ; 0.7, 0.3 ; 0.1, 0.9)$

とすると，再び × を省略して

$$p_1 x_1 + p_2 x_2 + \cdots + p_n x_n$$

を，X の**期待値**（expectation, expected value）といい $E(X)$ で表す．

期待値は，不確実な状況にあって多くの（複数の）将来可能性があるとき，'結局，○○位の値になるだろう'という 1 つの合理的な理論上の指標ないしは総合評価を与える．上の例でも不確実な状況 A, B, C の期待値はそれぞれ 0, 4, -8 であり，中立な計画，実行すべき計画，実行すべきでない計画であることが結論される．

「期待値」は expectation の和訳で，本来は「予想値」「予期値」の意である．そもそも，人は合理的予想，予期についてはまずは確率を用いて平均的な考え方をするものである．実際，$n=3$ の場合，例えば 3, 4, 5 の確率がみな同じ 1/3 ずつなら

$$(1/3) \times 3 + (1/3) \times 4 + (1/3) \times 5 = (3+4+5)/3 = 4$$

図 2.2 戦争に関する不確実性の図表現

```
         0.6 ——— 20   勝利
    ●    0.2 ———  5   交渉による調停
         0.2 ——— -15  敗北
```

で，3, 4, 5 の平均値になっている．要するに，期待値とは平均値による予測値と言って差し支えない．実際，歴史的にはこの期待値を計算するために確率が考案され，確率論とは当初「予測術」(ars conjectandi) とよばれていた（ベルヌーイ）．したがって「期待」は好悪，善悪にかかわらず価値中立的に用いられ，「損害額の期待値」，あるいは本書でも「戦争の（利得・損失の）期待値」のようにも用いられる．たとえば，戦争について図 2.2 の「くじ」の利得・損失の期待値は

$$E(X) = 0.6 \times 20 + 0.2 \times 5 + 0.2 \times (-15) = 12 + 1 - 3 = 10$$

で，この値はプラスである．したがって，国家はこの状況では——これらの数に誤算がなければ——戦争に入る動機を持つ，と推量（結論）される．これは多分に敗北のマイナス（-15）がそれほど大きくないことに加えて，その確率が小さいこと（0.2）からもきている．ただし，期待値はあくまで行動の動機・誘因としての参考数字，予測の目安である．必ず '10 になる' というわけではなく（実際，図 2.2 に 10 はない），20, 5, -15 の 3 通りのどれかになる——したがって，敗北もありうる——ことに注意しておこう．つまり期待値自体にもリスクがある．

2.4.2 期待効用仮説

不確実な状況において確率を，すでに学んだ「効用」と結び付けて考えると，一段と精確な議論をすることができる．ここまでの論じ方では，10, -10 あるいは 20, 5, -15, さらには x_1, x_2 …などの利得，損失が何であるかは明示していない．金銭額であろうか．しかし，損失はその額以上にズッシリと効くかもしれない．状況に密着するためにはすでに見たように，これらの現実の利得，損失を行動主体にとっての効用に換算し，その大小の量に置き換えるべきであろう．これが，不確実な状況における効用の期待値すなわち**期待効用**（ex-

pected utility) である．これを式に表示すると
$$E(X) = p_1 U(x_1) + p_2 U(x_2) + \cdots + p_n U(x_n)$$
となる．これによって，行動主体の意思決定が行われる．

ではどのようにして肝心の効用関数 $U(\cdot)$ を定めればよいか．確率は主体によって指定されているとすると，あとは効用が大きな課題である．この U の指定が適切でなければ問題を正確に記述したことにならず，したがって，適切でない意思決定が行われているかもしれない．行動主体が図 2.1 のような 3 通りの不確実な状況 A, B, C に対し，
$$B > A > C$$
と選好を表明したとして，それを行動主体の効用であらわそう．「行動主体の効用」といっても漠然としているが，どのような効用であろうと期待効用はそれを反映して
$$0.7 U(10) + 0.3 U(-10) > 0.5 U(10) + 0.5 U(-10) > 0.1 U(10) + 0.9 U(-10)$$
となっているはずである．この理論上の'はず'は正しいのだろうか．このように論じていくと結局次のような**期待効用仮説**（expected utility hypothesis）に達する．以下では単純化のために $n = 2$ の場合で述べておこう．

〈仮説（フォン・ノイマン）〉いま，不確実な状況 A, B がある．起こり得る結果は x_1, x_2（A で），y_1, y_2（B で），その確率もそれぞれ

不確実な状況 A：確率 p で x_1，確率 $1-p$ で x_2

不確実な状況 B：確率 q で y_1，確率 $1-q$ で y_2

とすると，A, B の比較で
$$pU(x_1) + (1-p)U(x_2) > qU(y_1) + (1-q)U(y_2)$$
ならば必ず A > B となるような効用関数 $U(\cdot)$ がただ一通り存在する（ことが証明できる）[4]．

この仮説の意味は，どのような 2 つの不確実性の選好もある効用関数の期待効用の大小比較に帰着できる，ということである．なお「仮説」といっている

---

[4] 証明はレベルが高い．ただし，定理の内容を正確にいうと，ただ一通り存在するとは，'本質的にただ一通り'で，$U=0$ および $U=1$ となる 2 点だけは自由に選べる．たとえば $U(戦争)=0$，$U(平和)=1$ などと決めてよい．この 2 点を決めたあとは本当に一通りとなる．この仮定は第 1 章第 1 節で現に用いられている．

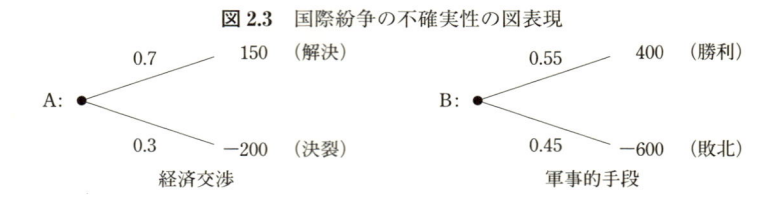

図 2.3　国際紛争の不確実性の図表現

```
         0.7    150  (解決)              0.55   400  (勝利)
    A: ●                           B: ●
         0.3   -200  (決裂)              0.45  -600  (敗北)
          経済交渉                          軍事的手段
```

が，これは'仮定してよい'くらいの意味である．フォン・ノイマンとモルゲンシュテルンは『ゲームの理論と経済行動』をこの期待効用仮説を以て始めているが（同書第 1 章第 3 節），あたかも物理学が長さ，質量，時間の基本量を以て始められると同様，経済学，社会科学も「効用」という基本量を以て基礎付けられると述べている．

次に国際関係への適用を考えてみよう．

例：ある国家はある紛争において図 2.3 のような経済交渉か軍事的手段かの選択に直面している．ここで，諸量はある通貨単位である．このとき，ある効用関数 $U(\cdot)$ が存在して，

$$0.7U(150) + 0.3U(-200) > 0.55U(400) + 0.45U(-600)$$

なら経済交渉の手段による，と意思決定している，と結論できる．

期待効用仮説は，要するに不確実性の状況下では，それにふさわしい適切な効用とその期待値で議論してよい（それによれば誤算がない）という理論上の保証である．ただし，'ふさわしい適切な効用'があると保証するのみでそれが明示されることはないから，いわば'お墨つき'にすぎないという難点は逃れられない．また，人は（いかなる）効用関数にしたがって行動しないという実験心理学上の結果さえ知られている．

2.5　確率と情報[5]

そもそも，「確率」とは何であろうか，どのような意味があるのだろうか．

---

[5]「ゲーム」については正式の定義をしていないので，「ゲーム」を「状況」などと読み替えごく一般的な常識によって理解してほしい．あるいは，次章以降を読んでから，本

これを「情報」ことにゲーム理論でいう情報に関連付けて，あらかじめ簡単に解説しておこう．

2.5.1 完全情報／不完全情報

完全情報（perfect information）ゲームとは，未来のことは不知であるが，現在までのすべてのプレーヤーのあらゆる行動の歴史（結果的に選択されなかった行動案も含む）が，ことごとく確定的に明らかになっているゲームをいう．

逆に，相手の手を知ることなく，次の自分の手をとる多くのゲームは**不完全情報**（imperfect information）のゲームである．例えば，国際政治のゲームでも，ある国家の選択した行動が秘密とされ，他の国家がそれを知ることができないまま行動をとる場合，それは不完全情報である．

不完全情報のケースでは，知ることができなかった行動を推量せざるを得ず，そこに確率が用いられる．カードゲームで，相手が絵札を引いた確率が○○，そうでない確率が△△などのごとくである．

2.5.2 完備情報／不完備情報

情報の完全，不完全とは，質的に異なる．**完備情報**（complete information）のゲームとはゲームのルールがすべてのプレーヤーに知らされているゲームである（よって，各プレーヤーがどのようなゲームをどのようなルールでプレーしているか完全に明らかである）．完備情報でないケースが**不完備情報**（incomplete information）で，その原因として，各プレーヤーの行動方針，目的，傾向，性格がわからない，したがって，かんじんの利得行列が明らかにされていないなどのケースである．カードゲームでいうなら，あるプレーヤーがこちらの協力者なのか，敵対者なのか，判然としないこと，国際政治でいえば，相手プレーヤーの行動や目的がはっきりしないこと，あるいはいわゆる「タカ派か，ハト派か」見分けがつかないことなどが，不完備情報の典型例となる[6]．

相手の手がわからないという状況（不完全情報）だけではさして驚くべき状

　節に立ち戻ってもよい．
6)　経済学では，独占的競争のもとで相手企業が新規参入者に対し，強硬であるか，容認するタイプか，明らかでない，などのケースである．

況でもなく非常に困難ともいえない．しかし不備情報はゲーム自体の遂行，維持に苦労する状況であり，多少あいまいな表現だが，'秘密のヴェールに包まれた神秘的国家'あるいは敵対性が強く決定のみならずその背景までもが秘密性の高い国家などを思いうかべればよい．ただし，これは理解のための極端なたとえである．

この状況をゲーム理論として合理的に扱うことは難しくない．ここで述べた'判然としない''はっきりしない''見分けがつかない'などの不確実性に対し，（それが2通りのケースなら）確率を仮の予想として，0.7，0.3のように割り振って分析をスタートさせればよい．このメカニズムを利用したゲームが「ベイジアン・ゲーム」である．

2.5.3　不備情報とベイジアン的視点

ここまで，「効用」「確率」「期待効用」などを意思決定の「合理性」の基本仮定として解説してきた．ここまでもそうであったが，「合理的」（rational）というときふつうはさし当りその決定者（行為者）個人の利益・損失を最適化することを意味する[7]．これは必ずしも社会の利益あるいは倫理的，道徳的価値の存在を無視するあるいはそれに反対するということではなく，まずは個人の利害得失から出発するいわゆる「経済人」（homo economicus）の人間像を前提とした基本仮定（postulate）をいう．

ハーサニはこの'合理的'という仮定を徐々にかつ飛躍することなく発展させることを考えた．ハーサニの「ベイジアン・ゲーム」はベイズ確率論・統計学の中心である「ベイズの定理」を，合理性の一重要要素として採用する．この定理により，「合理性」の意味する範囲がゲーム理論におけるその行為者（プレーヤー）自身の合理性のみならず，相手プレーヤーに関して合理的に予想，期待することまで延長される．例えば，相手プレーヤーの性格，行動方針，ゲームのルール（利得・損失の定義）などが不知であるとしよう．これは先に述べた「不備情報」であるが，それがある程度合理的に推論されれば，こちら側のプレーヤーもそれに対応した適切な行動をとることができる．すなわち，

---

7) ラパポートは『戦略と良心』（Rapoport 1964）でこの合理性の概念の狭さを批判している．

こちら側の「合理的行動」(rational behavior) のみならず，相手プレーヤーに対する「合理的予想」(期待) までをも含む広い合理性を構想できるのである．

　以上の発想は，ゲーム理論自体の基本前提（ゲーム理論には入っていないが）として，シェリング，あるいはサベジらの'ベイジアン'に共通するものであり，ゲーム理論が完成し飽和気味の傾向を示している今日，基本原点を示しているものといえよう．これは第9章および第10章においてさらに解説しよう．

第3章 非協力ゲーム

「効用」と「確率」の準備が済んだので早速「ゲーム理論」に入ろう．国際政治のゲームでは，ゲームの主体（プレーヤーという）はまずは国家であるが，国家間の関係をどう認識するかによって，採用されるゲームは異なってくる．第5章で詳述するように，もともとゲームは，各プレーヤーが各自の効用計算に基づいて，独自に行動（戦略といわれる）を決める「非協力ゲーム」と，複数プレーヤー間の事前の取り決めに従って，単一の行動がとられる「協力ゲーム」に理論上分けられる．ここでは，まず取り扱いが比較的シンプルな，非協力ゲームの一般理論の基礎を取り上げよう．

3.1 戦略的相互作用とゲーム理論

ゲーム理論は，フォン・ノイマンとモルゲンシュテルンの『ゲームの理論と経済行動』（von Neumann and Morgenstern 1944）を経て本格的に始められたといわれる．もっとも，ゲームの数学的取り扱いの歴史は従前よりあり（ボレルなど），同書が文字通りの初めてではないが，経済行動をはじめとして「社会ゲーム」への発展も目的とされている点，「戦略的相互作用」の分析が前面に出ている点，数学的レベルが高い点など，実質上はゲーム理論が2人の歴史的著書を以って始まったとすることは受け入れられよう．

重要ポイントをあげておこう．町角で偶然出会う2人には，通常いかなる関係も生じないが，多少なりとも共通の関心事項をもつ2人には何らかのかかわり，あるいは'駆け引き'の関係が生まれる．友人，仕事の相手，ライバル，恋人，親子，兄弟，夫婦，上司をはじめとして社会関係を考えてみよう．標題の'戦略的相互作用'（strategic interaction）とは，いかめしい言葉だが，ここではゲーム理論をわかりやすくするための例として「ポーカー」などのカードゲームをイメージすればよい（将棋，碁，チェスは，戦略的な駆け引き，はったりの要素が少ない点で，『ゲームの理論と経済行動』では扱われていない）．

むしろ売手，買手間のせりが戦略的関係の典型例として扱われている．とはいえ，今日'戦略的'の意味はずっと緩く，「戦略」が必ず存在するとか最善の戦略が実行されていることなどを常に意味するのではなく，むしろゲームは1人ではできず（「1人ゲーム」という考え方もあり得る），当事者は2人以上であり，したがって，お互いの間に必ず何らかの相互関係やかかわりが生まれるくらいに考えておけばよい．その例は枚挙に暇なく，選挙区での選挙戦，連立政権の成立・存続をはじめとして，同盟関係も戦略的相互作用である．さらには，恋愛や相思相愛の関係（後に述べる「両性の闘い」ゲーム），ひいては「社会」そのものの構成要素，あるいは原理と考えることも十分可能である（社会学者ジンメルの『社会学』(1908) など参照）．

思想家たちは，概ね「社会」を全体として考えてきたが，社会を個人の行動原理の分析的視点から積み上げる方法論的な個人主義としてゲーム理論の成立は歴史的にも画期的である．ここでまず扱うゲームは，さまざまに他者とのかかわりや駆け引きなどがあるにしても，あくまで基本は，個人が個人主体として，あらかじめ他者を自己の意思決定の目的の中に入れることなく，もっぱら自己本位で戦略を決定するという意味で，**非協力ゲーム**（non-cooperative game）と呼ばれる．もちろん，'非協力'をことさらに敵対的とか悪意に満ちていると解釈するものではない．

3.2　2人ゼロサム・ゲームの重要性

3.2.1　正規形

フォン・ノイマンら[1]の「ゲーム」は室内ゲームから発展して，一般社会における戦略的相互作用の数理としての「社会ゲーム」（Gesellschaftsspiele, social game）である．その当事者（行動主体）は自然人，法人（企業），国家，団体，組織，生物体などであり，一般的に「プレーヤー」(player)，「アクター（当事者）」(actor) という．プレーヤーの数 (n) は一般には2以上で，最

---

1) 経済学上の貢献を強調する場合はモルゲンシュテルンを含めるものとして，要不要に応じて「ら」を略す．

もシンプルなケースは $n=2$ である．2人のプレーヤーは，当然利害関係（利得あるいは損失の関係）を有し，それを示すのが「支払」としての「清算」（ペイオフ pay-off）の表である．「ペイオフ」とは最終結果の計算で，ここでゲームは終わりプレーヤーは別れる（off の意味）．理論上，ゲーム理論は利得，損失の効用からスタートするが，以下の展開は利得，損失それ自体でも成立するので「効用」を強調しないことも多い．

プレーヤー A, B は各 n, m 通りの「戦略（行動方針）」(strategies)

プレーヤー A : $\alpha_1, \alpha_2, \cdots, \alpha_n$ の n 通り，プレーヤー B : $\beta_1, \beta_2, \cdots, \beta_m$ の m 通りをもつ．すなわち，ゲームとは「戦略のゲーム」(game of strategy) であるとして，例えば，$n=2, m=2$ ならば，それぞれのプレーヤーに

(α_1, β_1) の組み合わせには，A に a_{11}, B に b_{11}
(α_1, β_2) の組み合わせには，A に a_{12}, B に b_{12}
(α_2, β_1) の組み合わせには，A に a_{21}, B に b_{21}
(α_2, β_2) の組み合わせには，A に a_{22}, B に b_{22}

の利得・損失が生じるものとする[2]．このような表し方は，慣れていない読者には多少負担に感じられるかもしれないが，この程度ならば習熟してほしい．

これら利得・損失を表 3.1 のように一括してタテ，ヨコの長方形の表——「行列」あるいは「マトリックス」(matrix) ——に表すのがふつうであるが，右側の形式が一般的である．いずれにせよ，利得とゲームの戦略をタテ，ヨコの行列に表す形式を「正規形」(normal form) または「戦略形」(strategic form)，この行列を「利得行列」(pay-off matrix) という．

よくあるのが，a と b が符号（＋，－）を除いて，値（絶対値）が同じ場合で（表 3.2），$a+b=0$ となっている．くわしくは $a_{11}+b_{11}=0$, $a_{12}+b_{12}=0$, $\cdots$ と 4 通り書くべきであるが，面倒なので，1, 2 などは i, j で表し

$$a_{ij}+b_{ij}=0 \quad (i, j \text{ は } 1 \text{ や } 2)$$

と略記してこれを「ゼロサム」(zero-sum) と言う．その意味は次に述べよう．

---

[2] 下つきの数字 1, 2 などは「（下つき）添字」(subscript) と呼ばれる．その組み合わせのしかたに注意しておこう．

表 3.1 正規形ゲームの利得の表し方 (1)

A\B	β_1	β_2
α_1	a_{11}	a_{12}
α_2	a_{21}	a_{22}

(Aについて)

A\B	β_1	β_2
α_1	b_{11}	b_{12}
α_2	b_{21}	b_{22}

(Bについて)

A\B	β_1	β_2
α_1	(a_{11}, b_{11})	(a_{12}, b_{12})
α_2	(a_{21}, b_{21})	(a_{22}, b_{22})

表 3.2 正規形ゲームの利得の表し方 (2)：ゼロサムの場合

A\B	β_1	β_2
α_1	-2	1
α_2	3	-4

A\B	β_1	β_2
α_1	2	-1
α_2	-3	4

A\B	β_1	β_2
α_1	$(-2, 2)$	$(1, -1)$
α_2	$(3, -3)$	$(-4, 4)$

表 3.3 ゲームの利得の表し方 (3)

(ア)

A\B	β_1	β_2
α_1	-2	1
α_2	3	-4

(イ)

A\B	β_1	β_2	β_3	β_4
α_1	18	3	0	2
α_2	0	3	8	20
α_3	5	4	5	5
α_4	16	4	2	25
α_5	9	3	0	20

3.2.2 ゼロサム・ゲーム

ゼロサム・ゲーム（zero-sum game）は，勝ちと負けが常にちょうど正反対になっていて——つまり A の得（損）は B の損（得）——両方勝つ（負ける）などはあり得ないゲームである．厳しい利害対立であり，その意味では非協力ゲームとして分かりやすい．自分の利害とちょうど反対なので，相手の考え方，感じ方が想像できるケースである．ゼロサムの場合は A の表を「A の利得・損失」とし，B の表はちょうどその反対例（A の利得が B の損失，A の損失が B の利得）として[3] B の表をそのつもりで略す．すなわち A の表だけを示し，表 3.3（ア）において，A はなるべく大きい結果，B は逆になるべく小さい結果を狙うと考えればよい．以降この言い方で述べよう．表 3.3（イ）は $n = 5$,

---

3) B が A に「支払う」と考えれば，最も簡単である．

第 3 章　非協力ゲーム

$m = 4$ のケースである（Luce and Raiffa 1957；小島・松原 2011）[4]．大きくなったが，考え方は同じである（B の表には多くの – が表れる）．

3.3　マクスミン・ミニマックスと鞍点・ナッシュ均衡点

3.3.1　マクスミンとミニマックス

　ゲーム理論に多大な貢献をなした哲学者，心理学者，社会科学者，ラパポート[5]（Rapoport 1964, 邦訳 71）は
> 普通の基準では，将棋，碁［チェス］は大変複雑なゲームだが，ジャンケン［銅貨あわせ］は，ばかげたほど簡単なゲームである．しかし，ゲーム理論の分類法に従えば，将棋・碁は，…一番簡単なゲームのなかにはいるが，ジャンケンは「より高級な種類」に属するのである．…ゲーム理論は，ゲームの「技術」にはまったく関係がない．（［　］は原典で本書にあわせ改変）

と述べているが，ゲーム理論はあくまで「理論」であって必勝法の指南書や虎の巻ではない．将棋・碁には習熟による技術の進歩があり，天才によるその頂点があるが，ジャンケンに必勝法はなく，一切の進歩を寄せ付けず，古今東西，誰がやっても同じであり，これほどに技術から縁遠いものもない．だからこそ，無類の一般性を誇るのである．このジャンケンこそゼロサム・ゲームの典型，しかもその最高に意味の深いものである．ゼロサム・ゲームは数学的には単純で，今やすでに完成され，またゲームの諸理論のスタート点であり，広大な非ゼロサム・ゲームの分野に対する参照点でもある．『ゲームの理論と経済行動』は，ゼロサム・ゲームの精神と発想法でゲーム理論を書き尽くそうとした努力の結集作とも考えられる．
　では，表 3.3（イ）の利得行列を取り上げてゼロサム・ゲームの解を段階に

---
4)　なお，n, m の組み合わせを $n \times m$ と略記する．
5)　「繰り返し囚人のジレンマ」トーナメント（アクセルロッド主催）のチャンピオンにして「ティット・フォー・タット」（TFT）の提案者（第 7 章第 2 節参照）．平和研究家としても知られる．

表 3.4　最小利得の予想リスト

	α_1	α_2	α_3	α_4	α_5
min	0	0	4	2	0

注：本来は縦書き

分け述べてみよう．まず，両プレーヤー A, B ともに自己の戦略選択を相手に伝えることはせず，自分の利害のみに基づいて行動するとする．プレーヤー A にとってプレーヤー B は対抗者なのであるから，本来 A の思う通りの結果になるはずはなく，むしろ逆で，警戒気味に行動する．A は控え目に自らの獲得額を見通すべきで，各 α に対し最小額を予想するとよい．たとえば，各行を横方向に見て[6]

α_1 に対し，$\min\{18, 3, 0, 2\} = 0$

α_2 に対し，$\min\{0, 3, 8, 20\} = 0$

α_3 に対し，$\min\{5, 4, 5, 5\} = 4$

……

などである．ここで min は minimum（最小値）を表す数学記号である[7]．まとめて表 3.4 のように示す．これが'控え目態度'で見た α_1〜α_5 の評価である．A にとっては α を選択するには大きい方がベターなのであるから，ベストを実現するには

$$\max\{0, 0, 4, 2, 0\} = 4$$

から，α_3 を選択するのが最適である．max は maximum（最大値）を表す．ここで用いている min, max の記号の使い方に最小限慣れてほしい．

言い方であるが，中にある 0, 0, 4, 2, 0 には，前に求めたときの min がすでに入っているのであるから，さらに max が前（左）から付いて，max-min の順となる．まとめて 'max min' と結合して呼ぶことにし

max min 値 = 4，A のマクスミン戦略は α_3

のような言い方をする．max min 値 4 は，B の出方にかかわらず（実際，A

---

6) 行列（マトリックス）の横の並びを「行」，縦の並びを「列」という．この区別は厳密である．

7) min 記号は，{ } の前側に付くことに注意．次の max 記号も同様．

第 3 章　非協力ゲーム

表 3.5　最大損失の予想リスト

	β_1	β_2	β_3	β_4
max	18	4	8	25

は B をコントロールできない），A が単独で少なくとも確保できるベストな額である．このことは表 3.3（イ）でもう一度確認してほしい．

　もう一方の B については，今度は縦方向で各列ごとに max が先にきて，利得の代わりに損失で考える．B にとって'控え目'とは，最大額失うことを予測して用心することであるから，

$$\beta_1 に対し，\max\{18, 0, 5, 16, 9\} = 18$$
$$\beta_2 に対し，\max\{3, 3, 4, 4, 3\} = 4$$
$$……$$

などである．縦方向（列方向）にこれらを確認し，控え目態度から $\beta_1 \sim \beta_4$ を評価すると表 3.5 のように定まる．最適な β を選ぶには，（損失だから）小さい方がよく，β_2 の 4 が選択される．言い方も，A の場合に倣い，しかし考え方は逆だから

$$\underset{\text{ミニマックス}}{\min \max} 値 = 4，ミニマックス戦略は \beta_2$$

との言い方となる．これは，A の出方にかかわらず，B が単独で確保できる——つまり，これ以上はあり得ない——損失である．両者等しく，

$$\max \min 値 = \min \max 値 = 4$$

であり，A, B ともに 4 は受け入れ可能だから，これでゲームは終了するが，これを「厳密に決定される」（strictly determined）ケースという．受け取り側と支払う側の額（ともに 4）に食い違いがないことに注意しておこう．'厳密に'とは，きちんと余すことなく最終的にを意味し，要するに「終わった」ことを示している．この場合，4 で決着したから A にとっては，このゲームは 4 だけの値を持つという意味で，フォン・ノイマンにしたがって「ゲームの値」（value of the game）ということがある．

3.3.2　鞍点あるいはナッシュ均衡点

　ここで，A は 4 より多く得ておらず（4 を超えるのは B が許さない），B は

4 より少なく失っておらず（4未満は A が許さない），ちょうど双方とも '欲ばらず' 4 で釣り合っている[8]．実際，戦略 α_3 と β_2 をとり出して，十字に見てみると

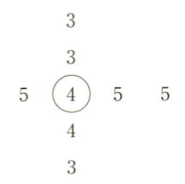

$$
\begin{array}{c}
3 \\
3 \\
5 \quad \textcircled{4} \quad 5 \quad 5 \\
4 \\
3
\end{array}
$$

となっている．ちょうど，横方向には最小値，縦方向には最大値となっている．このことは偶然ではなく，必ずそうなる（証明は割愛する）．これを山の地形図にたとえてみるとわかりやすい．山脈を越す場合，道路は山脈の尾根の最低地点を抜けるのがふつうであるが，他方そこが道路の最高地点となる峠である．あるいは馬の背中を山脈の尾根に見立てて，峠に相当するところに鞍（sad-dle）を置くように，最大値 max と最小値 min が同時に成立する（マクスミン戦略，ミニマックス戦略）の戦略対を，数理科学では**鞍点**（saddle point）という．

　したがって，条件

$$\max \min \text{値} = \min \max \text{値}$$

が成り立つ鞍点はちょうど釣合いの戦略対になっている．これは数学上の用語であるが，後日ナッシュにより**ナッシュ均衡**（Nash equilibrium）と呼ばれる[9]．つまり，鞍点（ナッシュ均衡点）は最適の戦略対で

　　A は B に対しかつ B は A に対し[10]，現在の戦略が互いに相手に対し最善
　　の組み合わせとなっていて，現在以上を望み得ない状態

である．俗にいえば，'欲ばってもこれ以上はムリな状態' 'さしあたりの解決' だが，'改善自体が独力ではムリな状態' である．ただし，文字通り相手あっての話で，この状態自体が各自にとって良好であるとは——意外にも——限らないことは，本章第6節に述べるとおりである（囚人のジレンマ）．

---

8) この場合，欲ばっても実現できない．
9) 「ナッシュ均衡」と「ナッシュ均衡点」はほとんど同義に用いられる．しいていえば，前者は '均衡すること' それ自体をさす．
10) 一般的には，自分以外のプレーヤーに対して．

第3章　非協力ゲーム

表3.6 ジャンケンも当初は不安定

A \ B	グー	チョキ	パー	min
グー	0	-1	1	*-1*
チョキ	1	0	-1	*-1*
パー	-1	1	0	*-1*
max	*1*	*1*	*1*	

注：max min 値 = -1，min max 値 = 1

表3.7 3×3 ゼロサム・ゲーム

4	2	6	2	<u>7</u>	9	10	*7*	1	6	9	1
2	3	1	1	1	2	3	1	2	4	4	2
6	<u>4</u>	4	*4*	4	8	5	4	5	4	10	*4*
6	*4*	6		*7*	9	10		5	6	10	
8	9	3	3	10	<u>4</u>	7	*4*	8	10	<u>5</u>	*5*
4	8	2	2	8	<u>2</u>	3	2	2	4	<u>5</u>	2
6	4	10	*4*	1	3	1	1	9	1	3	1
8	9	10		10	*4*	7		9	10	*5*	
8	<u>7</u>	9	*7*	8	1	2	1	9	7	3	3
5	<u>6</u>	7	5	6	<u>3</u>	10	*3*	7	6	8	6
6	3	3	3	9	<u>2</u>	2	2	8	<u>8</u>	10	*8*
8	7	9		9	*3*	10		9	*8*	10	
9	8	6	*6*	6	7	5	*5*	2	4	8	2
7	8	5	5	2	10	4	2	<u>3</u>	3	4	*3*
4	4	7	4	7	3	9	3	<u>1</u>	7	5	1
9	8	*7*		*7*	10	9		*3*	7	8	

　ところで，不幸にも，表3.6（ジャンケン・ゲーム）のようなゼロサム・ゲームでは max min 値 = -1，min max 値 = 1 となって等しくならず，したがって'釣合い'[11]がない（つまり鞍点がない）．実際，ジャンケンには釣合いの手はなく，勝敗が偶然によって決まるまで続く．
　さらに言うと，偶然に思いついた12通りの3×3ゼロサム・ゲームを試した

---

11) 「釣合い」は力学に固有の概念であったが，ゲーム理論は社会にも釣合いが出現することを見せたことで，社会に対する見方を刷新したのである．

のが表3.7であるが，イタリック体の数字を辿ると，max min 値 ≠ min max 値となるケースが4通りもある（表3.7で，網かけの薄いゲームと濃いゲームの違いに注目しながら，読者自ら確認すること）．自然はそれを許容しているのである．

それだけでなく，さらに重要な事実に気づく．すなわち必ず
$$\text{max min 値} = \text{min max 値}\quad（鞍点）$$
か，あるいは
$$\text{max min 値} < \text{min max 値}$$
の2つの場合だけが成立し[12]，>は決して成立しない．このことの証明はむずかしくないが略すことにし，表3.7では，前の場合（鞍点）は8通り，後の場合は4通りあり，それですべての12通りを尽くすことを確かめてほしい．

3.4 混合戦略

3.4.1 混合戦略によるミニマックス定理

2×2でも max min 値 = min max 値が成り立たないシンプルな例がある．表3.8ではマクスミン戦略は α_2，ミニマックス戦略は β_1 であるが，(α_2, β_1) は鞍点ではない．横方向では最小値であるが，縦方向では最大値になっておらず，プレーヤー A は α_1 へ改善を求めて戦略変更し (α_1, β_1) へ離脱するものの，ここも鞍点ではなく B がここから離脱する．実際，どの4点も鞍点でない．要するに，このゲームには安定的な解決がない．

ここまでに見たように，
max min 値 = min max 値 ⇔ （マクスミン戦略，ミニマックス戦略）は鞍点
max min 値 < min max 値 ⇔ （同上，同上）は鞍点ではない（鞍点はない）
であるが[13]，表3.8でそれは納得できよう．

では，下の場合を上の場合に導くことができないだろうか．そうすれば，鞍点に達して安定的解決となる．以下，分かりやすい例で解説する．第2章

---

[12] 一括して≦を用いることがある．
[13] この証明は略したがシンプルで Luce and Raiffa (1957) にある．

第 3 章 非協力ゲーム   45

表 3.8 シンプルでも解決しない

A \ B	β_1	β_2	min
α_1	8	0	0
α_2	6	9	6
max	8	9	

注：max min 値 = 6, min max 値 = 8

(2.4.1) で説明した期待値（期待効用）の考え方によるものとし，例として用いるジャンケンでは，効用（利得）として勝ちが 1，引き分けが 0，負けが -1 を想定するものとする[14]．

われわれが，しばしばこの「ジャンケン」や「くじ」（公共工事の入札など）でものごとを最終決定しているのはなぜだろうか．不正で不まじめな解決なのだろうか．そうではなく，われわれは「確率」という必ず決まる奥の手を持っている（第 9 章で述べる「ベイジアン・ゲーム」などもその方法を用いている）．ジャンケンでは，グー，チョキ，パーを等確率，つまり，合理的に割合

グー：33.3%，チョキ：33.3%，パー：33.3%

で混合して平等に出している．経験的にも，これから外れあきらかにある手に偏って出せばそれを見抜かれ，結局は負けるからである．そこで A がこの'相手からはどれを出すかわからない' など，確率を用いる戦略を考える．これを**混合戦略**（mixed strategy）という．このとき相手 B が

「グー」を選択すれば，$0.333 \times 0 + 0.333 \times (-1) + 0.333 \times 1 = 0$

「チョキ」を選択すれば，$0.333 \times 1 + 0.333 \times 0 + 0.333 \times (-1) = 0$

「パー」を選択すれば，$0.333 \times (-1) + 0.333 \times 1 + 0.333 \times 0 = 0$

で，3.3.1 の考えに従って，相手 B の戦略について min をとるのであった（再確認のこと）．A にとってこの min は 0 である．つまり，0, 0, 0 の min は 0 である．では，A の確率を変えて，この min (0) を改善できないか，試してみよう．グー，チョキ，パーをそれぞれ 0.4, 0.3, 0.3 としてグーに多少の重みをおくと，B が

---

[14] 0, 1, -1 は，表 3.6 の各利得である．

「グー」を選択すれば，$0.4 \times 0 + 0.3 \times (-1) + 0.3 \times 1 = 0$

「チョキ」を選択すれば，$0.4 \times 1 + 0.3 \times 0 + 0.3 \times (-1) = 0.1$

「パー」を選択すれば，$0.4 \times (-1) + 0.3 \times 1 + 0.3 \times 0 = -0.1$

で，この min は -0.1 で，つまり先の 0 を越えて改善されず，むしろ悪化する．いろいろと試してみても，この min が先の min の 0 を越えることはないことがわかる．つまり，前節で解説した考え方をここでも用いるとこれら min の最大値，つまり max（min の）として

$$\text{max min 値} = 0$$

となっている．max, min のとり方を，混合戦略に即して考え直した結果，表3.6 の -1 から 0 になったのである．

B に対しても同じ（同様の）考え方をすると，

$$\text{min max 値} = 0$$

となって，ついに，

$$\text{max min 値} = \text{min max 値}$$

を得ることになった．つまり，ジャンケン・ゲームのマクスミン混合戦略，ミニマックス混合戦略は，平等確率（0.333, 0.333, 0.333）であり，これが（新しい考え方による）鞍点，つまり互いに相手に対し最適となっている安定な解の状態である．これから逸脱すれば（極端には，ある手を出し続けるなど）その方が負けることは経験的に明らかである．混合戦略は，複数の戦略が可能であるとき，どの戦略を選択するかを相手に対してあいまいにし，自己の地位を有利にするために，無意識に広く用いられている．

このように，もとのゼロサム・ゲームに，マクスミン戦略，ミニマックス戦略から成る鞍点がなくても，混合戦略まで含めて考えればマクスミン戦略，ミニマックス戦略は鞍点となる．すなわち，すべての 2 人ゼロサム・ゲームは鞍点をもつことになった．これをフォン・ノイマンの「ミニマックス定理」（minimax theorem）あるいは「ゲーム理論の基本定理」といい，ゲーム理論の金字塔の 1 つである．

もっとも，混合戦略は巧妙で高度であり，理論的にも数学的レベルが高い．マクスミン戦略，ミニマックス戦略も難しいという人がいるかもしれない．

なお，混合戦略に対し，鞍点のあるゲームで選ぶ単一の戦略を「純粋戦略」

表 3.9 鞍点のないゼロサム 2 人ゲーム

I \ II	戦略 x	戦略 y	min
戦略 a	4	7	*4*
戦略 b	8	-1	-1
max	8	*7*	

(pure strategy) という.

3.4.2 鞍点のないゼロサム・ゲームを解く[15]

期待効用の計算 ここまでで，ジャンケン・ゲームを例として混合戦略の必要性と意味を説明した．ここでは，それを用いて表 3.9 を例にゲームを解こう．max min 値 = 4，min max 値 = 7 で，これは鞍点の存在しないゼロサム・ゲームであり，両プレーヤーとも取るべき戦略が見出せない．そのようなときは混合戦略に訴え，期待効用でマクスミン戦略を求める．

このゲームで求められるプレーヤーIの期待値は次の2通りある．

状況 i)「プレーヤー II が戦略 x を選んだ状況」における I の期待値

状況 ii)「プレーヤー II が戦略 y を選んだ状況」における I の期待値

である．そして，それぞれの状況で起こりうる結果は2つあり，

i) 自分（プレーヤー I）が戦略 a を選んで利得 4，あるいは自分が戦略 b を選んで利得 8

ii) 自分が戦略 a を選んで利得 7，あるいは自分が戦略 b を選んで利得 -1

である．これらの情報に基づいて期待値を求めよう．

「混合戦略におけるマクスミン戦略」とは i) と ii) の期待値の小さい方の値を最大化することである．では，それぞれの戦略をどれだけの確率で選択すれば max min 値を最大化できるのか，これが混合戦略の課題である．戦略 a, b をとる確率は自分で決めるとする．そこで，戦略 a を確率 p で選択し，戦略 b を確率 $1-p$ で選択するものと定めると，i) と ii) それぞれの状況におけるプレーヤー I の期待値は利得 × 確率の和として表 3.10 のように求められる．

---

15) 本項は，混合戦略について深めたいと思う読者を想定しているので，初学者は飛ばしてよい．

表 3.10 混合戦略の期待値

状況 i)	効用	確率	期待値
戦略 a	4	p	$4p$
戦略 b	8	$1-p$	$8(1-p)$

状況 i) の期待値 $= 4p + 8(1-p)$

状況 ii)	効用	確率	期待値
戦略 a	7	p	$7p$
戦略 b	-1	$1-p$	$-1(1-p)$

状況 ii) の期待値 $= 7p - (1-p)$

図 3.1 プレーヤー I の最適な戦略

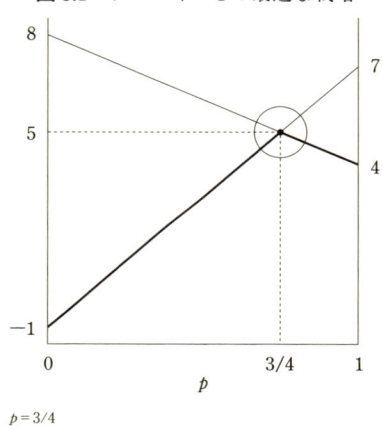

図 3.2 プレーヤー II の最適な戦略

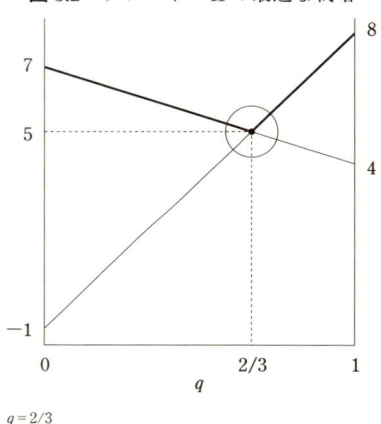

$p = 3/4$

$q = 2/3$

戦略決定 以上のような混合戦略の期待値は，図 3.1 と図 3.2 のように直線で示すと分かりやすい．図 3.1 は横軸に戦略 a を選ぶ確率 p を，縦軸に期待値を表し，i) のときと ii) のときの期待値を同時に描いている．$p = 0$ のときに 8，$p = 1$ のときに 4 の値をとる直線は i) の期待値を示し，$p = 0$ のときに -1，$p = 1$ のときに 7 の値をとる直線は ii) の期待値を示している．2 本の線の下側（図中の屋根型の太線）が最小の利得になるのだから，屋根形を最大化しようとすれば，屋根型の頂である交点がそれにあたる．これがマクスミン戦略となる．それは，$4p + 8(1-p)$ と $7p - (1-p)$ の交点である．なぜなら，小さい方の値が最大化するのは，$4p + 8(1-p) = 7p - (1-p)$ のときであり，$>$ と $<$ のどちらになっても，max min 値は $=$ のときを下回るからである．

すなわち，プレーヤー I の混合戦略は

$$4p + 8(1-p) = 7p - (1-p)$$
$$p = 3/4$$

図 3.3 一次関数式による図示

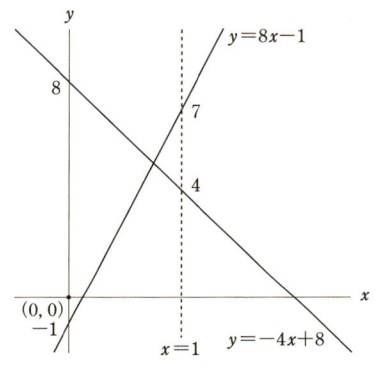

注：y 軸は長さが縮められている．

となり，戦略 a をとる確率 3/4，戦略 b をとる確率 1/4 となる．

また，プレーヤー II の場合は反対に 2 本の線の上側（広がった V 字形）にあるのが最大の損失なので，V 字形を最小化しようとすれば V 字形の定点である交点がそれにあたる．プレーヤー II が戦略 a を選ぶ確率を q とすると，プレーヤー II の混合戦略は

$$4q + 7(1-q) = 8q - (1-q)$$
$$q = 2/3$$

となり，戦略 a をとる確率 2/3，戦略 b をとる確率 1/3 となる．

そして，$p=3/4$，$q=2/3$ を各式に代入すれば，max min 値 = min max 値 = 5 になることがわかる．これを純粋戦略のケースと比べると，I の利得の max min 値は 4 から 5 へ上昇，II の損失の min max 値は 7 から 5 へ低下し，混合戦略が双方を利するメリットがあることがわかる．

このように，フォン・ノイマンは混合戦略こそ真の戦略にふさわしいと考え，それを大切にしたが，2 人より多い場合あるいは非ゼロサムの場合は鞍点の考え方は使えない．ナッシュはこれを一般化し，鞍点を（ナッシュ）均衡点と言い換えたのである（Nash 1950, 1951）．

なお，もし図 3.1 の意味が分かりづらいならば，図 3.3 のようななじみのある図式として表現すれば分かりやすくなるだろう．図 3.1 は，一般に知られる一次関数[16]の式が 2 本ある図の中で，x が 0〜1 の範囲に限って表しているの

と同じである．

それぞれの一次関数式は (0, 8) と (1, 4) を通る直線および (0, −1) と (1, 7) を通る直線なので，すぐに求められる．これらの直線の交点の横軸の値が p の値であり，縦軸の値 (5) が max min 値となる．ゲーム理論における表現が理解しづらいならば，このように自分が理解しやすい形式にするのも内容を理解するための有効な手段である．また，自分なりの理解の方法を考えることそれ自体も，ゲーム理論の勉強に役立つだろう．

3.5　優越戦略

ここまでで，ゼロサム・ゲームでは，マクスミン戦略（相手方ではミニマックス戦略）によってすべて戦略が決定されることを見てきた．この考え方はさしあたり最もゲーム理論らしいところであるが，人によっては誰にでも理解できるやさしい解法を望むかもしれない．何をしてはならないかを警告する考え方なら，シンプルな別な方法がある．それが戦略の「優越」(dominate)[17]（「支配」ともいう）である．

ゲーム理論は相手あってのものであるが，こちらの戦略 A, B につき，相手がいかなる戦略をとろうと戦略 A が B に優る，すなわち大きい利得（一部に等しいところがあってもよい）をもたらすならば，B は選択する範囲から，除外される（「戦略 A は B に優越する」(Strategy A *dominates* strategy B.)，「戦略 B は A により優越される」(Strategy B is *dominated by* strategy A.) という．すなわち，A による方が B によるよりも場合の例外なく（相手の手によらず）うまくやれるなら，B は最初から考慮対象外で，つまり削除される．これによって，ゲームは簡単化され，本質的部分が浮き彫りにされ，事態に対応しやすくなる．場合によっては最適戦略まで出る．

たとえば，表 3.11 のような 2 つのガソリンスタンド A, B による価格戦のゲ

---

16)　一次関数のグラフは中学，高校で習っている．
17)　dominate は'全面的に優れている'の意．'支配'よりも訳語としてふさわしい（国際政治学では'支配'は別義で用いられる）が，実際は受動態として用いるので，そのときは'優越される'より'支配される'の方が語感としてはいい場合がある．

表3.11 ガソリン価格のゲーム

A \ B	25セント	24セント	23セント	22セント	21セント
25セント	(25, 25)	(0, 40)	(0, 30)	(0, 20)	(0, 10)
24セント	(40, 0)	(20, 20)	(0, 30)	(0, 20)	(0, 10)
23セント	(30, 0)	(30, 0)	(15, 15)	(0, 20)	(0, 10)
22セント	(20, 0)	(20, 0)	(20, 0)	(10, 10)	(0, 10)
21セント	(10, 0)	(10, 0)	(10, 0)	(10, 0)	(5, 5)

出所：Davis（1970, 邦訳 111）

ームを見よう．A, Bともに，ガソリンの価格について5つの戦略（21セントから25セントまで）を持っており，マトリックスの（　）内の最初の数字はAの，後の数字はBの売上（利益）と想定しよう．

　明らかに，Aにとって24セント戦略は25セント戦略より無条件（Bの戦略と無関係）によい（網掛け部分の上下を比較しよう）．Bにとっての24セント戦略，25セント戦略も同様である．よって，両者の戦略から25セント戦略を除外できる．今度はこの24セント戦略と23セント戦略を比較すると，24セント戦略も23セント戦略により優越され削除される．同様に23セント戦略，22セント戦略も削除され，結局21セント戦略だけが残る．このように優越関係だけでとるべき戦略が発見されることもある．

　優越戦略（dominant strategy）とは，特定の戦略を指すのではなく，優越原理から出てくるある戦略という意味であり，むしろ「消去の原理」といった感じである．考慮に値しない戦略は最初から除いておくことは，思考の経済であり，意思決定戦略の感覚を養うのに役立つばかりでなく，「囚人のジレンマ」などにおけるように，戦略選択では主役のロジックになっている（次節）．逆にいうと，ナッシュ以来の一気に均衡点を求める性急さを緩和し，順を追って落ち着いて戦略ゲームを考えるきっかけにもなる．

3.6　非ゼロサム・ゲーム

　ゼロサム・ゲームは厳しい場面であって，そのような機会は最初から回避される傾向がある．たとえば，max min 値がマイナスなら，ベストにプレーし

表 3.12　囚人のジレンマ・ゲームの一般形

I \ II	C（協力）	D（裏切り）
C（協力）	(R, R)	(S, T)
D（裏切り）	(T, S)	(P, P)

表 3.13　囚人のジレンマの代表的適用例

適用例	プレーヤー	S	P	R	T	備考
軍備競争	国家	弱小化	軍拡・国際緊張	軍縮協定	協定違反強大化	
環境問題	企業	競争力低下	環境悪化	環境保護	競争力上昇	
過剰生産	生産者	市場喪失	価格下落	カルテル	カルテル破り	OPEC
共有地の悲劇	共同体メンバー	独り貧困	共有地崩壊	共有地保存	売上利得	ハーディン
秩序問題	人	生命・身体の危機	自然状態	社会状態	優越	ホッブズ，ロック
税	国民	不公平負担	財政危機	良好財政	不払・軽負担	
公共財（国際公共財）	国民・国家	重負担・ヘゲモン	財政悪化	集合行為	フリーライダー	オルソン
受験競争	受験生，両親	不合格・多年浪人	競争激化	競争正常化	志望校合格	

出所：松原（2003, 48）

ても利得はマイナスである（もっとも，最もましなマイナスである）．だから，最適な戦略であっても不利な結果になるゲームはプレーされないかもしれない．実際には非ゼロサム・ゲームの方が圧倒的に例も多いことはこれからあげる例からも理解される．それのみならず，ゼロサムと非ゼロサムの両ケースには理論上の大きな差がある．

　ゼロサムの場合，マクスミン戦略，ミニマックス戦略は，相手の手にかかわらず当方が確かにできる——保証される——最低の利益がその決定解になる．いわば，当方だけで考えられる．それは当然であって，相手は全く反対の利害を持っているので，相手の手の予想はある程度可能であるが，非ゼロサムの場合は相手の利害を知っていても，ゲーム自体の複雑さから，相手のキャラクター，世界観，私的周囲状況なども決定に影響する．ただし，そのメカニズムは一般にはわからない．したがって，格段に数理的に分析するのが難しく，量的よりはむしろ質的考慮もしなくてはならない．

第3章 非協力ゲーム

表 3.14 代表的な非ゼロサム・ゲーム[18]

a) 囚人のジレンマ

I \ II	協力	裏切り
協力	(−1, −1)	(−10, 0)
裏切り	(0, −10)	(−8, −8)

検察官への抵抗か投降かの決心

b) チキン・ゲーム

I \ II	回避	突進
回避	(1, 1)	(0, 2)
突進	(2, 0)	(−3, −3)

'弱虫' を決める冒険的対決

c) 両性の闘い

I \ II	ボクシング	バレエ
ボクシング	(2, 1)	(−1, −1)
バレエ	(−1, −1)	(1, 2)

相思相愛の2人の趣味が異なる

d) デッドロック

I \ II	協力	裏切り
協力	(2, 2)	(1, 4)
裏切り	(4, 1)	(3, 3)

協力は望むべくもない

e) 鹿狩り

I \ II	協力	裏切り
協力	(4, 4)	(1, 3)
裏切り	(3, 1)	(2, 2)

協力して大物を狩るか1人で小さな獲物を狩るか

f) 調整ゲーム

I \ II	大	小
大	(2, 2)	(−1, 1)
小	(1, −1)	(1, 1)

フロッピーのサイズを決める2企業

本書の領域の関係でも，国際政治に対して非ゼロサム・ゲームは多大な貢献をなしうる．最も典型的な議論は，核戦争は非ゼロサム・ゲームであり，双方ともに負に終わるという可能性の指摘である．また，瀬戸際外交はチキン・ゲーム，軍備競争は囚人のジレンマなど，適切な適用例も多い．以下ではまず，原型の囚人のジレンマ・ゲームを解説し（表 3.12，表 3.13），次にこれら社会関係に適用例の多いそれ以外のよく知られたゲームを紹介する（表 3.14）．

3.6.1 囚人のジレンマ

囚人のジレンマ（Prisoner's Dilemma：PD）の趣旨は，オリジナルに近いタッカーによれば（Rapoport 1964，邦訳 101），

> 同じ罪で起訴された2人の囚人が互いに通信できない状態で拘置されている．もしも双方が自白すれば，双方とも有罪になる［8年，8年］．どちらも自白しない場合は，どちらも有罪にするわけにいかない［1年，1年］．

---

[18] Oye（1985），Lichbach（1990）にもここに挙げたゲームの解説があるので，そちらも参照．ことに鹿狩りについては，林・山本（2005）．

だが，もしも一方が自白し，もう一方は頑張っているとしたら，前者は罪をまぬがれるばかりか，ほうびまで与えられ［3カ月］，一方後者は，双方とも自白した場合よりもいっそう厳しい罰を受ける［10年］．このような状況のもとで，合理的な囚人は自白すべきだろうか，それとも頑張るべきだろうか．

ここで［　］内はルースとレイファの記述（微罪を想定）にある（Luce and Raiffa 1957）．囚人のジレンマの本質的想定はフラッド（Flood 1952）の実験に現れていた．よく読めば，共に頑張るか，あるいは自白すべきかは，互いのために協力するかあるいは（自分のために）裏切るか，の選択になっていることがわかるが，設定から，裏切りが個人としてはベストな選択であるものの，結果は両者にとって最悪である．囚人のジレンマは，何とかして協力を実現させる，すなわち協力が良い戦略であることを証明しようという努力のしくみである．

一般の囚人のジレンマは，効用の4定数 S, P, R, T で要約できる[19]．それらは，S：聖人／お人好し（saint/sucker），P：制裁（punishment），R：報償（reward），T：誘惑（temptation）である．プレーヤーⅠ, Ⅱの2つの戦略は，C＝協力（cooperation），D＝裏切り（defection）であり，効用の条件は，

$$\text{(i)} \ S<P<R<T, \ \text{(ii)} \ 2R>S+T$$

である（表3.12）．

これら S, P, R, T の間に要請された条件 i）は，すでに述べたことを効用で表現している．ii）は付帯条件である[20]．なお，この大小順序関係はプレーヤーごとに成立していればよく，ⅠのRとⅡのRは一般には異なっているが，これは当然のことであるので2つのRは特に区別しないで表してある．

このゲームでは，

---

[19]　この記号はもとラパポートによるもので，Axelrod（1984）も頻用している．
[20]　ii）は，もし 2R<S+T なら，両プレーヤーが（C, D）ついで（D, C）を交代してプレーするだろう（この交代で，利得は2回分で双方ともSおよびTとなる）．実際，'今回は私がCあなたがD，次回は私がDあなたがC'と決めると，この2回分でS+Tを利得するが，これは両回とも双方がCをとるときの各利得 R+R=2R より大きい．結局，裏切り（D）と協力（C）の役割相互交代戦略の方がベターとなり，もともと双方が揃ってCをプレーする協力のインセンティブは存在しない．

(i) 優越戦略が存在し裏切り D がそれである．(R<T，S<P)
(ii) したがって (D, D) がもたらされ，それがナッシュ均衡となる．
(iii) この結果はパレート劣位，すなわち双方協力 (C, C) がこれよりもパレート優位であり，しかも，これに対してパレート優位となる状態はない（パレート最適）．
(iv) 双方協力はパレート最適であるが，ナッシュ均衡でない．

(i) は幸運である．優越の考え方だけで最適な戦略が出るのだから結構なことである．他方 (ii)，(iii)，(iv) は (i) の楽観主義を裏切る結果であり深刻である．これが，囚人のジレンマの本質である．なかんずく，パレート最適な双方協力 (C, C) が望ましいが，惜しいことにナッシュ均衡でなく，「ただ乗り」「フリーライダー」(free rider) を誘発し維持困難であることが深刻さを増し，囚人のジレンマを憂うつなゲームにしている．すなわち，双方協力 (C, C) の約束を一方的に破れば，破ったプレーヤーは守ったプレーヤーの犠牲の上に利益を得るのである (T>R)．

囚人のジレンマは「社会のカプセル」といわれ (Davis 1970)，簡単な 1 枚の表と説明だけで社会科学の本質を表現しえている点で，その説明力は類例を見出しがたい．従来からも膨大な理論および適用の研究がなされてきた．よく用いられる適用例をまとめたのが表 3.13 である．

3.6.2 チキン・ゲーム

チキン・ゲーム (chicken game) は，2 人のティーンエイジャーたちが，車で道路上を互いに相手に向け突進し，先に道路を避けた方をチキン（弱虫）と決めるという決死の冒険的対決ゲームである（表 3.14 の b)) [21]．ナッシュ均衡点は (回避，突進)，(突進，回避) であるが，利得は全く正反対であり，いずれが生じるかの決定方法を欠いている．コミュニケーションがその方法になるとも考えにくい．ヒトラー対チェンバレン（当時の英首相）のミュンヘン会談はこの典型例と考えられる．

---

[21] このゲームはジェイムズ・ディーン主演のアメリカ映画『理由なき反抗』(Rebel without a Cause) の 1 シーンとされるが，実際にはやや異なり，断崖絶壁に向かって車を走らせる競争で，最後に車から飛び降りた者の勝ちというゲームである．

囚人のジレンマよりも非合理性が大きい．破局を避けるための行為の責任を互いに押し付けるが，両方が自発的にそれを行わなければ破局となるケースである．テイラー『協力の可能性』(Taylor 1987) などにより公共財供給の費用負担のモデル，あるいは『新約聖書』にある「よきサマリア人(びと)」(Good Samaritan) の自発的な倫理的行為のモデル[22]として取り上げられている．

3.6.3 両性の闘い

両性の闘い（battle of the sexes）では，Ⅰが男性，Ⅱが女性で，2人は相思相愛の仲であるが趣味が異なっており，男性はボクシング，女性はバレエを好むと想定している（表3.14のc))．このとき，2人が遊びに外出するときどうするか．共に居たいが，好みは異なっている．同一場所へ行ければその喜びはあるが，そこが自らの好みの場所なら，その喜びはさらに大きい．(2, 1)，(1, 2)がそれである．このゲームにも囚人のジレンマと異なり優越戦略はないが，ナッシュ均衡点は（ボクシング，ボクシング），（バレエ，バレエ）の2点あり，どちらもパレート最適である．他のゲームと比較して注目してよいポイントである．2つあるナッシュ均衡点は利益配分において相違し，かつパレート優劣関係にはないから，結果は予断を許さない．男性と女性は各々の選好する均衡に達しようとするが，それにはいくつかの方法や様式がある．それらは，

i) 権力のある方にない方が従う（権力あるいは権威）．従わなければ現在より悪い状態になる．

ii) 愛している方が愛されている方にあわせる（愛）．もっとも，両方向の愛がこの機能を発しえないのは，O. ヘンリー『賢者の贈り物』(*The Gift of the Magi*) でよく描写される．夫は妻のために自分の金時計を売り妻のブロンドの髪のためのくしを買ってやる．贈り物であるためにあらかじめ言わないので，妻は夫のためにその髪の毛を売って，金時計の鎖を買ってしまう．結果にはほほえましさと悲惨がないまぜになろう[23]．

---

22) この指摘はSen (2009) による．
23) Magi（メイジャイ）とは，イエス・キリストの誕生の場（ユダヤのベツレヘム）へ祝福に訪れた3人の博士（賢者）を言う．『新約聖書』の福音書によると，3人は宝（高価な香料）をクリスマスの贈り物として献げる．

iii) 頑固であることの信認（reputation for toughness）．一方が自分の選択にこだわり続けてきた実績があり，相手から見てその選択を変更せしめることが不可能だと今回も予想されれば，それに合わせないことは破滅的である．行為パターンの一貫性が自分の選好を実現する原資となる．

iv) 先に着手する（先手コミットメント）．選択の自由を放棄し，1つに決定して着手する．コミットメント（自己拘束）は自分の自由度を放棄することであるが，それがかえって自分の地位を強化する．例として，先に切符を購入し，それを相手に見せるなどが考えられる．

3.6.4　その他有用な非ゼロサム・ゲーム

デッドロック　デッドロック（deadlock）は囚人のジレンマと同様に裏切りが優越戦略であり，ナッシュ均衡点も（裏切り，裏切り）であるが，状況は囚人のジレンマ以上に悪く，裏切りを選ばない理由がない（表3.14のd））．囚人のジレンマと異なり（裏切り，裏切り）の方がよい結果をもたらすため，（協力，協力）はパレート最適でもないからである．したがって相互協力は望むべくもない状況であり，まさにデッドロック（手詰まり）なのである．

鹿狩り　鹿狩り（stag hunt）は保証ゲーム（assurance game）とも呼ぶ．2人の猟師に鹿狩りと兎狩りの選択肢がある（表3.14のe））．2人がかりでないと鹿は狩れないが，自分の食糧を確保するだけならば1人で兎を狩ればよい．利得では獲物の鹿を折半してもそのほうが望ましいのだが，互いに相手の意図を知らなくてはならない．囚人のジレンマと異なり優越戦略はない．ナッシュ均衡点も（協力，協力），（裏切り，裏切り）の2通りある（Fudenberg and Tirole 1991）．互いに協力するという一定以上の信頼や保証があれば鹿狩りが実現するが，なければどちらも兎狩りを選択する（Kydd 2005, 7-8）．鹿狩りも兎狩りもヨーロッパ中世の貴族の遊びで，以上はルソーによる．

調整ゲーム　調整ゲーム（coordination game）における調整とは，お互いに相手にあわせることである．2つのコンピュータメーカーがお互いに両用可能（compatible）なコンピュータを開発するとき，フロッピー・ディスク[24]を大

---

24)　この例はRasmusen（1989）による．「フロッピー・ディスク」とは，USBメモリー，CD-R，MDの一世代前の記録媒体で，いくつかのサイズがあった．

型，小型のいずれの設計にするかのケースはこれである（表 3.14 の f））．両者ともに利益は共通で，利害相反は全くない．（大，大），（小，小）がナッシュ均衡点だが，前者は後者に対しパレート優位で，常識的には前者の実現が予想される．

しかし，たとえ共通の利益であっても，その実現のための過程は複雑で，多くは事前交渉でのコミュニケーションが全く不可能であれば，パレート優位点の実現は決して自動的ではなく，心理ゲームの要因が支配的となる．シェリングの『紛争の戦略』（Schelling 1960）にあるいわゆる「フォーカル・ポイント」（focal point）をとり一致の軸としていくことになろう[25]．

---

25) 松原（1985）も日本での実験（筑波大学）を行っている．

第4章 非協力ゲームと国際政治

　本書としては，理論の最初の応用の章である．国家が独立した行動主体である国際政治を理解・分析する上で，国家をプレーヤーとする非協力ゲームは有効なアプローチである．その中でも，ゼロサムよりも非ゼロサムがあてはまるケースが多く，ことにチキン・ゲームは紛争，国際危機の状況を描写するのに有用である．また，両性の闘いのゲームは国際政治の調整過程の分析に貢献できる．ここでは，ゼロサムのケースとして戦争を，非ゼロサムのケースとして米ソ冷戦および国際電信網をめぐる国家間の調整を取り上げよう．

4.1　国際政治分析における非協力ゲーム

　国際政治学は常に戦争と平和を論じ続けてきたが，ゲーム理論はそれにどのように有効であろうか．このように考え始めてみると，とりわけ非協力ゲームが戦争を理解する上で役立ちうることはすぐに思い浮かぶ．ただし，戦争にも「戦争の原因論」あるいはそれに係る紛争，交渉などの各段階，過程の分析があるから，非協力ゲームとはいえ，それほど単純ではない．ことに戦争，侵略の抑止は精緻な議論を必要とする．さらには，国際政治が多くの国家から成立するシステムであることから，むしろ協力ゲーム（次章で解説）と見る接近も十分あり得て，同盟はその重要な一事例となろう．また，戦争を問題解決の一手段と考えることの意味や効率，非効率まで及ぶと，ゲーム理論をより深化させることに加え，ゲーム理論の外部にも考察の対象を広げる必要も出てくる．さしあたりは，そこまで議論を広げることはしないが，非協力ゲームが国際政治の理解・分析に有効である範囲として，戦争，紛争および侵略の抑止，国際調整などを考えていこう．

　フォン・ノイマンとモルゲンシュテルンはゼロサム・ゲームに，理論上，広範な有効性を与えたが，現実にはその実例は決して多くない．鮮明な利害対立である戦争においてさえそうであるが，次節ではその稀な一例（ビスマルク海

戦）を紹介する．他方，非ゼロサム・ゲームの例はかなり豊富にあり，「囚人のジレンマ」が圧倒的に数多く扱われている．ただし，囚人のジレンマはややステレオタイプ化しつつあるのに加え，囚人のジレンマの認識が相対化されていない．すなわち，なぜ囚人のジレンマが妥当な（さらには唯一の）モデルであるか，十分に省察されていない分析も多い．囚人のジレンマはその当初の定義からして，解決が難しい状況として設定されている．なぜ，解決が難しいモデルを最初から自動的に設定するのだろうか．現実の出口を難しくはしないかとの懸念も感じられる．その意味で「チキン・ゲーム」「両性の闘い」「調整ゲーム」の有効性も評価すべきであろう．

4.2 ゼロサム・ゲームとしての戦争――ビスマルク海戦

4.2.1 ゲーム理論と戦争

戦間期から第二次世界大戦直後に生まれたゲーム理論は，数学的にはその最適な戦略のゲームという特質にもかかわらず，当初は現実の戦略応用には（その現場は別として）比較的無縁であった[1]．戦争は人間の闘争行為の1つであり，そこに実力，暴力が用いられるという特殊性はあるが，一般的には，後述のようにゲーム理論的解釈が事後的に成り立つことは十分あり得る．とはいえ，現実の戦争行為（いわば戦術レベル）をゲーム理論的に解釈した研究は，冷戦の初期にあってさえ不釣合いに少ない．

ヘイウッドによる太平洋戦争中の日本対米国による「ビスマルク海戦」，および同時期の欧州大陸における「ノルマンディ上陸作戦」以後のフランス戦線の展開等の分析（Haywood 1954）[2]は，単にゲーム理論の戦史への適用というにとどまらず，その含意するところもあって Luce and Raiffa (1957) や Rasmusen (1989) などのゲーム理論の指導的著書や Davis (1970) などの一般解

---

1) 事実は異なるという論もある．
2) これは松原（1985）が紹介し，日本側資料（防衛研究所戦史室『戦史叢書』，以下「戦史」）と対照させ，分析内容を拡大しかつ深めている．ただし，戦史資料は批判的に吟味すべきという考え方が一般的である．

説書に引用されている．以下，まずヘイウッドの研究を用いて太平洋戦争におけるビスマルク海戦をゼロサム・ゲームのゲーム理論的思考から考察し，その後，国際政治における若干の帰結にふれよう．

4.2.2 ビスマルク海戦の背景

1941 年 12 月の太平洋戦争開戦以来わずか半年，1942 年 5 月までに，日本はまたたく間に東南アジアから西太平洋全域にわたる膨大な海域を含む地域を手中にしたが，1942 年 6 月，ミッドウェー海戦の運命的敗北により制海権をアメリカ軍に奪われ，緒戦の勝利は終わりを告げた．さらに，日本は，この後 1943 年 1 月まで約半年続いた，世界戦史上でも悲惨のきわみと言われ文字通り'餓島'作戦とも形容されたガダルカナル島の消耗戦に敗退し，ここに戦局は開戦 1 年余にして大きな転機を迎えることになった．日本軍が経験した最初の本格的敗北であったが，アメリカ軍からみれば，この周縁部から反攻に転じる足場が確保されたわけである．いまや，この方面の地域において，アメリカ軍が優勢な兵力を展開して巻き返しをはかり，本格的攻勢（北進）のきっかけをつかもうとすることは必定と思われた．したがって，さしあたりガダルカナル島直北のビスマルク，ソロモン諸島を含む東部ニューギニア方面に，アメリカ軍中核の強い圧力がかかることが十分に予想され，日本（参謀本部）としても，真剣に対処すべきこととして重視したのである．

ビスマルク海戦はこういう状況の中でのことである．すなわち，アメリカ軍がニューギニア北岸沿いにフィリピンをねらうことを懸念した参謀本部は，ニューギニア東岸のラエ，サラモア守備を司令部ラバウルから支援増強すべく，海上輸送作戦（八十一号作戦）を展開した．連合艦隊司令長官山本五十六も，連合軍にニューギニア東岸への進出を許せば，海軍枢要の拠点航空基地ラバウルは重大な脅威を受けると考え，この増援部隊の掩護を決定した．このラバウル―ラエ輸送部隊を連合軍（ポートモレスビー，ラビ，ブナなどに後方，前進基地）が優勢な制空権を背景に圧倒したのが，1943 年 3 月初めのビスマルク海戦である[3]．

---

3) 以上の地域的説明は，http://www.qmss.jp/qmss/text/supplements/game-theory/bismarck.htm の地図などを参照．

4.2.3 現実のゲーム理論的状況

ゲーム理論を適用する客観的状況として，作戦地域の天候，そして連合軍（この方面の空軍司令官ジョージ・C. ケネー将軍）による日本軍の行動の予測が大きな問題になる．ラバウルのあるニュー・ブリテン島の北側，南側のいずれの経路を通って，ラエに向かうであろうか．北側は雨で天候不良，視界不良であり，南側は晴天である．視界不良の場合は，連合軍にとっては，偵察機による発見，それにつぐ艦船攻撃は困難であった．ただ，いずれの経路も3日を要する点は同一である．日本軍はこの点を最大に利用するように行動するであろうし，連合軍はこの不利を最小に抑えるよう偵察行動するであろう．日本軍が連合軍に発見されずに，作戦に成功するか，あるいは連合軍が日本輸送部隊の場所を突き止めて，これを潰滅させるかは，双方の行動の組み合わせで決定される．連合軍のチャンスの日数が，逆にそのまま日本側の危険の大きさとなるから，ゼロサム・ゲームとなるであろう．

ケネー将軍は，可能な行動とそれによる結果を表 4.1 のように予測・評価した．そして，北側を決定した．これのゲーム理論の明示的な利得行列はないが，現実に利得の根拠・由来の詳細だけが述べられている稀な例の1つである．

八十一号作戦では，北側コースの航行計画を異論なく決定する（根拠が天候を意識したものかは，今では明らかでない）．これは，思うに「多少でも敵中小型機の攻撃時間を少なくすること」「マダン方面への輸送と見せかけること」などの希望に添う必要もあり，また現に，これに付随する日本軍の飛行場攻撃の作戦にとっても，天候が大きな支障となるからである．「当時，作戦地一般の気象は，この方面の雨季に属し，北西季節風が強く，いたるところに積乱雲が発生し，降雨量も多く，わが方の航空進攻作戦に大きな支障を及ぼした．2月下旬から3月上旬にかけて，745ミリ程度の低気圧が，ビスマルク諸島および東部ニューギニア方面（つまり，ニュー・ブリテン島北部）に停滞していた」．しかし，「2月27日から3月1日までの悪天候は日本軍（のラエ輸送船団）に有利であった」（以上「戦史」）．

表 4.1 ラバウル―ラエ輸送作戦の利得行列

		日本軍の行動	
		北側コース	南側コース
連合軍の行動	北側を偵察	視界不良なるも，2日目には発見：2日間の爆撃	晴天下を航行するも，偵察不適当により2日目に発見：2日間の爆撃
	南側を偵察	視界不良，偵察不適当により3日目の朝以後に発見：1日間の爆撃	晴天下，偵察機の大量投入となり，1日目に発見：3日間の爆撃

注：連合軍にとって爆撃可能な日数を利得にとれば，2人ゼロサム・ゲームとなる．
出所：Haywood (1954) より作成．

4.2.4 実際の経過

　これを詳しく述べる必要はないが，念のため記録から取り出しておこう．日本軍は北側コースをとり，連合軍も偵察機を北側へ投入した．結果としては，ほぼケネー将軍の予測が的中した．ラエ輸送船団はビスマルク海に覆滅し，51師団主力のラエ増援は完全に挫折した．マッカーサーはこれを「有史以来の完全な殲滅戦」と形容した[4]．

　結果論ではあるが，日本軍のラエ増強計画は2月19日，早くもアメリカ軍に探知されていた．また，戦略のゲームからみても，日本軍が北側コースをとったのは，正しい選択であった．「戦史」は「敵状判断を深刻にし，あらかじめ敵の行動を予期していたとしても，当時としては，（この護衛法の）ほかに名案はなかった．真に敵の企画が早期かつ明瞭であったならば，本作戦は中止したであろう」と述べる．実際，ゲーム理論からの解釈としても，これが妥当な結論であると思われる．

　一般には，ゲーム理論の帰結の予測が厳密に可能であるなら，理論的にはあえてこのゲーム（すなわち作戦）を実施すべきではないと思われる．フォン・

---

[4] 輸送船団は第1日目にニュー・ブリテン島のホルマン岬沖で，はやB-24機1機に接触され，翌2日目早朝には計40～50機の敵機来襲，午後大型8機が3回来襲した．敵機の遊弋するウムボイ島西側水路（同島とニューギニアの間のダンピール海峡）を緊張のうちに無事通過したのも束の間，その直後，すなわち3日目午前7時50分，クレチン岬南東14海里の海面にて，惨事が起こった．百数十機の敵機が来襲し，水平爆撃と超低空からの反跳爆撃（スキップ・ボミング）を併用して襲いかかった．高々度を警戒していた日本軍戦闘機は完全に出しぬかれ，全輸送船7隻炎上または沈没等の修羅場が現出した（前掲サイト参照）．

ノイマンの「厳密に決定される」と述べたケース分類（前章第3節）はこのことを指すのであろう．

4.2.5 ミニマックス定理の戦略性

戦史記録にゲーム理論を適用しただけでは，多少洗練された'戦記物'以上の価値はないであろう．しかし，この戦争分析は，ミニマックス定理の戦略性を示唆している点で重要である．それは，敵がどのような「意図」(intention)をもっているかという考慮よりも，わが方が最悪のケースではどこまで不利な地位に押し込められ得るか，言い換えると，敵がその最大限においてどのような「能力」(capability)を有するかというケネー将軍の考慮に具体的に表れている．実際，同将軍は，日本軍の航行能力および連合軍の偵察能力や爆撃能力に基づき，連合軍側は最小可能爆撃日数を最大化し，日本軍側は最大爆撃被害日数を最小化すると想定し，ビスマルク海戦に臨んだ[5]．

以上のような戦略観は，アメリカの伝統的な外交敵強圧手段であるさまざまなレベルの経済封鎖に表れている．長期的には，戦争能力の基盤は経済力であり，経済の封鎖は能力を低いレベルに制約する．これは，1941年7月の日本軍南部仏印進駐に対するABCD包囲網から，1979年のアフガニスタン侵攻，1981年のポーランド危機（「連帯」の民主化運動に関わる緊張）における対ソ連経済制裁，そして今日のイラン，北朝鮮に対する制裁に至るまで変わっていない（なお，共同制裁に焦点をおいたゲーム理論分析もあり，本書第13章第2節で解説される）．

---

[5] 相手方の意図よりも能力に根拠をおく戦略観は成熟し安定した戦略観である．すなわち (i) 意思決定者の——彼が非合理的でなければ——意図するところは，能力の範囲を超えることはない．彼の意図は能力により，制約・限定される．(ii) 能力は長期的な諸判断の科学的総合により相当程度に客観的に認識しうる．意図を外部から認識することは容易ではない．(iii) 意図は有無のみの問題だが，能力は程度を有し柔軟に対応できる．(iv) 能力の範囲を超えた意図は，ただ僥倖（好ましい偶然）によってのみ，その成功を実現できる．(v)「偶然」自体は制御できないが，もたらす効果は最小限に制御できる．

4.3 チキン・ゲームとしての米ソ冷戦

4.3.1 ゲーム理論と冷戦

　第二次世界大戦直後から始まった米ソ冷戦は，その対立の性質上，非協力ゲームを用いて説明されることが多い．イデオロギーの相違と勢力圏争いという強い利害対立がありながら，核兵器が存在するために，うかつな軍事行動は米ソ両国にとって最悪の結果をもたらしえた．米ソ核対立におけるもっとも重要な点は，相互に相手を確実に攻撃できる核戦力を保有することである．これを第二撃能力（second strike capability）という．すなわち，たとえ先制攻撃を仕掛けられても必ず報復攻撃を実行できる核戦力が双方にあれば，どちらも攻撃を自制することになり，核対立はまがりなりにも安定する（Schelling 1960）．核抑止が通常戦力による抑止よりも高い効果を発揮できるのは，発射された核ミサイルは迎撃がほぼ不可能なため，威嚇を無視して行動した場合にもたらされる結果が明白なことが大きな要因である（Waltz 1990, 732-736）．通常戦力による戦争ならば相手の攻撃を撃退することも期待できるかもしれないが，核戦争になれば大損害がもたらされるだけで，期待する結果はもたらされないことは容易に予測できる．その予測可能性の高さが安全保障における核抑止の価値を高めた．冷戦においては，米ソにとって，核抑止こそが安全保障の要であり，外交戦略を決定する上での前提でもあったのである．

　米国では国家安全保障研究で有名なシンクタンクであるランド（RAND）研究所に属した一部防衛知識人が主導するゲーム理論に基づいた戦略が政府に採用されるなど，冷戦ではゲーム理論，それも非協力ゲームの思考は学問のみならず，政策決定にも大きな影響力を持った（竹田 2004, 59-72）．核開発に携わったフォン・ノイマンとテラーに加えて，ブロディー，ウォールステッター，シェリングらは，その時代の米国核戦略の思考を代表する研究者といえる（Brodie 1946 ; Schelling 1960, 1966 ; Wohlstetter 1958）．彼らに共通する主張は，信憑性のある第二撃能力を維持することで，相互抑止を安定させることが米国に安全をもたらすとしたことにある．

4.3.2 冷戦の基本構造

彼らが対峙した状況は，非協力ゲームでもよく知られたチキン・ゲームに非常に適合した状況である．ただし，冷戦の特徴を表現するために，一般的なチキン・ゲームに若干の変更が施されることがある．一般的なチキン・ゲームは表 4.2 のように示されるが，米ソ冷戦の場合は表 4.3 のように利得の値を変化させて，最悪の結果がいかに望ましくないものかを強調することが一般的といえる．

重要な点は，利得が正確にこの表の数値に限定されることではなく，（突進,突進）の利得の値が他の利得に対して極端に低いことである．チキン・ゲームの本質的な点は，両プレーヤーの選好順序が

　自分が突進して相手が回避 > どちらも回避 > 自分が回避して相手が突進 > どちらも突進

となっていることであって，選好順序がこれに一致していればその差の大きさにかかわりなくチキン・ゲームとなる．それにもかかわらず，あえて（突進,突進）の損失を大きくするのは，米ソ対立の特徴をより反映させたモデルとするためである．この冷戦のチキン・ゲームで想定される（突進,突進）とは当然のことながら核戦争である．したがって，冷戦では米ソが軍事紛争に発展するような事態はほとんど起こらず，核戦争に発展しないような周辺地域での軍事紛争のみが発生するにとどまったのである．冷戦という名称自体が，激しい対立状況にありながら核の存在によって戦争（熱戦）に至らなかった状況を示したものであり，（突進,突進）が現実化しないにもかかわらずその重要性が示唆されることが，冷戦の特徴をよく表している．

しかしながら，チキン・ゲームにはナッシュ均衡点が 2 つ存在することから，実際に紛争が発生した場合にはどちらかが譲歩することで終結することが想定

表 4.2 一般的なチキン・ゲーム

I \ II	回避	突進
回避	(1, 1)	(0, 2)*
突進	(2, 0)*	(−3, −3)

* ナッシュ均衡点

表 4.3 米ソ冷戦のチキン・ゲーム

米 \ ソ	回避	突進
回避	(1, 1)	(−10, 10)*
突進	(10, −10)*	(−100, −100)

出所：高柳（1999, 182）

される．冷戦で戦争直前にまでいたった事態としては1948-1949年の第一次ベルリン危機と1962年のキューバ危機が挙げられるが，いずれも戦争になる前にソ連側の譲歩というかたちで決着がついた．発射された核兵器から自国を防御する手段がない以上，核戦争を起こすことはできなかったからである．

4.3.3 冷戦と核抑止の安定性

　このように，米ソ冷戦はチキン・ゲームで基本的な構造を明らかにすることが可能である．だが，チキン・ゲームの解釈だけで冷戦を把握することは，必ずしもその実情を正しく理解することにはつながらない．なぜなら，米ソともに核戦力の第二撃能力を常に確保できる保証は存在しなかったからである．核攻撃の成功率を上げるために必要だった要素は，破壊力と運搬能力の2つである．特に運搬能力においては，ミサイルの性能が最も重要視された．ソ連によるスプートニク打ち上げやNASAによる月面着陸などの航空宇宙技術の開発競争も，核ミサイル技術に関連した技術開発である．もし相手国に優れた運搬能力がなければ自国としてその核攻撃を迎撃できる可能性が生じることになり，自国の先制攻撃に対する相手国の第二撃能力に疑問が生じ，先制核攻撃によって戦争に勝利して最善の結果を得られる可能性が生じる．そのような予測の信憑性が増せば，チキン・ゲーム的な状況ではなく，先制攻撃に強い誘因を持つ極めて危険な状況に米ソ対立が変化する恐れがあった．米ソともにそのことを十分に理解していたからこそ，核兵器に関する情報を管理統制し，核抑止の信憑性を高める情報を公開し，その信憑性を低下させる情報を隠蔽するなどして，第二撃能力の信憑性を確保することに努めたのである．

　しかし，相手に自分の核抑止能力が脆弱であると判断されないように，必要以上の核戦力をそろえると，それが相手を攻撃するための措置であるとみなされて，更なる不信と軍拡に対抗するための軍拡を招く．そしてそれは再び相手の不信と軍拡を招く．冷戦ではこれが繰り返されて，米ソあわせて地球を何回も破壊できるほどの核戦力を蓄積する結果を招いた．自分にとって安定した核抑止力は，相手にとっては有効な先制攻撃手段とも受け取れるからである．1960年の「U2型機事件」に見られるように，米国がトルコに核ミサイルを設置していたことは，米国にとっては短距離で報復攻撃をできるようにした防衛

措置であったが，ソ連にとっては先制攻撃を可能とする兵器配備に見えた．ソ連によるキューバへの核ミサイル設置はそれに対するカウンター・バランスの意味も含まれていたが，米国にとっては本土防衛を極めて困難にする攻撃的な措置と映った．キューバ危機においては，このような認識の相違も大きな要因となったのである（Allison 1971）．

核抑止は安全保障のための戦略であるが，核兵器それ自体は攻撃兵器である．そのために，お互いが脆弱な報復能力しか持たないような，核攻撃が有効な手段であると考えられる状況になってしまうと，核攻撃への恐れから戦争を望んでいなくても先制攻撃を選択してしまう可能性が存在する（Jervis 1978）．それが，チキン・ゲームではナッシュ均衡点ではない（突進，突進）を起こりうる事態として米ソが懸念しなければならなかった理由である．

4.3.4 相互核抑止を超えて

一方の核抑止の信憑性が失われた場合や非核保有国との関係のように，一方的核抑止（unilateral deterrence）が成り立つような状況においては戦争が起きる可能性が非常に高くなると考えられる．ブエノ・デ・メスキータとライカー（Bueno de Mesquita and Riker 1982）は，核抑止が効果を発揮するならば，一方だけが核保有国である場合は武力紛争が起こりやすくなるとの仮説を立て，核抑止の効果を実証するために冷戦期の二国間の紛争を，それぞれ（1）核保有国と核保有国，（2）核保有国と別の核保有国と同盟を結んでいる非核保有国，（3）核保有国と非核保有国，（4）非核保有国と非核保有国を当事国とする4種類の紛争に分類して検証した．その検証結果は，威嚇行為，介入，戦争といったあらゆる形態の紛争の発生件数は(4)＞(3)＞(2)＞(1)であった．(1)と(2)の戦争発生件数は0であった．

この研究は，核保有国と非核保有国の対立は非常に不安定であることを示しており，必ずしも同一視できるものではないが，核保有国の第二撃能力の信憑性が著しく低下すれば，それは核保有国と非核保有国のような不均衡な状況に近づく．そうなれば，チキン・ゲームとは異なる状況に変化する可能性があり，核攻撃がおこなわれる可能性も高まる．冷戦は米ソ対立だけでなく，米ソと同盟関係を結んだ陣営間の対立でもあった．そして同盟を結ぶ上で重要であった

のが，米ソによって核の傘を提供してもらうことである．いうまでもなく，冷戦当時の非核保有国は核保有国からの威嚇には抵抗できないことを認識していた．そのため，核保有国と同盟を結ぶことで核の脅威に対抗したのである．この拡大抑止（extended deterrence）もまた冷戦の安全保障問題における重要なテーマの1つであり，チキン・ゲーム的な状況とは異なる．

　チキン・ゲームによる冷戦の説明は，その基本構造を理解するうえでは非常に有益であるが，国家間関係が時間の経過によって変化するもの，すなわち動的なものである以上，静的モデルであるチキン・ゲームだけですべてを説明できるわけではないことも理解しておくべきであろう[6]．このような情報不完備な状況や，相手の第二撃能力に対する信憑性を変数としてゲームに組み込んだ，より複雑な米ソ冷戦の分析としては，第10章第3節を参照されたい．

4.4　両性の闘いとしての国際的調整

4.4.1　ゲーム理論と調整問題

　国際政治のいろいろな場面で協力することには合意したが，協力の仕方に複数の選択肢がある場合，プレーヤーはいかに複数の選択肢から1つを選び，協力するのだろうか．これは「協力するか／しないか」という問題よりは「どのように協力するか」という問題であり，**調整問題**（coordination problem）とも呼ばれる．ここで言う「調整」とは「幾つかの好ましい協力の仕方から，協力の仕方をプレーヤー間で選定すること」であり（髙木2004, 55などを参照），一般的な意味合いからすると狭義であることに注意しよう．

　調整問題の状況を端的に表現しているのが「両性の闘い」や「調整ゲーム」である．前章で見たように，「囚人のジレンマ」におけるプレーヤーは「協力」と「裏切り」という2つの選択肢を持っていたが，「両性の闘い」や「調整ゲーム」におけるプレーヤーの選択肢は，必ずしも対概念ではなく，それらはデートの行き先——ボクシングかバレエ——であり，また製品の大きさ——大か

---

[6] Bueno de Mesquita and Riker (1982) 以外に，Berkowitz (1985), Simon (2004) もゲーム理論を用いて核拡散と核戦争の可能性の関連性を考察している．

小——であった.プレーヤーたちはそれぞれのゲームにおいて,'付き合う'こと,'共同開発する'ことに合意しているが,事前の話し合いがなければ,協力の仕方で一致することは難しい.「両性の闘い」では,たとえ事前の話し合いが持たれても,均衡点にはパレート優劣関係がないので,なお難しい[7].以下では,国際的な通信技術をめぐる国家間の調整過程を,「両性の闘い」から考えてみよう[8].

4.4.2　国際通信技術の調整の歴史的背景

通信技術の1つである電信やデジタル放送に必要な電波は,現在でこそ光ファイバーや衛星を通した技術の発達によって世界各国・地域で広くその恩恵を受けているが,その道のりは決して平坦ではなかった.

1830年代後半に電信が発明されてから現代に至るまで,電信やその通信技術は特に軍事目的のために開発・利用されてきたことから,各国それぞれの国営事業であった.1837年に英国が電信技術を用いた通信を国営事業として開始すると,1844年には米国が,1845年にはフランスが,1846年にはドイツ統一の前のプロシア(普),オーストリア(墺),ベルギー等が相次いで電信事業を開始した.これらの技術は徐々に国家間においても共有され,1850年には普墺が「普墺電信連合」を設立し,1855年にはフランス,ベルギー,スイス,サルディニア,スペインの5カ国が「西部欧州電信連合」を設立した[9].

電信・通信技術の発展に伴い,この技術は軍事目的だけでなく,外交交渉においても,一般における情報交換の手段としても使用されていくことになった.これに伴い,関係国間での共通のルールや規則を設定する必要が生まれた.独墺電信連合と西部欧州電信連合の間では,すでに国際電信のルールを整備しようとする試みがなされていたが,十分ではなかった(西岡2005,38).その中で,1865年,フランスのナポレオンIII世の呼びかけにより,これら2つの連

---

7)　この点については,鈴木(1998,71-72),髙木(2004,56)なども参照.
8)　「両性の闘い」を用いた他の事例研究としては,日本では例えば関山(2011)が,温室効果ガスの削減をめぐる多国間協議や,日本の対中円借款をめぐる日中交渉などへの同モデルの適用可能性を指摘している.また西舘(2010)は,日米,米韓,日韓のそれぞれによる安全保障協力の状況を同モデルから考察している.
9)　この時期における電信および通信技術に関する論考としては,西岡(2005)参照.

合を合わせた「万国電信連合」（International Telegraph Union）が設立され，国際電信のルールや規則が統一されたことは注目に値する．ここに参加した国々（欧州の20カ国）の間では，国際電信条約が調印され，これが世界で最初の電信ネットワークの取り決めとなった．なお，1906年には，無線を利用した船舶の数が増加したことを受け，国際無線電信連合が設立されたが，1932年にはこの国際無線電信連合と万国電信連合が統合し，現在の「国際電気通信連合」（International Telecommunication Union：ITU）が設立された．

4.4.3 調整における'力'の役割

ところで，当時のITUは，原則的にはそれらの技術を利用する国々に限られたルールと規則を設定していたに過ぎない．したがって20世紀中ごろから後半にかけては，新たに電信・通信技術を使い始めた新興諸国との間で，どのようなルールや規則を適用するのか等の問題が生じていた．国家間における電信・通信に不可欠な技術である通信網の整備や衛星による情報の集積と伝達は，ある特定の国が単独で実施することは難しく，他国の協力が必要である．しかし，協力への合意が得られたとしても，さまざまの技術的な恩恵をいかに諸国間で配分するか——どのように協力するか——という問題が残されていた．この状況はまさに両性の闘いだったのである（Krasner 1991）．

この状況を表4.4として整理する．ゲームのプレーヤーは，すでに電信・通信技術を持っている大国側（I）と新興諸国側（II）である．I, II ともにそれぞれが自国を優先した戦略をとれば，協力の失敗でありそれぞれの利益は0である．しかし，片方（仮にI）が自国を優先する時に，他方もそれを承認すれば（IがIIに強制できれば），Iは5，IIは2を得る調整が実現する．

このような状況下で，国家の'力'は大きな影響を及ぼした．力は，第一に誰が最初にプレーするかを定めることができ，第二にゲームのルールを定めることができる．そして，第三に交渉の枠組み自体や配分案を大幅に変更することなどにより，ゲームの利得状況を変えることができる．国際電信・通信分野をめぐる調整問題においては，大国であることが有利であり，かつ「早い者勝ち原理」（first-come-first-served basis）が適用されており，新興諸国にとっては不利な状況が続いていた（表4.4では，左上でI, II それぞれの利得は（5, 2）

表 4.4　配分案をめぐる問題状況

I \ II	相手国（I）を優先	自国（II）を優先
自国（I）を優先	(5, 2)	(0, 0)
相手国（II）を優先	(0, 0)	(2, 5)

出所：Krasner（1991）より作成

である）．例えば，「放送衛星」（Broadcasting satellites）——いわゆる BS 放送に必要な衛星——の最適な軌道を定める際，自国領土の真上を通るよう主張し，その主張を通すことができたのは，新興諸国ではなく大国であった．新興諸国は，主権国家の平等性という観点から大国に反発するも状況は変わらなかった．また「早い者勝ち原理」に基づく電波や電磁波の使用頻度も配分を決定する際の大きな要素となっていたが，1980 年までには，使用できる電波および電磁波の 90% を米ソが独占し，他の 10% をその他の国々で使用する状況が続いていた．これらの例を見る限り，'力'や'先手を取る'ことは，両性の闘い的状況に影響を与え得る大きな要素であると言えよう[10]．

---

10) 力の行使については，権力を行使される側のプレーヤーが，その行使を正統であると認める限りにおいて有効である，との議論もある．この点については，ウェーバーによる権力と正統性に関する古典的研究（ウェーバー 1966）や，調整ゲームにおけるリーダーシップの重要性を指摘する Morrow（1994b）などを参照されたい．

第5章 | 協力ゲーム

　非協力ゲームは，各プレーヤーが自らの効用計算に基づき最善の行動を採用するとの想定に基づいている．これと対照的に，複数プレーヤー間でとり決めをしてもよいとし，いくつかのプレーヤーのグループ（提携という）ができるとして，これらのグループごとに，行動が1つ選択されるようなゲームが協力ゲームである．協力ゲームは，どのような提携が，どのような利得を各提携にもたらすかを予測，分析する．ここでは，協力ゲームの重要概念である特性関数，提携，配分とその優越，安定性，コアとシャプレー値などの基礎をわかりやすく述べよう．

5.1 非協力ゲームと協力ゲーム

　「非協力ゲーム」は，第3章で説明したように，ラフにいえば，自分の利益だけを第一に考え単独に戦略を選択するゲームであるのに対し，**協力ゲーム**（cooperative game）は，プレーヤーの内，何人かのプレーヤーが組んでグループ――「提携」という――を作るゲームであって，グループの作り方が戦略となる（Harsanyi and Selten 1988, 1-4）．ナッシュが区別して以来，おおむね，経済学には「非協力ゲーム」とナッシュ均衡，他方，政治学には「協力ゲーム」と配分，特性関数とそのコア，シャプレー値，という区分が定着している．協力がある場合とない場合にゲームの内容がかなり異なるのは当然であるが，協力するかしないかの決定自体がゲームの内容でもありうるから，両者の区別がそれほど截然としているわけではなく，「協力ゲーム」「非協力ゲーム」という方法論のレパートリーを磐石不変のように固定することは適切でない．この区別はむしろゲーム理論の発展の歴史的事情からもたらされた区別である．

　ゲームを理論的に捉える試みには多くの先駆者がいるが，フォン・ノイマン，モルゲンシュテルンの考案したいわゆる「ゲームの理論」（the theory of games）の草創期の構想は，今日中心をなしているナッシュの理論とはかなり

異なっていた．第3章でみたとおり，フォン・ノイマンのゲーム理論のオリジナルの構想は次の通りであった．まず，ゲームとは「戦略のゲーム」である．2人ゼロサム・ゲームでは，マクスミン戦略とミニマックス戦略――必要に応じて混合戦略まで考えて――が最適な戦略を与える（ミニマックス定理）．この最適な戦略の組み合わせは「鞍点」であることが証明される．

鞍点はヨコ（行），タテ（列）の2方向で，それぞれ最大，最小が同時に成立する点で，フォン・ノイマンの鞍点解は3人ゲーム以上では見出すことができない．それは，3人ゲーム以上では「鞍点」の定義自体がずれるのみならず，プレーヤーの間で連携関係など「協力」が起こり，必然的にゲームには新しい，場合によっては複雑な事態が生まれるからである．よって，この協力の様子を分析するのがゲーム理論の次なる目的となるが，フォン・ノイマンは「協力ゲーム」という語は用いず，3人ゲーム，4人ゲーム，n人ゲームというタイトルのもとで，今日にいう「協力ゲーム」の内容を考案した．つまり，フォン・ノイマンは今日にいう「協力ゲーム」の実質的提唱者なのである．残念なことに，2人ゲームが数学的にスマートに解決されたようにはいかなかった．後日「コア」「シャプレー値」で一応の解決に達したのは継承者によってである．

他方，3人以上の非協力ゲームについては，ナッシュが鞍点の概念をナッシュ均衡に拡張し，非協力ゲームは協力ゲームとは対照的に劇的に大きく進展する．ルース，レイファが『ゲームと決定』（Luce and Raiffa 1957）にいうように，ナッシュ均衡点の貢献は非常に大きい．ただ，課題が協力ゲームとなれば，ナッシュの均衡概念もほとんど役に立たない．協力ゲームとは協力することが既定となっているゲームで，そこで論じられるのは協力のメリットの配分の決定やその交渉であって，均衡を探すことはもはや主題ではない．

5.2　協力ゲームの基礎

このように，「協力ゲーム」と「非協力ゲーム」の区別の垣根は本質的というよりむしろ扱い方からもたらされる歴史的なもので，分析対象とはそれほどの関連をもたない．ふつう両ゲームの違いは協力することについての「拘束的合意」（binding agreement）の有無とされている．しかし，実際は数学的取り

扱いの違いの方が相当に大きい[1]．ある協力が拘束的とされているかどうかは交渉内容そのものであり，決してアプリオリではなく，外的な状況（コンテクスト）の与えられ方で微妙である．したがって，両ゲームのモデル選択はフレキシブルであってよい．その例は多くある．「囚人のジレンマ」「チキン・ゲーム」「両性の闘い」は，上記の定義によれば，分類上非協力ゲームとされる．しかし，これらのゲームほど協力の可能性が検討されるものはなく，約束された協力が破られること自体の可能性と帰結が中心課題となっている．

以下では，従来から協力ゲームとして典型的に扱われている内容を簡明に紹介するとしよう．

5.2.1 特性関数で価値をとらえる

協力ゲームについてフォン・ノイマンが意識していたところから解説していこう．協力は2人ゼロサム・ゲームではあり得ず，非ゼロサム・ゲームにしてようやく協力の可能性が出てくる．ただしフォン・ノイマンは2人ゼロサム・ゲームから直ちに非ゼロサム・ゲームに移ったわけではない．物理学者が「2体問題」を範型とし[2]，それを手がかりに「3体問題」に挑戦したと同じ精神で，次に精力的に取り組んだのは「3人ゼロサム・ゲーム」，さらに「4人ゼロサム・ゲーム」，一般の「n人ゼロサム・ゲーム」であった．そのために，定義され展開された重要概念は，

 i)「特性関数」
 ii)「配分」
 iii)「安定性」
 iv)「解」

の4つである．いずれも，プレーヤーの人数nが$n \geq 3$の場合に，必要となった考え方である．ただし，これらの定義のうち，特に「配分」は今日協力ゲームでしかなされないが，非協力ゲームであっても，結果として利益，損失の配分はもたらされるはずで，本来は協力ゲームだけに特殊なものではない．

---

[1] Rasmusen (1989, 29)．ただし，「拘束的コミットメント」の有無としている．
[2] 古典的問題で，力学的に関係している2物体の運動を研究する課題．ニュートン以来の太陽と地球の運動などはその典型である．

協力は実質的には人数が $n \geq 3$ になるだけで自然に起こる傾向で，このことは議会の与野党の連立と第三党，国連安全保障理事会など国際機構での集団的決定，日米中の三国関係，歴史的には中国の『三國志』，日中十五年戦争期の中国共産党と中国国民党の関係などを思い浮かべれば想像される．この傾向は，「非ゼロサム・ゲーム」になればいっそう加速されるが，ゲームを戦略的に考え，協力ゲームと非協力ゲームを截然と区別しなかったフォン・ノイマンが，今日では「協力ゲーム」と名指されている分野を，ゼロサム・ゲームの分析の拡張，一般化として展開したのも当然であろう．実例を述べる前に諸定義につき簡単に解説しよう．

プレーヤーの提携　協力ゲームであるから，プレーヤーは何人もいるはずで，n 人のプレーヤーを $1, 2, \cdots, n$ とし，集合記号 { } を用い
$$N = \{1, 2, \cdots, n\}$$
としておく．N の部分集合 $S \subseteq N$ を**提携**（coalition）という．「協力する仲間の範囲」と思えばよい．提携は 0 人以上最大その全グループの人数まである．1 人でも提携ということにし，さらに 0 人でも提携に含める（空集合の記号 ϕ を用いる[3]）．これは言語上は問題だが，数学上の例外を置かないためである．また，集合の'引き算' $N-S$ は N 中の S 以外のプレーヤーの集合をあらわす．

特性関数　提携 S にとっての提携の価値を $v(S)$ と表し，これを**特性関数**（characteristic function）という（この用語は数学の各分野でさまざまな定義によって用いられる語で，フォン・ノイマンも特に意識せずに用いた．したがって，'特性'などの語にこだわる必要はない）．S の各プレーヤーが戦略を統合することで $N-S$ を相手に確保できる価値額の最大値で，S 対 $N-S$ の（2 グループ間の）ゼロサム・ゲームを考え，第 3 章で学んだように，S の max min 値を S が得られる価値とする．ただし，今日ではこの求め方は定義として採用されていない．若干の条件はあるが，単に'提携が生み出して持っている価値'と考えておけばよい．モロー（Morrow 1994c, 117）は価値がそこに入っている'つぼ'と表現している．

ここで，理解を促進するために 2 つの具体例をあげよう．最初の例は，戦略

---

[3]　スカンディナビア文字 ϕ で，ギリシア文字ファイとは区別されるが，実質上は同じ文字が用いられる．

的ゲームの典型例として，フォン・ノイマンがその著書（67章）で「一売手一二買手市場」（1-seller 2-buyer market）として提示し，後に，「石油市場ゲーム」（oil market game）と呼ばれることになった国際政治経済のゲームである（Thomas 2003）（いま1つの例は後に解説する投票ゲームで，国際政治では国連安保理の多数決決定などに応用される）．

石油産出国である国1は，石油を交通システムに1バレル当たりaの利益で利用できるが，それよりは売手として輸出する方が利益が大きい．国2は買手で，1バレル当たりbの利益を生む製造業（たとえば，繊維産業）に利用したいと計画している．国3も買手であり，これを原料にさらに高付加価値の化学製品を生産し，1バレル当たりcの利益をあげられるとする．ここで$a<b\leq c$と仮定するのが，実態に合うであろう．つまり，国2は「弱い買手」（weaker buyer），国3は「強い買手」（stronger buyer）である．

ここから各提携ごとの特性関数は次の通りとなる．ここで提携は数学的に$\{\ \}$で示され，vは確保できる価値，（　）内はその主体（提携）を示す．

$v(\phi)=0$　　　　　　　　定義による．

$v(\{1\})=a$　　　　　　　1は単独で最大aの利益を確保できる．

$v(\{2\})=v(\{3\})=0$　　　2は単独では何も確保できない．3も同じ．

$v(\{2,3\})=0$　　　　　　2, 3が提携しても，0しか確保できない．

$v(\{1,2\})=b$　　　　　　1, 2は提携して，1は2に1バレル当たり最大限bで売ることができる．得られたbだけの利益は1, 2間で分配される．

$v(\{1,3\})=c$　　　　　　1, 3は提携して，1は3に1バレル当たり最大限cで売ることができる．利益cは1, 3間で分配される．

$v(\{1,2,3\})=c$　　　　　1にとって3との取引（利益c）が最も利益が大きいため，それより低い利益bしか提供できない2と取引をしても，利得を減らすだけとなる．したがって，$\{1,2,3\}$でも1と3が取引をすることが最大の利得になり，実質的に$\{1,3\}$とかわりない．

上記の例の意味をわかりやすく言おう．国1は国2に石油を売り，国2は製造業の原料として利用し，得た付加価値の一部を国1に還元することで，国1

に輸出のインセンティブを与えることができる（$a<b$）．しかし，より生産性の高い生産部門（stronger buyer）のより高価なオファー（$b<c$）が現れれば，それが低い産業のオファーに優先する．生産性の低い製造業は市場から追い出されてしまう．フォン・ノイマンはこの構造の原型を「強い買手―弱い買手」としてモデル化しているが，「強い売手，弱い売手」のモデルとしても可能である．この買手モデルは，実際に石油危機に際して石油産出国―開発途上国―先進国で起こった事態のラフな描像である．では，国1, 2, 3は結局どれだけの価値を得られるだろうか．

このとき，次の暗黙の仮定を置くのがふつうである．例えば，提携$\{1, 2\}$で確保した価値$v(\{1, 2\})$は，A, B間で自由に移転できる（分配できる）ものとする．そう仮定しないとそもそも$\{1, 2\}$で提携できないかもしれない．これを「移転可能な効用」（transferable utility）の仮定という．この移転のための支払は「別払い」（side payments）といわれ，ゲームとは別のチャンスに行われる．

配分　特性関数$v(\cdot)$があるとして，一般にn人の各価値の取り分

$$\boldsymbol{x} = (x_1, x_2, \cdots, x_n)$$

は[4]，最低限，以下2つの条件（a）（b）を満たす分け方の方式案であり，これを「配分」と呼ぶ．**配分**（imputation）は原義は「帰属」を意味し，さしあたり'○○には××だけ属する'と定める提案自体で，必ずしも現実に分け与えることまでは意味しない．当事者が不満であれば提案段階で拒否されるからである．

(a) $\sum_{i \in N} x_i = v(N)$ （全体の合理性）

(b) $x_i \geq v(\{i\})$ （個人の合理性）

ここでiとは第iプレーヤーを指し，N中のiの配分x_iの和すなわち$x_1 + x_2 + \cdots + x_n$をとれば全員$N = \{1, 2, \cdots, n\}$が持っている全価値に一致し，全価値を配分したことになっている．すなわち，（a）では，＞は不可能である．Nの中に存在する$v(N)$以上の価値を分けることはできず，配分の合計はそれを下回る．＜は配分の価値が$v(N)$を下回って余剰が出るためそれを分けて各プレ

---

[4]　数個の数字をまとめたベクトルとしての記法で，太字にすることが約束である．

第5章 協力ゲーム

ーヤーの満足度を高める余地が残っていることを示し，合理的でない．要するに，パイは全量を分けるのがせいぜいであるが，他方皆にとって配分しきるのが合理的で，余らせて腐らせることがあってはならない．次に，(b) は単独でいるときの価値を下回る配分は，もともとあり得ない．合理的には，提案される以上，配分は現状を上回るべきである．

ところで (a) はすでに価値全量を分け切っている状態であるから，すべてのプレーヤーをさらに満足させる配分は存在しない．全員が現状よりよい状態を要求してもこれを実現する方法はこのままではない．ただし，人々が協力して互いにムダを省く，不要物を交換するなどすれば，これは可能であるかもしれない．互いの協力が $1+1=2$ のようにふつうの足し算（加法的）でなくそれ以上に，$1+1=3$ などのごとくメンバーにとってペイする構造になっていることは望んでいいことである．これを

$$\text{互いに交わらない提携 } S, T \text{ に対し，} v(S \cup T) \geqq v(S) + v(T)$$

と表し，フォン・ノイマンに従って「本質的」(essential)——協力が言葉の本来の意味のごとく機能すること——という．すなわち，2つの提携 S, T が合併して大きい提携となったとき，得られる価値はそれぞれが単独に生み出す価値の和より大きい．協力ゲームが意味を持つためには本質的な特性関数でなくてはならない．

先の石油市場ゲームでこれを確かめておこう．国 1, 2, 3 から，どのように S, T（共通要素を持たない）をとっても，上の不等式 $\geqq$ が成り立っている．一例として，$S = \{1, 2\}$，$T = \{3\}$ とすると $S \cup T$ は $\{1, 2, 3\}$ だから $v(\{1, 2, 3\}) = c$，一方 $v(\{1, 2\}) = b$，$v(\{3\}) = 0$ だから，成立する（$c \geqq b$ より）．

5.2.2 配分の優越関係と安定性の条件

配分の優越 プレーヤーの集団 N にとってよい価値の配分——我々の経験からも唯一一通りとは限らない——を決定するにはどうすればよいか．まず，配分の良し悪しの言い方を定めなければならない．そこで，2つの配分

$$\boldsymbol{x} = (x_1, \cdots, x_n), \quad \boldsymbol{y} = (y_1, \cdots, y_n)$$

に対し

(i) S に属する i について，$x_i > y_i$

(ii) $v(S) \geq \sum_{i \in S} x_i$ （S での和）[5]

のとき，配分 x は S に関して（S にとって）y を優越する（dominate, 支配する）という．ただし，(i)，(ii) で提携 S は全体 N および個人 $\{i\}$ は除外するものとする．

まず，(i) は当然である．(ii) は，いくらよくても S の価値以上は（S に）配分できないことをいうが，「S にとって」であって，当然良し悪しは提携 S ごとに異なる．なお，N の除外については，全量にわたる配分は皆にとってそれより良い分け方はありえず，また個人は（定義上は提携であるが）実質は提携でないことに対応する．

$N = \{1, 2, 3\}$ とし，$v(N) = 10$，$S = \{1, 2\}$，$v(\{1, 2\}) = 8$ としよう（他の $v(\ )$ は省略）．いま 2 つの配分を $x = (3, 4, 3)$，$y = (2, 3, 5)$ とすると，$3 > 2$，$4 > 3$ であり，かつ $8 > 3 + 4$ で，配分 x は提携 S に関して（S にとって）配分 y を優越する．つまり，S にとって x は y より良い配分なのだから x と y では x に賛成するだろう．

安定性　ここまでは，提携 S にとって良い配分の判断であるが，'最終的に良い' 配分はどのようなものだろうか．この '良い' 配分を定めるために，協力ゲームの特性関数 v が与えられているとき，配分のある集合 A が次の条件——**安定性**（stability）の条件——を満たすとすれば A に属する配分 x を採用するものとする．v によって決まるので A を $A(v)$ と記すことがある．

(a) A の中のどの配分 $x = (x_1, \cdots, x_n)$ にも，A の中の他の配分 $y = (y_1, \cdots, y_n)$ でどの提携 S にとってもこの x を優越するような配分は存在しない．（内的安定性）

すなわち，'私たち（S）にとって x より y がよいから x は拒否します' ということは（x に対しては）ない．

(b) A の中にないどのような配分 x に対しても，ある提携にとって x を優越するような A の中の配分 y がある（もちろん x により変わる）．（外的安定性）

---

[5]　ここでは，提携 S に属するプレーヤー（代表的に i 番目と記している）について，x（つまり x_i）を加えている．例えば $S = \{1, 2\}$ なら $x_1 + x_2$ を表す．なお，和の記号 $\sum$ は，その範囲を記号の下または横に添える．$\sum$ の表記法については補章を参照．

すなわち，A はいろいろな提携の人々（プレーヤー）がそれぞれ'お勧め'の y を集めたもので，どの提携の人々もこの A があるので A 以外は不要と考えている．

安定性の基準は配分の決定にとって最終的で，これを満たす配分はすべて'良い配分'である．そのような意味で，「安定性」はこれがあれば安心，決定はここにとどまるだろうというくらいの気持の基準である．ゲームを解く目標は安定性の条件を満たす $A(v)$ を求めることで，これがフォン・ノイマンのオリジナルの解にほかならず，単に**解**（solution）——後に「フォン・ノイマン＝モルゲンシュテルン解」——と呼ばれた．フォン・ノイマンは始祖であったから，前もっての定義はなく，限定の形容詞は不要で，これを単に「解」と呼んだのである．

安定集合　「安定性」を満たす $A(v)$ は，現在は配分の「安定集合」（stable set）と呼ばれている（Luce and Raiffa 1957, 202）．ちなみにこれはフォン・ノイマンの用語ではなく，「安定性」を満たすそれぞれの配分をどれも解とした．集合そのものを「解」とすることは物理学者のセンスが許さなかったものとみられる[6]．

実はフォン・ノイマンの「安定性」の「解」は，必ずしも完全に成功したわけではなかった．ほとんどのゲームでは安定集合はあり過ぎですべてを求めるのは難しく，逆に，すべてのゲームに安定集合は少なくとも1つあるか否かも明らかでなかったが，後者の答えは20年以上も後の「ルーカスの例」（Lucas 1968）といわれている例で否定的であることが判明した（Thomas 2003，小島・松原 2011 など参照）．

---

[6]　統計学者ワルドは，これを統計的意思決定にとり入れ，ゲーム理論的な「統計的決定理論」を始めたが，その中で選び出された「完備類」は安定集合に対応している．Blackwell and Girshick（1954）参照．

5.3 コアとシャプレー値

5.3.1 協力ゲームの解概念

n人ゲームは2人ゲームより現実に近いから,極めて多種,多様な世界で何をもって解と考えるかはそれ自体が課題である.要するに i) 存在すること,ii) 存在・不存在を判定する条件,iii) 存在すれば一通りであること,さらに iv) 構成できること,v) 解釈上,有意味などが課題である.つまり解といえるようなもの——「解概念」(solution concepts) という——は,着想によっていろいろと変わりうる.とりわけ,解概念として今日,最も有効なのはおおむね数通りあるが,とくに言及されるのが多いのは「コア」,「シャプレー値」である.順にみていこう.

5.3.2 コア

ギリーズ(Gillies 1959)の提唱した**コア**(core)とは,「核」とか「芯」を意味し'最後まで残るもの',つまり

　　(前節「安定性」で述べた意味で)いかなる他の配分にも優越(支配)されず拒否されない配分の集合

と定義される.これを$C(v)$と表記しvの「コア」という.抽象的で難しそうだが,意味のわかりやすい定理がある.

　[定理] 配分$\boldsymbol{x}=(x_1, x_2, \cdots, x_n)$がコア$C(v)$に入るための必要条件は,まず
$$\sum_{i \in N} x_i = v(N)$$
　　であり,かつ,いかなる提携に対しても
$$\sum_{i \in S} x_i \geq v(S)$$
　が成り立つことである.

「コア」の用語の意味や本質はこの定理からよく納得できる.ふつうは,当初複数ある利益配分案は交渉過程の中で,'これでは何のメリットもない'とされる案はその提携の抵抗に出会いその時点で削除(suppress)されて脱落し,最後まで削除を免れた案の集合——いわば固い「芯」——だけが生き残る.こ

れがコアである．ただし，$v(\ )$ の値次第では，すべての案が削除されることはあり得るわけで，コアが空集合になることは十分考えられる．

例：5.2.1 に挙げた石油市場ゲームの例で具体的に考えてみよう．当事者間の価値獲得力の優劣の中で，どのような価値配分案が最後まで反対されず実施可能であろうか．それが「コア」である．実は売手1と強い買手3の間で取引が起こり，気の毒にも弱い買手2は取り残されて配分 x_2 が0に張り付いてしまう．それを見よう．

$x = (x_1, x_2, x_3)$ を配分として，定理を利用してそれぞれのコアの条件を書き下す．x_1 は売手1，x_2 は弱い買手2，x_3 は強い買手3の配分とし，わかりやすくするために以下では $a=100$，$b=200$，$c=300$ としておく．上述の定理を用いると，コアは①～⑦の不等式[7)]

$$x_1 \geq 100 \cdots ①, \quad x_2 \geq 0 \cdots ②, \quad x_3 \geq 0 \cdots ③,$$
$$x_1 + x_2 \geq 200 \cdots ④, \quad x_1 + x_3 \geq 300 \cdots ⑤, \quad x_2 + x_3 \geq 0 \cdots ⑥,$$
$$x_1 + x_2 + x_3 = 300 \cdots ⑦$$

すべてを同時に満たす配分 (x_1, x_2, x_3) となる．そこで，これを解くのだが複雑そうである．ただし，パズルのように考えるとそれほど難解ではない．まず，基本は⑦であるが，⑤を考えると $x_2 = 0$ 以外ありえない．これと④から x_1 は200以上，⑦から x_3 は300からの残りである．よって，コアは，x は200～300のどのような数でもいいとして，

$$x_1 = x, \quad x_2 = 0, \quad x_3 = 300 - x$$

のような配分 (x_1, x_2, x_3) となる．つまり，売手1には200～300の x，強い買手3には300からの残り $300 - x$，弱い買手2には全く0となっている．予想されたことである．

このことは経済学上も十分に予想される．2は200以上は支払えず（弱い買手），価格が200を超えて300までオファーできる3によって排除される（強い買手）．3は1から200より高く300以下で買い，利益300を1と3で1に200より多く分配し，残りを3が取ればよい（実際そうするかどうかは，当事者次第である）．2は市場から排除されるが，もともとは $v(\{2\}) = 0$ であるから

---

7) 5.2.2 も参照．$S = \{1, 2\}$ とすると $v(\{1, 2\}) = 200$（$b = 200$ だから）から④が出る．他も同様．

実質の損失は蒙らず異議は申し立てできない．

5.3.3 シャプレー値

決定力の評価 石油市場ゲームでは，弱い買手 2 が先着順で交渉のテーブルに着くなどの他の事情によっては，売手 1 と弱い買手 2 の間に強い買手 3 の介入が必ず起こるとは限らないから，弱い買手 2 にも交渉力がある．その 1 つの考え方は，提携の各当事者は提携への貢献量に等しい価値を配分されるとの想定である．これに基づく配分が，ゲーム理論家シャプレー（Shapley 1953）の提唱した「シャプレー値」であって，これも 1 つの「解」であることは以下のように理解できる．コアとは異なり 1 つの値が必ず定まる．これを解説するために，難解な一般的説明を避け，ここでは投票ゲームを用いてシャプレー値の考え方を解説しよう．

A, B, C を政党とし，どの政党も議会で過半数を獲得できていないとすると，連立が起こるが，これが提携である．連立では与党に参加する少数党が力を持ちうる一方，多数党でも連立に入ることがなく野党に残るなら，影響力は残せない．たとえば A, B, C の票数が 45, 20, 35 の場合，説明の 1 つのケースとして $\{A\}$, $\{A, B\}$, $\{A, B, C\}$ の順序で提携が大きくなって過半数を達成するケースを取り上げてみよう．「キャスティング・ボート」（casting vote）の位置に先に入ったプレーヤーが力を持つ一方，遅れては全く無力になることは論を待たないが，提携の大きくなり方の順序を一通り完全に予測することはできない．以下，理論上はあらゆる順序が等しい可能性で起きると考え，そのうちの一通りを説明するものとする．まず，A では届かず A, B ではじめて半数を超えるから，B の貢献は大きい．他方 A（過半数はとれず）あるいは C（過半数はすでに取れていて用済み）の貢献は 0 である．ここで，A の貢献は B の貢献あってこそ生まれたのであって，A の純粋な貢献はないと考えている（これはやや奇異であるが，キャスティング・ボートは B が握っている以上やむを得ない想定である．実際，他の順序においては A の貢献は 0 でない）．

投票を協力ゲームと考える場合，「決定力」（power）を価値 v として，この順序では，

$$v(\{A, B\}) - v(\{A\})$$

がBの貢献である．問題は「決定力」$v(\ )$とは何かだが，提携Sで

　　過半数を得られる $\Rightarrow v(S)=1$，過半数を得られない $\Rightarrow v(S)=0$

と考えればよい[8]．0, 1はA, B, Cの票数を基にして提携Sの合計票数で決まる．

　先のようにA, B, Cの票数が45, 20, 35の場合，単独ではどの党も過半数を取れないが，どの2党の提携も過半数に達するから，取り残された党は決定力に何の貢献もできず，したがって見返りもない．実際，先の例とはまた異なった順序$\{C\}, \{C, A\}, \{C, A, B\}$なら，Bの貢献は$v(\{C, A, B\}) - v(\{C, A\}) = 1 - 1 = 0$となる．この順序では，$\{C, A\}$で過半数を達しているので，Bが加わっても決定の可否を左右することはできない．このように政党の決定への貢献は$0 \to 1$の変化をもたらすチャンスにおいてのみ存在する．

　実際，2大政党+1少数党の議会構成で，2大政党の大連立がすでに成立した後に小数党に決定力は存しないのはもともとだが，1大政党+少数党の連立で過半数に達した場合は，少数党に貢献の見返りが大きく決定力が生じる一方，他の大政党は影響力を行使しえない．くり返すが，提携の成立する順序が大きく影響する．

　特性関数の差から配分を決める　以上を一般化してみよう．まず特性関数vが与えられているとする．協力ゲームで，順序を定めて，提携Sとそれから各プレーヤーiが抜けた提携$S-\{i\}$を比較し，この$v(\ )$の差

$$v(S) - v(S-\{i\})$$

でSにおけるiの貢献を測り，その見返りとしてiへの配分を決める方法が**シャプレー値**（Shapley value）である．その際，先に見たように提携Sとその形成され方の順序が決定的であるが，順序は何通りもあるので，すべての可能性を考えなければならない．ここでは，A, B, Cの3人ゲームの場合とし，先の$\{A\}, \{A, B\}, \{A, B, C\}$の順序で提携が成立するケースを簡単に$A \Rightarrow B \Rightarrow C$などと略記することにする．以下説明のわかりやすさから，再びBを取り上げよう．6通りのすべての順序

　　① $A \Rightarrow C \Rightarrow \underline{B}$, ② $C \Rightarrow A \Rightarrow \underline{B}$, ③ $A \Rightarrow \underline{B} \Rightarrow C$, ④ $C \Rightarrow \underline{B} \Rightarrow A$,
　　⑤ $\underline{B} \Rightarrow A \Rightarrow C$, ⑥ $\underline{B} \Rightarrow C \Rightarrow A$

8）特性関数が2つの値のみ（ここでは0, 1）を取る協力ゲームを単純ゲーム（simple game）という．

において，それぞれ B の貢献は，そのチャンスに応じて差

① $v(\{A, B, C\}) - v(\{A, C\})$, ② $v(\{A, B, C\}) - v(\{A, C\})$,
③ $v(\{A, B\}) - v(\{A\})$, ④ $v(\{B, C\}) - v(\{C\})$, ⑤ $v(\{B\})$, ⑥ $v(\{B\})$

として測られる．

　一見複雑なようだが，一例として投票ゲームで考えれば考え方は容易に納得できる．①，②は3党連立から，③，④は2党連立から B が離脱した場合，⑤，⑥は単独の場合である．ここで，3党では $v=1$, 2党でも1, 1党では0だから，差は①，②では0, ③，④では1, ⑤，⑥では0となる．これら①〜⑥の平均[9]は $(0+0+1+1+0+0)/6 = 1/3$ で，これを ϕ_B として，「シャプレー値」という．同じようにして，$\phi_A = 1/3$, $\phi_C = 1/3$ となるが，和は

$$\phi_A + \phi_B + \phi_C = 1$$

となっており，かつ $v(\{A\}) = v(\{B\}) = v(\{C\}) = 0$ だから，$\phi_A \geq v(\{A\})$ などがいえて，(ϕ_A, ϕ_B, ϕ_C) 自体が配分となっていることがわかる．

　このように，一般に，シャプレー値は各当事者の貢献にちょうど等しく決められた理論的な価値配分である．

　例：5.2.1 の石油市場ゲームも $v(\ )$ の差で貢献を測る．各当事者の受けるべき配分のシャプレー値は国2については，上記の6通りは

$$c-c, \ c-c, \ b-a, \ 0, \ 0, \ 0$$

で，この平均は $(1/6)b - (1/6)a$ となる．結局

$$\phi_A = (1/2)c + (1/3)a + (1/6)b$$
$$\phi_B = (1/6)b - (1/6)a$$
$$\phi_C = (1/2)c - (1/6)a - (1/3)b$$

となることがわかる．ここでは引き算が入っているが，$b>a$ と仮定しているので $\phi_B > 0$, やや説明を要するが $\phi_C > 0$ であることが示せる．

　念のため ϕ を加えてみよう．a, b は消えて

$$\phi_A + \phi_B + \phi_C = c$$

で，全価値 c に等しい．先の $a = 100$, $b = 200$, $c = 300$ で計算してみると

---

9) ここでは単に加えて6で割るいわゆる単純平均（相加平均）をとっている．ただし，$n \geq 4$ の場合，あらゆる可能性といってもそこには軽重の違いが出てくるので，単純に加えることはできなくなる．

$$\phi_A = 650/3, \quad \phi_B = 50/3, \quad \phi_C = 200/3$$

で，もちろん $\phi_A + \phi_B + \phi_C = 300$ となっており，かつ $\phi_A \geq 100$，$\phi_B \geq 0$，$\phi_C \geq 0$ だから，再び (ϕ_A, ϕ_B, ϕ_C) が配分となっていることがわかる．ちなみに，この比は $13:1:4$ で，この b, c でなら，原料原産国 1 のシャプレー値は圧倒的である．依然国 2 の立場は弱いが今度は 0 ではない．

ここで説明例として取り上げた投票ゲームのシャプレー値は，**シャプレー＝シュービックの権力指数**（Shapley-Shubik's power index）といわれ，国連安全保障理事会の拒否権付き投票ゲームなどに広く応用される（第 6 章第 3 節参照）．

第6章 協力ゲームと国際政治

本章では第5章で紹介したコア，シャプレー値を用いた国際政治の分析事例を提示する．コアは環境汚染問題，シャプレー値は国連安全保障理事会を例にして，具体的な数値を入れて計算過程を記述し，協力ゲームの理解に役立つよう配慮した．進め方としては，国際政治学における協力ゲームの役割から記し，次いで協力ゲームの代表的な解概念を用いた分析事例を順次説明していこう．

6.1 国際政治分析における協力ゲーム

ゲーム理論を確立したフォン・ノイマンはゲーム理論とは何かと尋ねられたときに次のように答えている（Bronowski 1973, 432）．

　ブロノウスキ「つまり，ゲーム理論とはチェスのようなものということですか」．

　フォン・ノイマン「いいえ，チェスはゲームではありません．チェスとは計算手順が明確に規定された形式です．チェスでは答えを導き出すことは実際にはできませんが，理論においては解，すなわちある立場における正しい手順が存在するはずです」「現実のゲームはまったくそのようなものではありません．現実の世界はそのようなものではありません．現実の世界はブラフ（こけおどし），駆け引き，自分の行動に対する相手の思考を考えることから成り立っています．そしてそれこそが私の理論においてゲームが取り扱うことです」[1]．

すなわち，ゲームの当然の前提として駆け引きや謀略が想定されており，そのような状況において合意をいかに形成するかという課題を重要視したのであ

---

[1] この典型はコナン・ドイルの'シャーロック・ホームズ対モリアティ教授'をゲーム化した例で，モルゲンシュテルンがフォン・ノイマンに示唆した構想といわれる．パウンドストーン（1995, 83-84）．

る．前章で見たように，ゲームの理論を大別すれば，プレーヤー間に拘束的合意が成立することを前提とするか否かによって非協力ゲームと協力ゲームに区分される．しかし，協力ゲームといっても決してプレーヤー間に対立や争点が存在しないわけではない．むしろ，それらをいかに調整すれば合意を形成できるのかを考えることが協力ゲームの中心といえる．したがって，国際政治に限らず，様々な社会活動における多くの交渉を分析するうえで，非常に重要な分析手法といえる．

　冷戦期においては，核抑止戦略に基づく米ソ対立の分析に合理的選択・戦略的思考などの思考方法が重要な役割を果たしたことから，国際政治学において非協力ゲームの概念を用いた分析が主流となった（Geller 1990；Jervis 1978；Lynn-Jones, Miller, and Van Evera 1990；Powell 1987, 1988, 1989a, 1989b；Schelling 1960；Snyder 1978；Waltz 1979）．しかしながら，国際政治において協力の実現は重要な課題である．たとえば，コヘインは，利得の継続的獲得が期待できるのであれば，囚人のジレンマ状況でも相互協力が実現可能であることをゲーム・モデルを用いて示した．同時に，そのモデルの結果を現実のものにする手段として，国際レジームによって共通の利益を継続的に存在させることの重要性を提示した（Keohane 1984, 75-80）．国際政治学ではレジーム，国際制度や組織に関する分析が主要な研究の1つになっているが，その意義付けを論理的におこなったのは非協力ゲームである．だが，制度やレジームのような多国間の協力体制を機能させるには，利得の適切な配分によって参加国が協力し続けるだけのインセンティブを与える必要がある．そのような問題を解決する上では，前章で紹介したように，利得配分に関するさまざまな解が存在する協力ゲームの方が有効である．

6.2　コアによる環境汚染問題の分析

　前章で見たように，コアは当事者間の価値獲得力の優劣関係の中で最後まで反対されず実施可能な配分案を導き出すものであり，国際政治においては多国間（3カ国以上）の条約締結などの交渉問題の分析に用いられる．ここでは「コア」を用いて多国間交渉における合意形成の問題を解説しよう．

6.2.1 問題設定

　環境にとって有害な汚染物質の排出規制は国際的取り組みが容易でない問題の典型例である．かつての日本の「経済調和条項」の規定のように，環境保護は経済成長を阻害しない限度でという懸念や経済の圧力は，今でも開発途上国を中心に依然として無視できない強さをもつ．自ら規制をして他国が規制しない最悪の事態が生じれば国際競争力で劣後する恐れがあるため，簡単に実行できないからである（典型的な囚人のジレンマ状況）．それゆえ，問題解決には関係国すべてが同時に規制に同意することが望ましいが，対策費用や経済活動への支障が生じることから，条約を批准しない国家があるかもしれない．このように協力が必要であることに異論はないが，協力の仕方に課題がある国際交渉を例としてコアを用いた分析事例を解説しよう．コアによる汚染問題の分析として Klevorick and Kramer（1973）があり，この研究はドイツにおけるライン川の汚染管理の優れた手法をコアによって示した[2]．ライン川のような国際河川の水質汚濁は重大な国際問題となりうる．そこで本章でも，河川の水質汚濁を例として取り上げよう．

　n カ国の国家が，ある製品の製造過程で有害な化学物質（汚染物質）を河川に排出しているが，飲料水への悪影響から，以下のどちらかの対策を講じる必要が生じたとする[3]．それぞれの費用が表 6.1 の通りであるならば，費用を抑えるためには国家はどう対処すべきだろうか．

　除去作業：排出前に汚染物質を除去すること．国家 i の費用を α_i とする．

　浄化作業：飲料水を製造する際の浄化作業の強化．国家 i の費用を c_i とする．

　国家はどちらか一方の政策を選択するものとする．そして，除去費用は浄化費用より多くかかる．つまり，1カ国で考えるならば，たとえ水質が汚染されても浄化費用の方が小さいので汚染物質を排出することが選ばれる．しかしながら，他国が排出した汚染物質も河川に流入するので，水質汚濁は汚染物質を排出する国家数に比例して悪化する．そのため，仮に自国では排出前の除去作

---

[2] Ordeshook（1986, 364-370）もこの研究をコアの分析例として紹介している．
[3] このゲームは，鈴木・中村（1976, 23-30）の水処理ゲームを参考に作成した．

表 6.1　国家の費用

国家 i	1	2	⋯	n
除去費用 α	α_1	α_2	⋯	α_n
浄化費用 c	c_1	c_2	⋯	c_n

業をしたとしても，他国が汚染物質を排出するならば，その分の浄化費用も別途必要になる．

つまり，他国が汚染物質を排出すれば必然的に自国に費用を発生させるため，単純に自国内での費用計算では政策を決定できない．このような状況において，全ての国家が納得できる合意案は存在するか．コアを用いて費用の配分案を考えよう．

この条件において除去作業の実施を約束した国家の集合を提携 S とすると，このゲームにおけるコアの条件は配分 $\boldsymbol{x} = (x_1, \cdots, x_n)$ において

$$\sum_{i \in N} x_i = v(N) \tag{6.1}$$

$$\text{すべての提携 } S \text{ に対し } \sum_{i \in S} x_i \geqq v(S) \tag{6.2}$$

を満たすときである．プレーヤーが S に入ったときの汚染対策の総費用は，除去費用 α_i に加えて提携に入らなかった国家が排出する汚染物質の浄化費用 c_i の和となる．これを「汚染対策費用」と呼ぶことにしよう．提携に入らないプレーヤーが減るほど汚染対策費用は減少する．浄化費用 c_i が 0 になるのは全国家が除去作業の実施を約束したときのみである．このゲームで合意が形成されるためにはプレーヤーの汚染対策費用が浄化費用より安くなければならない．それを満たしたうえで他の全ての配分を優越するならば，その配分はコアに含まれる．

6.2.2　コアの求め方

具体的な数値を入れて実演してみよう．国家 1, 2, 3, 4 の 4 カ国間で汚染対策の条約を結ぶとして，それぞれの費用が各国にとって表 6.2 のようになっているとする．

汚染物質が増えれば水質は累積的に悪化するので，条約を締結した国家の提携 S が形成されたときの最終的な浄化費用は汚染物質を排出した国家すべて

第6章 協力ゲームと国際政治

表 6.2 水質管理の費用

国家 i	1	2	3	4
除去費用 a	-20	-10	-10	-10
浄化費用 c	-18	-8	-8	-8

表 6.3 各提携の汚染対策費用

提携 S	$v(S)$	
1カ国（提携なし）	$v(\{1\}), v(\{2\}), v(\{3\}), v(\{4\})$	-42
2カ国	$v(\{1,2\}), v(\{1,3\}), v(\{1,4\})$	-62
	$v(\{2,3\}), v(\{2,4\}), v(\{3,4\})$	-72
3カ国	$v(\{1,2,3\}), v(\{1,2,4\}), v(\{1,3,4\})$	-64
	$v(\{2,3,4\})$	-84
4カ国	$v(\{1,2,3,4\})$	-50

の浄化費用の合計である．国家 1, 2 が提携に入り 3, 4 が入らないときは
$$v(\{1,2\}) = -20 - 10 + 2 \times (-8 - 8) = -62$$
2, 3 が提携に入り 1, 4 が入らないときは
$$v(\{2,3\}) = -10 - 10 + 2 \times (-18 - 8) = -72$$
すべての国家が提携に入れば
$$v(\{1,2,3,4\}) = -20 - 10 - 10 - 10 = -50$$
すべてが入らなければ
$$v(\{1\}) = v(\{2\}) = v(\{3\}) = v(\{4\}) = -18 - 8 - 8 - 8 = -42$$
となる．このように計算すると，各提携の汚染対策費用から，特性関数 $v(S)$ は表 6.3 のとおりになる．

ここで，本来の除去費用の通りに 1, 2, 3, 4 の配分をそれぞれ $-20, -10, -10, -10$ とすると，これはコアに含まれる．なぜなら配分の和は -50 で $v(N) = -50$ と等しく条件（6.1）は満たされるからである．

次に，各提携 S における $v(S)$ と比べると表 6.4 のようになり（説明は後述），どの提携でも $v(S)$ を超える費用を負担する必要がない．よって，$(-20, -10, -10, -10)$ の配分は条件（6.2）も満たし，コアに含まれる．他にも，たとえば全ての国家が均等にコストを負担する配分 $(-12.5, -12.5, -12.5, -12.5)$ も

表 6.4 提携 S と配分 $(-20, -10, -10, -10)$ の比較

提携 S	$\sum_{i \in S} x_i$ の値		$v(S)$ の値
{1}	-20	$>$	-42
{2}, {3}, {4}	-10	$>$	-42
{1, 2}, {1, 3}, {1, 4}	-30	$>$	-62
{2, 3}, {2, 4}, {3, 4}	-20	$>$	-72
{1, 2, 3}, {1, 3, 4}	-40	$>$	-64
{2, 3, 4}	-30	$>$	-84
{1, 2, 3, 4}	-50	$=$	-50

コアに含まれる．なお，一見すると提携なしの費用 -42 の方が良い結果に見えるが，それは 1 カ国ごとであり，$v(\{1, 2, 3, 4\})$ は 4 カ国すべてで -50 であることに注意する．

ここで S の範囲での x_i の和 $\sum_{i \in S} x_i$ の値の求め方を解説しよう．コアが成立するための条件の 1 つに (6.2) があるが，これは n 人の中の一部のプレーヤーが形成した提携 S の総利得 $v(S)$ と，S に参加したプレーヤーが得られる配分 $\boldsymbol{x} = (x_1, \cdots, x_n)$ の個々の利得 x_i の和との比較である．具体的な数値を入れ，配分を $x = (-20, -10, -10, -10)$ としよう．仮に国家 2 と国家 3 が提携したとすると，費用は $v(S) = -72$．他方それに対する「$\sum_{i \in S} x_i$ の値」とは，S に参加した 2, 3 が得られる配分の和 $-10 - 10 = -20$ のことである．つまり提携された配分によると，2, 3 の費用は -20 で済むが，2 カ国だけの提携では費用は -72 になってしまう．このように，提携された配分は，$v(S)$ と比較して，コアに入ることがわかり，条約締結交渉を円滑に進めることができる．

ただし，現実において最終的に無数にあるどの配分で合意が実現するかは，コアからは判断できない．実際の交渉では，たとえば本来の費用負担である $(-20, -10, -10, -10)$ には国家 1 が不満を表明して均等な費用配分を要求するかもしれず，それには他の国が反対することも考えられる．仮に本来の負担額と均等負担の対立であれば，国家 1 の交渉力が弱ければ本来の配分 $(-20, -10, -10, -10)$ に落ち着くが，もし国家 1 の交渉力が強ければ他の国家が国家 1 の負担を一部肩代わりして $(-12.5, -12.5, -12.5, -12.5)$ の配分で合意することもありうる．しかしながら，配分の妥当性に関する論理的根拠を持つ配

分案の種類を提示できることは，合意の実現に向けた大きな前進であることは疑いない．これがコアの効用である．

6.2.3 コアの条件

なお，コアを考える上で重要な条件となっているのが，第5章で説明した「移転可能な効用」である．本節の事例のように利得が金銭に換算できるものならば，特別な条件が付かなければ移転は可能であるため，コアに属する配分が存在しやすくなる．この「別払い」によって利得配分に柔軟性が生まれ，合意形成がしやすくなる．たとえば温室効果ガス排出削減交渉では先進国と途上国の間で国ごとの削減量をめぐる対立があったが，それに関連する排出権取引なども別払いの概念で解釈することが可能である[4]．交渉における効用が移転可能か否かは現実の交渉においても非常に重要な概念であり，もし扱う効用が移転不可能であればコアに属する配分は減少し，交渉は難航することになる[5]．

6.3 シャプレー値による拒否権の分析

6.3.1 シャプレー値の求め方

前章で見たように，シャプレー値は，コアと同様に，提携によって得られる利得の分配を決定する方法の1つである．コアはプレーヤー全員が反対しない条件を満たした配分案を提示するのに対して，シャプレー値は各プレーヤーがゲームの結果に対する貢献の度合いに基づいて得られる利得の配分の大きさを測るものである．

プレーヤー i のシャプレー値 $\phi_i(v)$ は，s を提携 S に入っているプレーヤーの人数として，式

---

[4] Okada（2007）は京都議定書の締結をめぐる交渉を非協力ゲームで表した．
[5] 交渉における利得や効用は常に移転可能というわけではなく，もし金銭的費用ではなく国家固有の浄化技術など安易に他国に移転することはできない要素が問題になったならば，合意案の候補はそれほど多くはならない．このような別払いが存在しない状況に対応した，移転可能な効用を前提としないゲームの解が Aumann and Peleg（1960），Aumann（1961），Scarf（1967）などによって構築された．

$$\phi_i(v) = \sum_{i \in S} \frac{(s-1)!(n-s)!}{n!} \{v(S) - v(S - \{i\})\} \quad (i を含む S に関する和)$$

で求められる[6]．この式は，プレーヤー i が入っている提携 S から i が抜けたときに損なわれる価値がどれだけあるのかを変化高 $\{v(S) - v(S-\{i\})\}$ で計測することで，提携 S の貢献度を測っている．プレーヤー i が提携 S において果たす貢献の度合いであり，ゲームの結果を大きく左右する位置にいるプレーヤーほどシャプレー値は高くなる．いうまでもなく，i を含む提携 S は何通りもあり，よって，ここでの和 $\sum$ は i を含むすべての S についての和であることに注意する．すなわち，たとえば3人ゲーム（$n = 3$）とし，いま i が1なら1を含む S すなわち $\{1, 2, 3\}, \{1, 2\}, \{1, 3\}, \{1\}$ の4通りを考え，和をとる．

ここでは，このシャプレー値を用いて，国連安全保障理事会の常任理事国と非常任理事国の権力差と，安保理改革によってどれだけ権力差が縮まったのかを調べてみたい．このゲームは合議制度における権力の分布に着目したゲームである．すでに前章で簡単に導入したように，ここでいう「権力」とは委員会で決議を通す力を表し，ある提携 S が決議を通せたら利得 $v(S) = 1$，通せなければ利得 $v(S) = 0$ とした上で，決議に賛成することで利得を0から1に変えるという中核的な役割を担う機会の多さにより権力の大きさを測定する．その値が，シャプレーとシュービック（Shapley and Shubik 1954）が定義した合議制度における権力指数である[7]．

6.3.2 初期の国連安保理の権力指数

安全保障理事会の決議には常任理事国5カ国の賛成票が不可欠なので，この拒否権を持つ常任理事国の影響力が非常に大きい．まず1945年の安全保障理事会から分析する．設立時の安保理は常任理事国5カ国と非常任理事国6カ国で構成され，可決に必要な国数は7カ国（全常任理事国含む）であった．

---

6) ! は階乗という計算を示し，$n!$ はその値 n から1までの整数を全てかけた値を求めることを意味する．たとえば5!ならば $5 \times 4 \times 3 \times 2 \times 1 = 120$ である．詳しくは補章を参照．第5章で，3政党あるいは3カ国の例を扱ったが，そのメリットはすべての順序が同等に起こりやすく，平均はこれらを区別することなく単独の和から計算されることにある．しかし，4カ国になると，非常に証明が難しくなるので証明は行わない．

7) 山影（2012, 207-212）は，シャプレー＝シュービックの権力指数を用いてIMFの投票力を分析している．

1945年の安保理の権力指数（式の下の括弧内は賛成国数）は常任理事国 i については

$$\phi_i(v) = 15 \times \underset{(7)}{\frac{6!4!}{11!}} (1-0) + 20 \times \underset{(8)}{\frac{7!3!}{11!}} (1-0) + 15 \times \underset{(9)}{\frac{8!2!}{11!}} (1-0) + 6 \times \underset{(10)}{\frac{9!1!}{11!}} (1-0)$$

$$+ 1 \times \underset{(11)}{\frac{10!0!}{11!}} (1-0)$$

$$= 0.1974$$

となる．常任理事国の第1項は5常任理事国，2非常任理事国の7賛成国（4反対国）から1常任理事国が抜けて議案が通らず（拒否権），かつ6賛成国，4反対国となるケース（v でいうと 1→0）に対応し，この変化に 6!4!/11! という重みづけ（ウェイト）を与える．ここで6非常任理事国から2カ国の賛成国が出て「5常任理事国＋2非常任理事国が賛成して可決」（6!4!/11!(1-0) のこと）となる国家の組み合わせは $_6C_2 = 15$ 通り存在するので，「5常任理事国＋2非常任理事国が賛成して可決」の権力指数は合計で 15×6!4!/11!(1-0) となる[8]．8以上の賛成国のケースも同様で，常任理事国にはこれら5通りの決定的チャンス——「決定的」（decisive）とは，その案によって可決・否決が分かれることをいう——がある．一方，非常任理事国については8賛成国（以上）から1非常任理事国が抜けても議案は通るため，1→0 の変化は起こらない．

$$\phi_i(v) = 5 \times \underset{(7)}{\frac{6!4!}{11!}} (1-0) = 0.0022$$

常任理事国の権力指数が 0.1974 であるのに対して，非常任理事国は 0.0022 と約90倍の差がある．常任理事国5カ国合計が 0.9870，非常任理事国6カ国合計が 0.0130 と，設立当時の安全保障理事会における決議の権限のほぼすべてを常任理事国が握っていたといってよい．常任理事国は何カ国の提携が形成されても自国が賛成しない限り可決できない立場にいたのに対して，非常任理事国が決議に影響力を持つことができたのは，5常任理事国と1非常任

---

[8] 6カ国中の2カ国の組み合わせを数えると $_6C_2 = 15$ であり，6か国中 3, 4, 5, 6 カ国の組み合わせの数は $_6C_3 = 20$, $_6C_4 = 15$, $_6C_5 = 6$, $_6C_6 = 1$ となる．組み合わせの計算方法は補章を参照．

だけが賛成しているときだけである．それが権力指数の計算式にも表れている．

6.3.3 安保理改革後の権力指数

1960年代に多くの独立国が国連に加盟したことを受けて，1965年に安保理改革が実施された．その結果，非常任理事国は10カ国に増加し，決議に必要な賛成票は9カ国となった．この改革は権力格差をどの程度是正したのであろうか．権力指数を再び求めてみよう．

常任理事国 i について

$$\phi_i(v) = 210 \times \underbrace{\frac{8!6!}{15!}(1-0)}_{(9)} + 252 \times \underbrace{\frac{9!5!}{15!}(1-0)}_{(10)} + 210 \times \underbrace{\frac{10!4!}{15!}(1-0)}_{(11)}$$

$$+ 120 \times \underbrace{\frac{11!3!}{15!}(1-0)}_{(12)} + 45 \times \underbrace{\frac{12!2!}{15!}(1-0)}_{(13)} + 10 \times \underbrace{\frac{13!1!}{15!}(1-0)}_{(14)}$$

$$+ 1 \times \underbrace{\frac{14!0!}{15!}(1-0)}_{(15)}$$

$$= 0.1963$$

非常任理事国 i について

$$\phi_i(v) = 84 \times \underbrace{\frac{8!6!}{15!}(1-0)}_{(9)} = 0.0019$$

となる．1965年の改革によって1国あたりの非常任理事国の権力指数は減少したものの全体としては増加しており（0.0130→0.0186），5常任理事国の権力指数もわずかだが減少した（0.9870→0.9814）．結果として，わずかながら常任理事国との決議における影響力の差を是正することに成功したことが分かる（表6.5)[9]．

しかしながら，常任理事国が手放した権力は権力指数でいえば0.0056でしかなく，全体の98%を占めている現状は変化していない．そしてこれ以降の約40年間，安保理改革は進んでいないため，安保理決議における常任理事国の影響力の大きさは現在も変わっていない．

---

[9] 全て四捨五入した値のため，全体の値と1国あたりの値に若干のずれが生じている．以下も同様である．

第 6 章 協力ゲームと国際政治

表 6.5 権力指数の比較 1

	常任理事国（1 国あたり）	非常任理事国（1 国あたり）	合計
1945 年	0.9870 (0.1974)	0.0130 (0.0022)	1.000
1965 年	0.9814 (0.1963)	0.0186 (0.0019)	1.000

6.3.4　G4 案の権力指数

　この格差の原因はもちろん拒否権にあり，拒否権の廃止や拒否権を持つ国家の増加など 5 常任理事国の権限を大きく減少させる制度変更がなければ，権力指数の大きな変動は起こらない[10]．議論は停滞してしまったが，2005 年に日本をはじめとする G4（日本，ドイツ，インド，ブラジル）の安保理改革案が議題に上ったことがあった[11]．この案では常任理事国を 11 カ国に，非常任理事国を 14 カ国に増加し，新しい常任理事国も拒否権を有するものとされた．可決に必要な賛成票数は定かではないが，これまでが全体の 6 割程度であったので，おそらくは 11 常任理事国を含んだ 17 カ国程度であると思われる．この場合の権力指数を求めれば，G4 の改革案が 1965 年に比べてどれほど安保理の権力格差を是正させるかを理解する 1 つの指標となるだろう．

　2005 年の G4 案の権力指数は常任理事国 i について[12]

$$\phi_i(v) = 3003 \times \underset{(17)}{\frac{16!8!}{25!}}(1-0) + 3432 \times \underset{(18)}{\frac{17!7!}{25!}}(1-0) + 3003 \times \underset{(19)}{\frac{18!6!}{25!}}(1-0)$$

$$+ 2002 \times \underset{(20)}{\frac{19!5!}{25!}}(1-0) + 1001 \times \underset{(21)}{\frac{20!4!}{25!}}(1-0) + 364 \times \underset{(22)}{\frac{21!3!}{25!}}(1-0)$$

$$+ 91 \times \underset{(23)}{\frac{22!2!}{25!}}(1-0) + 14 \times \underset{(24)}{\frac{23!1!}{25!}}(1-0) + 1 \times \underset{(25)}{\frac{24!0!}{25!}}(1-0)$$

$$= 0.0908$$

---

10)　安保理改革の問題に関しては，Weiss (2003) を参照．
11)　外務省「安保理改革の経緯と現状（詳細）」（平成 21 年 10 月）　http://www.mofa.go.jp/mofaj/gaiko/un_kaikaku/kaikaku.html［2011 年 6 月 7 日閲覧］
12)　3003 は 14 非常任理事国から 6 カ国が賛成になる組み合わせの数 $_{14}C_6 = 3 \times 7 \times 11 \times 13 = 3003$ であるなど．このように国数が多くなると組み合わせの計算は大変になる．

表 6.6 権力指数の比較 2

	常任理事国（1 国あたり）	非常任理事国（1 国あたり）	合計
1945 年初期	0.9870　(0.1974)	0.0130　(0.0022)	1.000
1965 年改革後	0.9814　(0.1963)	0.0186　(0.0019)	1.000
2005 年の G4 案*	0.9990　(0.0908)	0.0010　(0.0001)	1.000

*可決を 17 カ国と想定

非常任理事国 i について

$$\phi_i(v) = 1287 \times \frac{16!8!}{25!}(1-0) = 0.0001 \quad (17)$$

となる．常任理事国 1 カ国あたりの権力指数は 1/2 未満にまで減少したが，非常任理事国 1 カ国あたりの権力指数はかえってそれ以上に減少しており，またそれぞれの合計値を見ても，非常任理事国の権力指数は減少し，安保理決議に対する非常任理事国の影響力はむしろ低下している（表 6.6）．G4 案はあくまでも常任理事国枠の拡大がより重要な改革案なので，常任理事国と非常任理事国との決議における力関係には影響しない．

とはいえ，安保理構成国が増えることは，国連加盟国に安保理参加の機会を増やし，議会工作などの活動量も増やすことになり，5 常任理事国以外の国連加盟国に様々な利点があることも確かである．権力指数が表す権力はあくまでも決議における影響力の大きさだけであり，決議に至る前の政治活動などの効力は示すことはできない．しかしながら，各プレーヤーの交渉における強さを「決議に及ぼせる影響力」を基準として指標化したことで改めて拒否権の効果の大きさを示すことができ，常任理事国とその他の国連加盟国の交渉の結果を考えるうえで有益な情報であることも確かである．

第 7 章　ダイナミックなゲーム

　ものごとを決める（あるいはものごとが決まる）には，時間やプロセス，手段，段階を経るという見方，考え方がある．ゲーム理論はこのようなダイナミックな（動的な）面も分析できる．「展開形ゲーム」は時間的な展開を扱うゲームである．ゲームが1回では決着せず，何回も繰り返されると考えることが適切な場合もある（繰り返しゲーム）．また，複数の段階を経ることで，1つの最終決定になることもある（2レベル・ゲーム）．これらは，それぞれ異なった取り扱い方ではあるが，ダイナミックという点では共通しているので，1つの章としてここに解説することにしよう．

7.1　展開形ゲーム

7.1.1　展開形ゲームの基礎

　展開形ゲームとゲームの木　これまでのゲームは，プレーヤーが一度だけかつ同時に戦略を選択する状況が仮定され，その結果利得をマトリックス（行列）で表す「正規形」あるいは「戦略形」であった．**展開形ゲーム**（extensive form game）による表現は，ある戦略的状況を（原則として）時間的な展開として理解する方法である．

　今日，ゲーム理論は展開形で表現されることが多くなっている．これは以前の1960，70年代とははっきりと異なった傾向である．戦略形ゲームの仮定は理論的な分析においては有益であるが，一般社会やふつうの国際関係を考えていく上ではきわめて強い仮定である．例えば友人と協力しようとするとき，彼（彼女）との付き合いが1回限りで終わるとは考えにくい．また，日常生活においては，私あるいは相手が先に行動を起こし，それを確認した上で，相手あるいは私が行動することがふつうである．このこと自体も1回限りで終わるものではなく繰り返し起こり得る．国と国との関係においても同じことである．

図7.1 ゲームの木

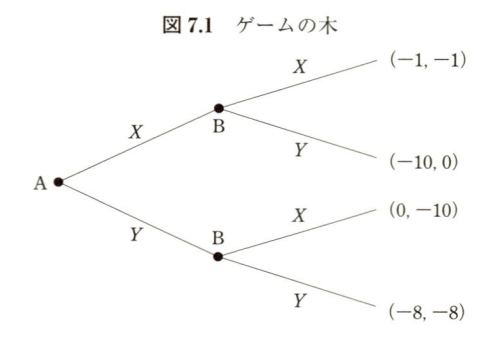

```
          X         X  (−1, −1)
       ┌─── B ───┐
      /           \ Y  (−10, 0)
   A ●
      \           / X  (0, −10)
       └─── B ───┐
          Y         Y  (−8, −8)
```

たとえば，日本と米国は1回限りで終了する交渉を行っているわけでなく，交渉は継続して行われる[1]．

　展開形ゲームは，一般的には図7.1のような形で提示される．この図は「ゲームの木」(game tree)，あるいは「デシジョン・ツリー」(decision tree) と呼ばれる．2人のプレーヤーA, Bを想定し，それぞれのプレーの選択肢をX, Yとする．図7.1ではAが先にプレー（XかY）する状況が示され，続いてBがAのプレー（XかY）を受けてXかYを行う．このときAを「先手」(leader)，Bを「後手」(follower) という．A, Bそれぞれの地点・印を「節」(node) と呼ぶ．カード・ゲームにおけるいわゆる「順番」「番」に相当し，ゲーム理論では「手番」(move) といわれる．ゲームの木の枝がそれ以上延びていない地点はゲームの帰結であり，（ , ）の中に記されるのはA, Bのそれぞれの利得である（図7.1は囚人のジレンマ・ゲームを例にしている）．括弧内の最初にAの利得が，後にBの利得が記される．

展開形ゲームと情報の種類　展開形ゲームはふつうは「時間」が入っているので，すでに起こったことを'知っている'などの情報の構造を盛り込むことができる．一般に，図7.1では先手AがXを選択したのか，Yを選択したのか，について後手Bが知っているという点が重要である．一方，図7.2では，Bの2つの状態が雲のように点線で囲まれている．これは，Bが自分の手番で，

---

[1]　なお，展開形ゲームの原型を形作ったり，その発展形態である「シュタッケルベルク均衡」や「クールノー均衡」，「チェーンストア・パラドックス」も重要ではあるが，本書では割愛する．これらのゲームや均衡についての詳細は，鈴木 (1994) や松原 (1997)，武藤 (2001) を参照されたい．

第7章　ダイナミックなゲーム

図 7.2　情報集合の例

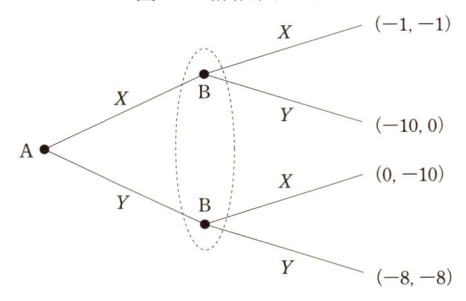

```
           X ─── (−1, −1)
      X  B
   A      Y ─── (−10, 0)
      Y  B
           X ─── (0, −10)
           Y ─── (−8, −8)
```

2つのどちらかの点（節）にいる可能性があることを示している．このような自分が位置する可能性のある点の集まりを「情報集合」(information set) と呼ぶ（もし位置する可能性のある点が1つならば自分の位置は完全に分かる）．これらの工夫はフォン・ノイマンによる．

展開形ゲーム理論においては，(i) 相手が（以前つまり過去のプレーで）どのように行動したのか，(ii) 相手がどのような利益や行動原理，性格をもっているのか，の2つに関する情報が決定的に重要となる．すでに第2章第5節で簡単に紹介したように，この2つの情報に対する仮定をどのように置くかによってゲームは異なる．

(i) の情報がすべてのプレーヤー間で共有されているゲームを「完全情報ゲーム」と呼ぶ．また，(ii) の情報がすべてのプレーヤー間で共有されているゲームを「完備情報ゲーム」と呼ぶ．さらに，これら2つの情報がすべてのプレーヤー間で共有されているゲームを「完全完備情報ゲーム」と呼ぶ．図7.1は完全情報ゲームであり，さらに (ii) の情報もプレーヤー間で共有されているとするなら完全完備情報ゲームである．

なお，図7.2においては，Bは後手であるものの先手Aがとった戦略を知らないのであるから，このゲームは不完全情報ゲームである．Bは仮にXを選んでも−1と−10のどちらを得られるかわからず，戦略の選択が困難になることが見てとれる．

7.1.2 部分ゲーム完全均衡

　戦略形では明確に定義されたナッシュ均衡も，展開形ゲームを用いてさまざまな状況を分析していくと，非合理的なナッシュ均衡あるいは均衡が複数存在する場合がある．この問題を解決したのが，ゼルテン（Selten 1975）による「部分ゲーム完全均衡」の考え方である．部分ゲーム完全均衡を求めることにより，この非合理的なナッシュ均衡は排除（削除）され，ナッシュ均衡が純化（精緻化）される．これが部分ゲーム完全均衡を学ぶ1つの大きな意義である．以下，これらについて段階的に解説していこう．

　複数のナッシュ均衡点　次のゲームを考えよう．A国とB国が，軍縮することに合意したものの，大幅に軍縮する（以後，ここではその戦略をxとする）か，少しだけ（小幅に）軍縮する（以後，ここではその戦略をyとする）か迷っている．ここで，A国が最初にx, yのいずれかを決定し，次にB国が決定を行うものとする．双方がxを採れば，相互の大幅な軍縮が実現し，双方にとって良い．他方，双方がyを採れば，軍備の縮小は穏やかだが，相互の軍縮が一応実現する．

　表7.1は，この状況を完全完備情報ゲームであると仮定し，A国を先手とした表である．この表は，A国の戦略x, yのそれぞれに対して，B国が取り得るすべての戦略を表している．このB国の戦略を，A国の予想される選択に対する「条件付戦略」（あるいは方針，シナリオ）と考えよう．例えば，B国の条件付戦略である$\langle y\text{-}x \rangle$とは，A国が$x$のときは$y$を，A国が$y$のときは$x$を選択することを，この順で表している．その左隣の$\langle x\text{-}y \rangle$は，A国が$x$のときは$x$を，A国が$y$のときは$y$を選択する戦略，$\langle x\text{-}x \rangle$はA国が$x$でも$y$でも$x$を選択する戦略，$\langle y\text{-}y \rangle$はA国が$x$でも$y$でも$y$を選択する戦略である[2]．

　これらの戦略は，あくまでもB国の想定された条件付戦略であって，実際のA国の選択に対するB国の選択は1つとなることに注意しよう．例えば$\langle y\text{-}x \rangle$という戦略であるが，A国が$x$を選択した場合は，B国は$y$を選択するのでA国，B国の利得は$(-1, -1)$．A国が$y$を選択した場合は，B国は$x$

---

[2] この表記法$\langle\ \text{-}\ \rangle$を十分に理解することは，後に続く内容との関係で重要である．$(x, \langle x\text{-}y \rangle)$なども同様．

表 7.1 A 国（先手）と B 国（後手）の軍縮をめぐるゲーム状況

A国＼B国	⟨x-x⟩	⟨x-y⟩	⟨y-x⟩	⟨y-y⟩
x	(4, 4)*	(4, 4)**	(−1, −1)	(−1, −1)
y	(−3, −3)	(2, 2)	(−3, −3)	(2, 2)*

* ナッシュ均衡点，** 部分ゲーム完全均衡
注：x は「大幅に軍縮する」，y は「小幅に軍縮する」．

を選択するので利得は (−3, −3) である．

このゲームにはナッシュ均衡が 3 つ存在する．表 7.1 でアスタリスク（*印）を付けた 3 点がそれである．

部分ゲームと合理的／非合理的ナッシュ均衡　3 つのナッシュ均衡を導くそれぞれの戦略は，はたして各部分ゲーム（厳密には「ゲーム」でなく，意思決定）において合理的な選択をとっているだろうか．ここで「部分ゲーム」（または「サブゲーム」（subgame））とは，1 点のみからなる情報集合の結節点以降（ただし，ゲームの一番はじめの結節点は除くが，除かない考え方もある）のゲームである．

さて，図 7.3 は表 7.1 のゲームの展開形であるが，3 つの均衡が合理的か否か，それぞれを部分ゲームごとに検討してみよう（図 7.3 の太線は，3 つの均衡を表している）．まず $(x, ⟨x\text{-}x⟩)$ であるが，この均衡を図 7.3 で確かめてみると，上の部分ゲームでは，B 国は x を選択するから B 国の利得は 4 になる．このとき，B が y を選択すると利得は −1 になるから，上の部分ゲームでの B の選択は合理的である．しかし，下の部分ゲームでは，B 国は x を選択するから B 国の利得は −3 だが，他方 y を選択すると利得は 2 で，下の部分ゲームでの B の選択は合理的ではない．したがって $(x, ⟨x\text{-}x⟩)$ はナッシュ均衡ではあるが，部分ゲームで見ていくと合理的とはいえない．

次に $(x, ⟨x\text{-}y⟩)$ につき，先の例と同じように考えると，上の部分ゲームにおいて B 国は x を選択するからその利得は 4 で合理的である．下の部分ゲームにおいて B 国は y を選択するからその利得は 2 でこれも合理的である．したがって $(x, ⟨x\text{-}y⟩)$ はナッシュ均衡であるのみならず部分ゲームでも合理的である．

最後に $(y, ⟨y\text{-}y⟩)$ である．上の部分ゲームにおいて B 国は y を選択する

図 7.3 展開形ゲームで表した A 国と B 国の
　　　　軍縮をめぐるゲーム状況

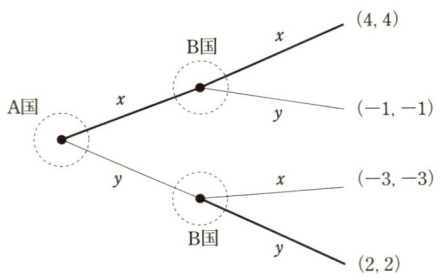

```
                        x
              B国  ──────── (4, 4)
         x   ╱
            ╱    y
    A国 ───          ──────── (−1, −1)
            ╲
         y   ╲        x
              B国  ──────── (−3, −3)
                 ╲
                  y
                    ──────── (2, 2)
```

からその利得は−1となり非合理的であるが，下の部分ゲームでは B 国は y を選択するから，その利得は 2 であり合理的である．したがって $(y, \langle y\text{-}y \rangle)$ はナッシュ均衡ではあるが，部分ゲームでは合理的ではない．

要約すると，これら 3 つのナッシュ均衡のうち，2 つの部分ゲームのどちらでも B 国が合理的に選択しているのは 2 つ目の $(x, \langle x\text{-}y \rangle)$ のみであることがわかる．対照的に，1 つ目の $(x, \langle x\text{-}x \rangle)$ は下の部分ゲームにおいて，3 つ目の $(y, \langle y\text{-}y \rangle)$ は上の部分ゲームにおいて，合理的な選択をしていないから，非合理的なナッシュ均衡である．

非合理的ナッシュ均衡を排除する部分ゲーム完全均衡　以上の議論をふまえた上で次のように定義する．**部分ゲーム完全均衡**（sub-game perfect equilibrium）とは，ゲーム全体におけるナッシュ均衡であり，かつすべての部分ゲームでもナッシュ均衡である均衡を指す．したがって，すべての部分ゲーム完全均衡はナッシュ均衡である必要があるが，ナッシュ均衡のすべてが部分ゲーム完全均衡であるとは限らない．換言すると，すべての情報集合において合理的な選択を行っているような戦略の組である（上の例では $(x, \langle x\text{-}y \rangle)$ がこれに該当する）．したがって，部分ゲーム完全均衡を求めることは，部分ゲーム内で非合理的なナッシュ均衡を排除することになる[3]．

3）　なお，部分ゲーム完全均衡でないナッシュ均衡の戦略には，信憑性がない．なぜなら，この戦略は自らにとって利益に反し，本気で選択するとは思われないからである．一般に，他者から見てそのプレーヤーが本気でその戦略を選択していると信じられる（信じ

7.1.3 逆向き推論

部分ゲーム完全均衡は「逆向き推論」(backward induction)[4]によっても確認することができる．逆向き推論は，ゲームの最終結果におけるプレーヤーの合理的な選択肢から，ゲームの最終節——したがって，有限回展開形に限る——から遡ってプレーヤーの合理的な最善の選択を確認することにより，非合理的な選択を省きながら，ゲームの均衡の経路を明らかにする方法である．

なお，逆向き推論は，完全情報ゲームにおいて有効であることに留意しよう．完全情報は，どのプレーヤーも行動の決定を行うとき，そこまでのゲームがどのように行われたかを知っていることを意味する．完全情報ゲームでなければ，ゲームの最終段階から順に遡ることができない．

例えば図 7.3 では，上の部分ゲームで B 国は x を選択すれば 4，y を選択すれば -1 なので，y は選択されず，x が選択される．下の部分ゲームでは，x を選択すれば -3，y を選択すれば 2 であるから，y を選択する．次に A 国はどうするか．A 国は，B 国が $\langle x\text{-}y \rangle$ を取ることが分かっているので，y は廃案となり，利得 4 を得る x を選択する．したがって，このゲームの均衡は $(x, \langle x\text{-}y \rangle)$ の戦略の組となるが，この均衡は先に見た部分ゲーム完全均衡である．

ところで，これまで挙げてきた具体例では A 国が最初に行動し，それを踏まえて B 国が次に行動する，という 2 段階での展開形ゲームである．しかし，実際の意思決定の場においては無数の選択肢と何段階もの過程が想定され，計算量は爆発的に増大する．したがって，逆向き推論は理論的には極めて優れた方法であるが，実際の意思決定の場では現実的ではない．実際はむしろ，相手が合理的だと考えた場合に起こり得るいくつかの数少ない有力な結果から逆算して，いくつかの次善の策を考案し，意思決定を行っている．

られない）戦略を「信憑性」(credibility) がある（ない）という．したがって，そのプレーヤー自身にとって不利な戦略には信憑性がない．信憑性と信頼性 (reliability) を混同しないように注意が必要である．

[4]「逆向き帰納法」とも呼ばれる．なお，この backward induction とほぼ同義語として「ベルマンの最適性原理」(Bellman's principle of optimality) がある．逆向き推論については，http://www.qmss.jp/ に図を用いた詳細な説明がある．

7.2 繰り返しゲーム

7.2.1 繰り返し囚人のジレンマ・ゲーム

　日常生活や一般的な国際関係の舞台においては，1回限りの交渉や話し合いで終わる状況は考えにくく，展開形ゲームで表現すれば木の枝の分岐がいつ終わるか分からないほど長く続く状況がある．繰り返し行われる状況（有限回あるいは無限回）を想定したゲームを**繰り返しゲーム**（repeated game）（あるいは「スーパー・ゲーム」（super game））と呼ぶ．これまで解説してきた各ゲームにも，繰り返しゲームはあり得るが（たとえば，繰り返しチキン・ゲームなどもある），ここではその代表例であり，かつ国際政治の理解・分析にも用いられることの多い「繰り返し囚人のジレンマ・ゲーム」を取り上げよう．

　囚人のジレンマを，いわゆる「ゲーム」として形にしたのはタッカーであるが，そのもとになったのはフラッドによる心理学的繰り返しゲーム実験であった（Flood 1952）．フラッドの実験結果をどのように解釈するかについては多くの研究があるが，ほとんど成功しなかった（Davis 1970）．

　しかし，フラッドによる研究の伝統は残った．アクセルロッドによる『協力の進化』（Axelrod 1984）[5]はこの復興とも言え，この伝統の保持者の1人がラパポートである．ラパポートは『戦略と良心』（Rapoport 1964）の中で，戦略的思考が平和を指向していないことを批判している．学術語として'戦略'の用語は使用しているから，戦略的思考自体を批判しているわけではない．ここでラパポートは，平和構築には協力が必須であり，すでに「少なくとも相手がこちらを信頼してきた場合にこちらが信頼を裏切るべきでないということは，次の機会に相手がこちらを信頼してくれるためにも確かに必要なことなのだ」と述べている（Rapoport 1964，邦訳90）．

　このラパポートの言葉は，繰り返し囚人のジレンマ・ゲームについて考える上で，非常に示唆的である．繰り返し囚人のジレンマと言えば，「やられたら，

5） 邦題は『つきあい方の科学』である．

やり返す」というニュアンスが強い「ティット・フォー・タット」（Tit for Tat：TFT）戦略と共に語られるのが常であるが，ラパポートはTFTの真の意味を見落としていない．確かに，'tit' も 'tat' も軽くたたく（軽打），つまり日本語の「しっぺ（い）」で，for は「〜に対して」であるから，「しっぺ返し」を意味しており，原義は悪いことで応ずることとして用いられる．しかし，ゲーム理論で登場する「しっぺ返し」は，必ずしも悪いことだけではなく，「良い行いには良い行いで応じる」といった意味でも使われる[6]．

『戦略と良心』は思想書としても読めるが，ドイッチュは同書に次のような序文を寄せている（Rapoport 1964，邦訳 xxi）．

> もしもわれわれが，終局的に，国際政治についてより視野が広く，より均衡のとれた思考様式——科学と倫理，洞察と理性，同情と能力とをそれぞれ結合させた思考様式——をもてるようになるとすれば，そういった方向に探究の歩を進めるさし迫った必要をあらためて教えてくれた点で，われわれのすべてが，ラパポート博士に感謝しなければならないであろう．

どのような国際関係も2つを極とする一次元連続体の間にあると考えられる．1つは「権力」，いま1つは「協力」である（松原 1988；Matsubara 1989）．勢力均衡論，抑止理論が典型として位置する権力の極に対して，協力の極は目立った存在感を示さないが，ドイッチュをはじめとしてアクセルロッドの『協力の進化』で協力をめざして行われた繰り返し囚人のジレンマ・ゲーム実験などは明らかにその極の思考様式の代表である．

7.2.2 繰り返し囚人のジレンマとTFT

第3章第6節で見たように，囚人のジレンマ・ゲームにおいては，双方協力（C, C）はナッシュ均衡点ではなく，これを安定化させようとする試みは理論上は無益であり，失敗を運命付けられている．にもかかわらず，実践的には協力構築は多大な意義をもち，実験により知見を得ることは貴重である．

この点を表7.2で見てみよう．なお原文ではtournamentと言っているが，これは単に「試合」の意味であって，いわゆる「勝ち抜き戦」でなく総当たり

---

[6]「ラパポート，チャマーの実験」（Rapoport and Chammah 1965）が先駆的業績としてよく知られている．

表 7.2 総当たり戦の対戦結果

	Other Players															Average Score
	TIT FOR TAT	TIDE AND CHIER	NY-DEG-GER	GROF-MAN	SHU-BIK	STEIN AND RAP	FRIED-MAN	DAVIS	GRAAS-KAMP	DOWN-ING	FELD	JOSS	TUL-LOCK	(Name Withheld)	RAN-DOM	
1. TIT FOR TAT	600	595	600	600	600	595	600	600	597	597	280	225	279	359	441	504
2. TIDEMAN & CHIERUZZI	600	596	600	601	600	596	600	600	310	601	271	213	291	455	573	500
3. NYDEGGER	600	595	600	600	600	595	600	600	433	158	354	374	347	368	464	486
4. GROFMAN	600	595	600	600	600	594	600	600	376	309	280	236	305	426	507	482
5. SHUBIK	600	595	600	600	600	595	600	600	348	271	274	272	265	448	543	481
6. STEIN & RAPOPORT	600	596	600	602	600	596	600	600	319	200	252	249	280	480	592	478
7. FRIEDMAN	600	595	600	600	600	595	600	600	307	207	235	213	263	489	598	473
8. DAVIS	600	595	600	600	600	595	600	600	307	194	238	247	253	450	598	472
9. GRAASKAMP	597	305	462	375	348	314	302	302	588	625	268	238	274	466	548	401
10. DOWNING	597	591	398	289	261	215	202	239	555	202	436	540	243	487	604	391
11. FELD	285	272	426	286	297	255	235	239	274	704	246	236	272	420	467	328
12. JOSS	230	214	409	237	286	254	213	252	244	634	236	224	273	390	469	304
13. TULLOCK	284	287	415	293	318	271	243	229	278	193	271	260	273	416	478	301
14. (Name Withheld)	362	231	397	273	230	149	133	173	187	133	317	366	345	413	526	282
15. RANDOM	442	142	407	313	219	141	108	137	189	102	360	416	419	300	450	276

出所：Axelrod (1984, 194)

である．要点は次のとおりである．

i) TFT戦略は試合参加者のなかでの最高位（表7.2の平均獲得点に注目する）で，「チャンピオン」（champion）と言われているが，2位の戦略であるTIDEMAN & CHIERUZZIとの差は大きいものではなく，「チャンピオン」も相対的である．なお，TIDEMAN & CHIERUZZIは，自分と相手との差が10点以上であったり，相手の裏切り確率が1/2付近でないなどの条件下では協力する，という戦略である[7]．

ii) 上位の戦略が，決して「最適」とか「理想的」というわけではない．アクセルロッドもそのことには注意を促している．

iii) 後述する「割引因子」（アクセルロッドやオイは「未来の影」と呼んで

---

7) 他の戦略の詳細については，Axelrod (1980 ; 1984, 27-54, 192-205) などを参照．

いる）が結果に大きな影響を与え得る．

　ホッブズは『リヴァイアサン』第13章の中で，何らかの統治メカニズムがない状況——これをホッブズは「自然状態」(the state of nature) と呼んだ——における個々人は「孤独で，貧しく，不快に満ち，残忍で，短い生涯を送るもの」[8]であり，互いがそれぞれの生命を脅かす存在であるため「万人の万人に対する闘争」(war of every man against every man) が起こると考えた．これは，D（裏切り）が優越戦略である1回限りの囚人のジレンマ状況とよく似ている．

　繰り返し回数が決まっている場合，逆向き推論によりD戦略が均衡となる (Luce and Raiffa 1957)．だが，囚人のジレンマがある特定の戦略のもとで無限回——厳密にいうと不定回——繰り返されるならば，状況は必ずしも「万人の万人に対する闘争」にならないことをアクセルロッドは示したのである．

7.2.3　繰り返し囚人のジレンマにおける協力の可能性

　テイラー (Taylor 1987) は，繰り返し囚人のジレンマへの考察をさらに進めている．表7.3のような一般的繰り返し囚人のジレンマを考えると，相互の常時裏切り (D^∞, D^∞) は常に均衡である．Dを永遠に繰り返すという意味でDに∞（無限大，infinity）をつけている．なぜなら，両プレーヤーが毎回のゲームでDを選択しているときに，他方がDからCに変更することは，Dを続ける利得よりも少ない利得をもたらすからである．一方 (C^∞, C^∞) は均衡でない．両プレーヤーがCを取り続けるときに，CからDに変更することにより，より多くの利得を得ることができる．

　しかしテイラーによれば，相手プレーヤーがCのときに自分もCをプレーする（TFT戦略）という条件付協力の可能性は残されている．鍵は「割引因子」(discount factor) の大きさである．割引因子とは，将来に受け取る利益を現在価値に換算するときの割合である[9]．表7.3において，初回以降のゲー

---

8)　原文では"the life of man, solitary, poor, nasty, brutish, and short."である．
9)　たとえば，今もらえる現金1万円を受け取らないならば，10年後には5万円が受け取れるとする．しかしこの10年後は実に不確かで，ほんとうに5万円を受け取れるか定かではない．したがって，将来の5万円を現在の価値に換算するならば，10年後の不確実性の分だけ割り引かれ現在価値に換算される．仮に10年後の割引因子を0.9と

表 7.3 繰り返し囚人のジレンマの利得行列

	C^∞	D^∞
C^∞	(R, R)	(S, T)
D^∞	(T, S)	(P, P)

注：S<P<R<T

ムにおける割引因子を w としたとき，プレーヤーが C を取り続ける部分ゲームのすべてにおいてプレーヤーが合理的な選択をするときの w の大きさを考えよう．

プレーヤーが C を取り続けた場合の利得の合計 G は，等比数列[10]

$$G = R + wR + w^2R + w^3R + \cdots$$
$$= R + R(w + w^2 + w^3 + \cdots)$$

となる．初回の R は割り引かれないこと，および割引因子が指数的に掛算となって減っていくことに注意する．たとえば，右辺 2 項目（wR）の割引因子を 0.99 とすると（これは，2 回目にもらえる利得が 1 回目にもらえる利得とほぼ変わらないと仮定していることになる．例：1 回目 10,000 円，2 回目 10,000 円×0.99＝9,900 円），次回の割引因子は 0.99×0.99＝0.9801，次々回の割引因子は 0.99×0.99×0.99＝0.9703 である．この和は，等比数列の和の公式から，

$$R + \frac{w}{1-w}R$$

となる．ここで，第 2 項は 2 回目以降の利得である．

もし片方のプレーヤーが一方的に C^∞ から D^∞ 戦略に変更すれば，そのプレーヤーの利得はそのときのゲームだけは T となるが，それ以後のゲームでは（他方のプレーヤーも D^∞ 戦略をとるため）P となる．ゆえに，このときの繰り返し囚人のジレンマにおける利得は

$$T + \frac{w}{1-w}P$$

である．

　　すると，10 年後に得られる 5 万円の現在価値は，50,000 円×0.9＝45,000 円となる．
　10)　等比数列については，補章を参照．

この利得がCを取り続けた場合に得られる利得 $R+(w/(1-w))R$ よりも魅力的でない（大きくない）ときプレーヤーはCを取り続ける．つまり，

$$R+\frac{w}{1-w}R > T+\frac{w}{1-w}P$$

を常に満たすような割引因子が，TFTによる条件付協力の可能性をもたらす1つの条件で，左辺はCを取り続けた場合の利益であり，右辺はDを取り続けたときの利益である．この不等式を w について解くと

$$w > \frac{T-R}{T-P}$$

である．この意味は，C^∞ がとられ続けるためには，割引因子——アクセルロッドは**未来の影**（shadow of the future）と呼んだ——がある程度以上大きくなる必要があるということであり，右辺はこの'ある程度'を示している．

ちなみにアクセルロッドの実験条件 $S=0$, $P=1$, $R=3$, $T=5$ では，$(5-3)/(5-1)=0.5$ で，1期あとで協力が実現するには，現在には少なくとも w が0.5はなくてはならない．ここで仮に，$S=0$, $P=1$, $R=4$, $T=5$（アクセルロッドの実験条件のうち R のみ 3 から 4 に変更する）であれば，$(5-4)/(5-1)=0.25$ より w が 0.25 より大きいことが協力にとって必要になる．アクセルロッドの実験条件の場合と後者では，未来の影（つまり w の大きさ）に違いがあり，協力の条件としては実験条件の方が厳しく，後者の場合は緩く協力が実現しやすい．これは，他の数値が一定であれば，R（協力）の価値を高めることで協力がより実現しやすくなることを意味し，我々の直観とも合致する[11]．

---

11) 繰り返し囚人のジレンマにおける条件付協力については，山本（1989a, 342-347），石原・金井（2002, 46-51）なども参照．なお，協力に必要な w の大きさは各プレーヤーの戦略によっても異なる．ここで提示している例は，プレーヤー同士がはじめから C を取り続けるゲームであるが，理論上はプレーヤーが取り得る戦略は無数にある．例えば Taylor（1987）や McCarty and Meirowitz（2007）なども参照されたい．

7.3 2レベル・ゲーム

7.3.1 異なるレベルのゲームへの注目

　ダイナミックなゲームの1つとして2レベル・ゲームについて触れておこう．本章でこれまで説明してきたゲームは，先手と後手の区別やゲームが繰り返し行われることを念頭においているという点で，時間の流れがより明示的に示されたものであった．一方，**2レベル・ゲーム**（two-level game）では，時間の流れが明示的にこそ表現されてはいないものの，国際政治交渉の帰結を「合意形成に向けた交渉担当者同士の交渉（レベルI）」と「合意を批准するか否かの個々の国内政治におけるプレーヤーの決定（レベルII）」という2つのレベルから捉えているという点でダイナミックなゲームといえる．

　2レベル・ゲームの大きな特徴は，国際政治と国内政治という異なるレベルの政治の相互作用を重要視し，特に国内政治におけるアクターの利害関係が政府の意思決定に制約をもたらすことに注目することにある．国家を一枚岩の合理的なアクターと考えると的確な説明が難しい事象を，国際レベルの利害関係と国内レベルの利害関係に注目して説明するものである．国家間で合意を形成するためにはいずれの交渉当事国も受け入れられる条件を構築する必要があるが，許容できる範囲は政府の考える国際政治上の利害関係だけでなく，その合意内容から影響を受ける国内のアクターの利害関係を考慮する必要もある．国内のアクター，すなわち政党などの政治団体や企業団体のような国内に存在する利益団体は，国家の外交政策が自分たちにとって好ましい結果をもたらすように政府に働きかける．政府はそれを完全に無視することはできないため，国際政治交渉において最善な政策を必ずしも選択することができず，国内政治からの制約の範囲内で妥協することになる．国内のアクターは交渉担当者にとっては支援者であったり圧力団体であったりするため，交渉担当者はそれらの利害関係を考慮した上で政策決定や他国との交渉をおこなわざるを得ない．

　2レベル・ゲームはゼロサム・ゲームやベイジアン・ゲームのような数理的に厳密に構築されたモデルではなく，分析する際のものごとの捉え方の提唱と

いったほうが適切である．2レベル・ゲームを提示したパットナム（Putnam 1988）もそれを「国内と国際の相互作用の暗喩（metaphor）」と表現しており，「理論」とは言っておらず，2レベル・ゲームは飯田（Iida 1993；飯田 1994）によってゲーム・モデルとして定式化された．

7.3.2　2レベル・ゲームの構造

2レベル・ゲームを提示したパットナムによれば，合意形成の過程は2つの段階に分けることができる．

　レベル I：合意形成に向けた交渉担当者どうしの交渉
　レベル II：合意を批准するか否かの各国内の政治プレーヤーの決定

国家間条約は交渉担当者の合意だけで成立するわけではなく，その内容に対する国内の有力者たちの支持も必要となる．民主国家ならば議会による批准がそれに当たり，独裁国家であっても党や軍の幹部，王族といった有力者からの承認は必要となる．言い換えれば，交渉担当者が納得できる内容であっても国内からの十分な支持を得られなければ合意を形成することはできない，という制約が国際交渉には前提として存在するという考えである．それが2レベル・ゲームの前提となっている．

レベル I の交渉担当者はレベル II との関連の中で合意を形成することが必要となるため，国内団体の要求が厳しいほどレベル I における制約は強くなり，国家として受け入れられる合意条件は狭まることになる．このような両レベルの利害関係が対立的状況であるときの制約を表したのが図 7.4 である．

なお，以下この節で用いる記号の意味は次のとおりとする．

　X_M, Y_M：国家 X, Y における最適な合意内容
　X_m：X の国内（レベル II）で要求される最低限の合意内容
　Y_m：Y の国内（レベル II）で要求される最低限の 3 通り（Y_1, Y_2, Y_3）の合意内容

図 7.4 における国内政治（レベル II）からの制約の強さは弱い方から (2)，(3), (4) の順で，$Y_1 < Y_2 < Y_3$ である．この場合は国内からの制約は Y_1 か Y_2 の必要があり，もし Y_3 であれば合意できない．

図 7.4 合意可能な範囲

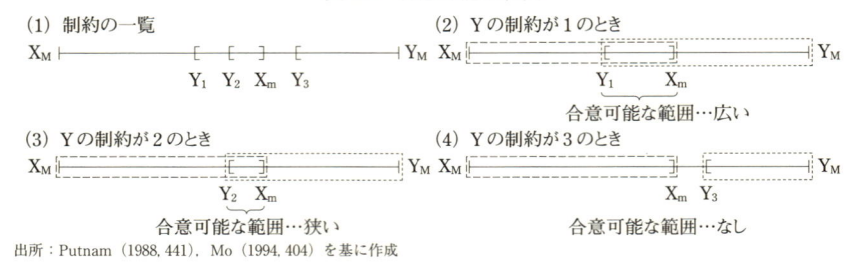

(1) 制約の一覧
X_M |——[——[——]—|—]———| Y_M
　　　　Y_1 Y_2 X_m Y_3

(2) Yの制約が1のとき
X_M |—————————[——[——————]—| Y_M
　　　　　　　　　　　　Y_1 X_m
　　　　　　　　　　　　合意可能な範囲…広い

(3) Yの制約が2のとき
X_M |———————————————[—[—]—]—| Y_M
　　　　　　　　　　　　　　Y_2 X_m
　　　　　　　　　　　　　　合意可能な範囲…狭い

(4) Yの制約が3のとき
X_M |———————————————[—]—[—]—| Y_M
　　　　　　　　　　　　　　X_m Y_3
　　　　　　　　　　　　　　合意可能な範囲…なし

出所：Putnam（1988, 441），Mo（1994, 404）を基に作成

7.3.3 レベル II における合意——勝利集合の形成

2レベル・ゲームにおいて合意形成で重要視されるのは，レベル I でまとまった合意内容がレベル II のプレーヤーたちから十分な支持を得ることができるか否かである．パットナムは合意を可能とするだけの支持者を集められる合意内容を「勝利集合」（win-set）と名付けているが，その定義として，レベル II において必要な賛同を獲得しうるレベル I の全ての合意としている．この定義は抽象的であるが，要は国内で同意を得られる基本的条件を満たした合意内容である．たとえば条約批准に議会の過半数の賛同が必要な民主国家ならば，単純に過半数の議員の同意が得られる合意内容であり，独裁国家や共産主義国家のように個々に政治的影響力の異なる人物や組織が混在する国家ならば，条約批准を可能にするだけの十分な政治力を確保できる人物や組織の同意が得られる全ての合意内容となる[12]．

レベル II で最低限として要求される配分案が十分な同意を得られるならば，それよりも利得の多い配分案も必ず批准することができる．このゲームが交渉によって利得を得ることを目的とした合理的選択モデルだからである．さらには，レベル II のプレーヤーたちは最低限として要求する利得以上ならば必ず同意する．たとえば得られる利得が 0.4 か 0.6 ならば同意するが，0.5 には反対するという特殊な条件を持つプレーヤーは存在しないものと考える．

---

[12] 2レベル・ゲームは基本的には欧米諸国の政治体制を前提とした議論であるが，石黒（2009）のように官僚制多元主義を特徴とする日本の国内政治にも適用できる2レベル・ゲームの構築も試みられている．

レベルIの交渉担当者は常に合意が国内において勝利集合を形成できる内容か否かを考慮し，この国内政治からの制約の下で交渉をおこなわなければならない．すなわち，交渉の結果は勝利集合の大きさから強く影響を受ける．パットナムによれば，この勝利集合の大きさは2つの理由から合意形成に影響を及ぼす．

　i) 形成された勝利集合が大きいほど，合意の受け入れは容易となる．
　ii) 勝利集合が小さいほど，交渉を有利なものにする．

　第一の理由は分かりやすいが，第二の理由は交渉術上のものである．すなわち，合意できる条件の範囲が狭いほど，相手に対して妥協を強いることができるということである．なぜなら，形成できる勝利集合が小さいほど受け入れられる合意案は少なくなるが，交渉担当者たちにとっては，合意可能な範囲の配分が実現できるにもかかわらず利得が得られないことは望ましくない事態であって，勝利集合が大きい方が小さい側の条件に合わせて（すなわち妥協して）合意形成せざるを得なくなるからである[13]．

　再び，国家X, Yが利得1を分配する交渉を考えよう（分かりづらければ1億円の配分などと置きかえよう）．国内からの制約が

$$X_m = 0.5, \quad Y_m = 0.4$$

であるならば，0.5以上でないと勝利集合を形成できないため，国家Xの方が交渉で優位に立つ．なぜなら，このゲームでは合意を形成しなければ利得を得ることができないので，基本的にはX, Yどちらも交渉が決裂するよりも合意に至ることの方を望む．そのときは，Xは最低でも0.5の配分がなければ国内から十分な賛同を得られないので，Yは0.5を超える配分を要求することはできない．したがって，合意できる配分案は，両者の利得の合計が常に1となる条件下でXが0.5～0.6，Yが0.4～0.5の範囲内となる．すなわち，合意すればXは必ず半分以上の利得を得られるが，Yは最大でも半分しか得られない[14]．

---

13) この第二の理由は，自分の情報を相手に与えないことによって交渉の立場をより強化できることにもつながる．情報の不完全性がもたらす利点と問題点は瀬戸際戦略にも共通するので，そちらを学ぶことも有益である．瀬戸際戦略に関してはPowell（1988），Snyder（1984）などを参照．
14) 2つ目の理由が交渉力を強めるという主張には否定的な研究もある（Iida 1993）．

第8章 ダイナミックなゲームと国際政治

　国際政治には，非協力ゲームや協力ゲームだけでは十分に理解・分析できないことも多い．本章では，展開形ゲーム，繰り返しゲーム，2レベル・ゲームというダイナミックなゲームを分析道具として用いて，国際政治における現実の'複雑さ'と'多様性'——行為の連鎖的展開や繰り返し交渉の過程ないしはその帰結，国内政治と国際政治の関連など——を検討していこう．

8.1　国際政治分析におけるダイナミックなゲーム

　本書ではこれまで，国際政治における様々な出来事や現象を非協力ゲームと協力ゲームを用いて分析してきたが（第4章，第6章），現実には，これら2つの分析道具だけでは十分に捉えきれない出来事や現象も多い．たとえば，実際の国際政治では，侵略に対する制裁や侵略を予測した抑止のように，ある国の行動によって他国の行動が引き起こされ，それがまた新たな行動や出来事，現象の原因となることがある．また，国家間交渉が一度で終わらず，5年，10年と繰り返される中で，当初の国家間関係や交渉のアジェンダ（問題や議題等）が大きく変わることがある．これらの連鎖的展開や継続的な交渉の過程ないしはその帰結については，正規形や戦略形のゲームあるいは協力ゲームでは十分に捉えきれず，展開形ゲームや繰り返しゲームによる分析がふさわしい．他方，国内政治の様相が国際政治上の出来事や現象に影響を与えることも，実際にはしばしば起こっている．このようなケースに対しては，2レベル・ゲームを用いた分析が適当である．

　本章では，第7章で解説したダイナミックなゲームを用いて，国際政治における様々な出来事や現象を分析していこう．具体的には，まず「抑止」という行為を展開形ゲームで分析する．次に，第一次世界大戦時における塹壕戦と1990年代における米朝交渉を繰り返しゲームと捉えて分析する．最後に，2レ

ベル・ゲームを用いて二国間の関税交渉を分析する．

8.2 展開形ゲームと国際政治

8.2.1 国際政治における抑止

　展開形ゲームは国際政治の分析にそこまで多く用いられているとはいえないが，国際政治の重要な分析対象である意思決定には非常に有効である．本節では展開形ゲームによる分析の一例として抑止の分析をとりあげ解説しよう．

　「抑止」（deterrence）と聞くと，「核抑止」（nuclear deterrence）を思いつく人が多いだろう．抑止はその作動の機能において各人の心理計算に基礎をおきそれを信頼しているので，通常人の理性的計算から逸脱している決定者においては機能しないという問題はあるものの，各人の心理計算にそれぞれの程度で訴える点で極めて巧い効率的な害悪行為防止法であり，さらに窮極の心理利用法であって，それは何千万人の監視者の目にも優るものである．

　抑止の効用分析の研究史は古く，1960年代に主観確率を用いてゲームの意思決定を論じたエルスバーグ（Ellsberg 1960）以来のモデルの流れがある．以下では，この流れに添ったモロー（Morrow 1994c）のモデルを紹介するが，これらの他「コミットメント」（合意を守る，あるいは合意を破る），「シグナリング」（情報の伝達で相手の行動を左右する），「チェーンストア・パラドックス型の情報伝達」（行動で信憑性を獲得する）などのより発展したモデルも考えられている（林・山本 2005）．

　今日，国際政治において「抑止」の定義や起源に言及する論者は数少ないが，モローはその1人である．この起源への理解があってこそ，「抑止計算」（the calculus of deterrence）の理論が存分に展開できる．とはいえ，「抑止」一般と「核抑止」は区別して考察すべきであり[1]，また「抑止」は1つの装置であって，（願ったとしても）無条件に機能するものではない．以下，抑止の定義，抑止の一般的な機能条件，核抑止の順で述べよう．

　1）　刑法学にも，犯罪の抑止理論（特別抑止と一般抑止）がある．

国際政治に適用可能な定義として，まずモロー（Morrow 1994c, 38）は

> 「抑止」とは，最広義には，ある国家（防衛者）による試みであって，もう1つの国家（挑戦者）の予期される行動を，［その挑戦者に対し］一定のコストを課することによって，未然に防止するもの.

としている．この定義は正しい定義ではあるが，やや行動の動機の細部に触れておらず，かつ「防衛者」「挑戦者」の定義も自明でなく，価値負荷的である．ブロディー（Brody 1968）の定義は論理的に明確であって，

> 抑止の基本仮説は次の通りである：
> 基本的価値［生存，財産，健康等］に対する脅威が十分に大ならば，［抑止の相手方が］武力侵略を考慮対象から外す蓋然性が高まる．これが大前提とすると，小前提として核兵器が基本的価値に対する十分大きな脅威であることを認めれば，三段論法による演繹として，核兵器は武力侵略を可能な政策選択肢［自体］から除外することの蓋然性を高めることが導かれる．

この定義の優れた点は，十分に大きな脅威なら，核兵器に限らず，一般的に妥当すること，「蓋然性」であって確率的不確実性（抑止が機能しないこともありうること）を許容していること，などである．モローの定義における「コスト」も基本的価値に対する脅威に包摂される．

この定義によれば，抑止者が対象の基本的価値に対する脅威を十分に大きく設定できなければ，その武力侵略を政策考慮対象から（最初から）除外する確率は低く，抑止は挫折する．このように考えることのメリットは，抑止という複雑多様な現象にも何らかの数理的基本ルールが横たわっているとの仮説が立てられることである．

8.2.2 効用計算と抑止の成立条件

戦争と平和の効用　「効用」（第2章第2節参照）を個人や社会の状態ないしは行動の値打ちの評価に用いることは，それが理論上の概念であって現実の対応測定量がないとしても，国際政治学でもある程度，承認を受けているといってよいであろう．それと並んで——あるいは，「効用」ほどでないとしても——「確率」（第2章第3節参照）の考え方も，戦争と平和の評価計算にそれ

図 8.1 戦争と平和の期待効用

```
        u(W)                              u(P)
   ─────┼────────────────────────────────┼─────── 効用(u)
        20                               100
```

なりに有益である．

たとえば，平和を P，戦争を W とすると，平和あるいは戦争になれば，$u(P)$, $u(W)$ の効用を得ると予想される[2]．ここで，戦争にも効用があると（理論的には）仮定されているのは，もし効用が 0 なら，戦争が現に選択された場合，現実と矛盾するからである．しかし，まだ戦争になるか平和になるか決まらない紛争状態の効用はどうなるだろうか．戦争は起こっていないので戦争よりはベター，しかし，完全な平和でなく '戦争含み' だから，純然たる平和よりは悪いであろう．図 8.1 を見てほしい．効用は右へ行くほど大きく，左へ行くほど小さい．

したがって，紛争状態は平和と戦争の中間状態で，その効用は $u(P)$ と $u(W)$ の間にくるであろう．ちなみに $u(P) = 100, u(W) = 20$ なら，20 と 100 の中間のどこかである．ここで，戦争も平和も 50% の等しい将来の確率なら，100 と 20 を加えて 2 で割り平均をとって $(100 + 20)/2 = 60$ で，文字通り 100 と 20 の中央（中点）になる．

もう 'ほとんど戦争になるかもしれない状態' で，平和対戦争の確率が 10% 対 90% ならば，このような紛争状態の効用は低く

$$0.1 \times 100 + 0.9 \times 20 = 28$$

で，$u(W) = 20$ に近づいている．このように効用と確率を自由に用いれば，将来の不確実性を評価できる．もちろん，この限りでの大局の描写であって個別の事情は捨象されている．

挑戦者の計算　これらの効用計算から抑止が成立するか否かの予測ルールを Morrow (1994c, 38-43) に従い表 8.1 のとおりとする．防衛者から脅迫の意思が仄めかされた後は，挑戦者（Challenger : CH）は二者択一となる．挑戦しても脅迫は実行されないか（CS），あるいは防衛者の脅迫が現実に実行されるか

---

2) 大文字の記号が多く用いられているため，ここでは区別のため効用 u は小文字とする．

表 8.1 挑戦者の効用

状態	状態の定義	効用
CS	挑戦が成功する（Challenge Succeeds）	$u_{\mathrm{CH}}(CS)$
BD	挑戦者が断念し引き下がる（Back Down）	$u_{\mathrm{CH}}(BD)$
TC	脅迫が実行される（Threat Carried out）	$u_{\mathrm{CH}}(TC)$

(TC), それとも挑戦するのは断念して引き下がるか（BD）である. おそらく, どのような挑戦者にとっても望ましさからいえば

$$u_{\mathrm{CH}}(CS) > u_{\mathrm{CH}}(BD) > u_{\mathrm{CH}}(TC)$$

となるであろう. ここで, u_{CH} は挑戦者の効用である.

挑戦者が挑戦したとき CS になるか TC になるかは, 挑戦者から見て, 防衛者がどれだけの「信憑性」(credibility) を持っているかに依存する. TC の確率が高ければ, 本当に脅迫を実行すると予期しなくてはならない. 挑戦者から見た, 防衛者の脅迫実行の確率を p とすると, 実行せず挑戦者の行為を見逃して黙認する（CS）確率は $1-p$ となる. よって, 挑戦者の挑戦するという行動の評価は, 脅迫を実行しなければ挑戦は成功するから,

$$p \times u_{\mathrm{CH}}(TC) + (1-p) \times u_{\mathrm{CH}}(CS)$$

となる.

他方, 防衛者から脅迫をほのめかされて断念すれば, 国内外からのさまざまな評価を受ける. いい評価ばかりではなく, 弱腰という負の評価もある. これらのプラス, マイナスの評価は「観衆費用」といわれ（本書第1章第3節参照）, これらがすべて $u_{\mathrm{CH}}(BD)$ に入る. したがって, もし上式と併せて

$$u_{\mathrm{CH}}(BD) > p \times u_{\mathrm{CH}}(TC) + (1-p) \times u_{\mathrm{CH}}(CS)$$

ならば, 挑戦者にとって断念すること（BD）が得策となり, 防衛者から見れば抑止が成功したことになる. 上の式を変形すると, p の境目を与える条件

$$p > \frac{u_{\mathrm{CH}}(CS) - u_{\mathrm{CH}}(BD)}{u_{\mathrm{CH}}(CS) - u_{\mathrm{CH}}(TC)}$$

を得る. したがって, 抑止が成功する条件は, 挑戦者から見て, 防衛者の脅迫の実行の（決意の）確率が右辺より大きくなければならない. これ以下になると, 挑戦者は, 防衛者の脅迫の実行意思は弱くいわゆる「ブラフ」(bluff)[3]と

表 8.2　防衛者の効用

状態	状態の定義	効用
BD	挑戦者が断念し引き下がる（Back Down）	$u_D(BD)$
NT	脅迫しない（No Threat）	$u_D(NT)$
CP	挑戦者が押し切る（Challenger Presses）	$u_D(CP)$

見て，進出の行動に出るであろう．その意味で，右辺の量は境目の確率に相当するので，「抑止的脅迫の限界確率」と呼ぼう．

これ以上は論じないが一点だけ注意すれば，もし挑戦者が観衆費用のマイナスの値を意に介さなければ $u_{CH}(BD)$ は大きく，したがって，限界確率の分子は小さくなり（分母に BD はない），限界確率は下がる．限界が下がるのであるから，抑止が成功する p の範囲は広くなる．すなわち，世論を気にしなくてよい挑戦者に対しては抑止は成功しやすい．このように，$u_{CH}(CS)$, $u_{CH}(BD)$, $u_{CH}(TC)$ がどのように抑止の限界確率に影響するか分析することを「比較静学」（comparative statics）という．

防衛者の計算　防衛者（Defender : D）から見れば，そもそも抑止的脅迫をしてよいかが判断対象となる．抑止が100%成功するなら，この判断に困難はない．しかしながら，挑戦者が抑止されるか否かは挑戦者の計算に依っており，それが防衛者が直面する不確実性である．そこで，表8.2のように定める．効用は今度は防衛者の効用 $u_D(\cdot)$ である．

ここで，防衛者にとって，脅迫の結果で挑戦者の断念（BD），防衛者が脅迫しない（NT），脅迫が無視され挑戦者が押し切る（CP），の順に

$$u_D(BD) > u_D(NT) > u_D(CP)$$

と仮定してもよいであろう．

防衛者が脅迫を仄めかした後，挑戦者が CP とするか BD とするかは防衛者にとって不確実である．防衛者から見て，挑戦者が CP を採る確率を r とすると，確率 $1-r$ で BD をとる．この不確実性のもとで，抑止的脅迫に出る防衛者の効用は

3）ブラフとは「はったり」「こけおどし」を意味し，実行しない（あるいはできない）脅迫（threat）を指す．

図 8.2　脅迫の範囲

```
        脅迫              脅迫せず
●├┼┼┼┼┼┼┼┼┼┼┤────────────────→ r
0              限界確率                1
```

$$r \times u_\mathrm{D}(CP) + (1-r) \times u_\mathrm{D}(BD)$$

となる．他方，脅迫せず事態を放置すれば $u_\mathrm{D}(NT)$ の効用となるから，不等式の条件

$$u_\mathrm{D}(NT) < r \times u_\mathrm{D}(CP) + (1-r) \times u_\mathrm{D}(BD)$$

が成り立つなら，脅迫に出る．

これをもとに，上記条件の式を操作，変形すると，防衛者が脅迫に出る条件

$$r < \frac{u_\mathrm{D}(BD) - u_\mathrm{D}(NT)}{u_\mathrm{D}(BD) - u_\mathrm{D}(CP)}$$

を得る．挑戦者が押し切る確率 r がこの右辺に相当する確率より小さいときは抑止は成功するが，それが右辺より大きいときは抑止は成立せず，抑止者がかえって信憑性を失う．右辺に相当する境目の確率を，「挑戦者の意図の限界確率」と呼ぼう．

比較静学的分析をしてみると，脅迫をしないこと（NT）のコストが小さければ $u_\mathrm{D}(NT)$ は大きく，それが限界確率（の分子）を引き下げる．このことを説明するために，図 8.2 を見よう．脅迫の範囲が狭くなるから，r がある程度大きくなれば非常に大きくならなくても，脅迫せずが防衛者にとって取るべき行動となる．さもなくば，脅迫が無視され防衛者がその後追いこまれることを予想せねばならない．

8.2.3　抑止の展開形ゲーム

以上は，挑戦者と防衛者を分析して論じたが，両者は相互作用（interact）しており，展開形ゲーム理論で考察しなくてはならない．このとき，挑戦者が先手，防衛者が後手とする．

完全情報ゲーム——偶然手番なし　図 8.3 のゲームの場合は，両プレーヤーとも相手の利得・損失の情報（相手の計算，節，手番など）は互いに共有知識（common knowledge）として知っているから，自分がどのようにすれば相手

図 8.3　抑止の完全情報ゲーム

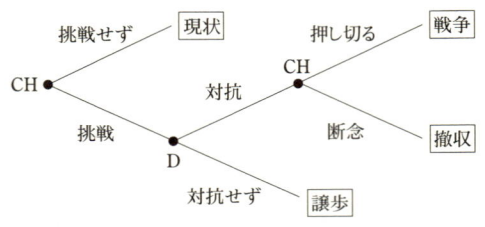

出所：Morrow（1994c, 54）

図 8.4　2 種類の抑止の完全情報ゲーム

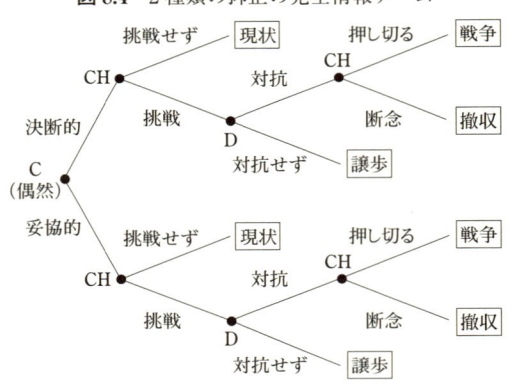

出所：Morrow（1994c, 56）

はどのように反応するかはすべて見通される．何の不確実性も存在せず，ゲームの経路は効用が与えられれば完全に決まる．

完全情報ゲーム——偶然手番あり　図 8.4 のゲームの場合，防衛者は自らが決断的プレーヤーか妥協的（不決断的）プレーヤーでいくか，その選択を周囲の状況を見て決めるとし，たとえば，経済状況の是非に依存するとする．経済状況の是非には偶然性があるが，これを「偶然」（Chance：C）というプレーヤーの手番として最初に置く．それをもとに[4]，防衛者は決断的プレーヤーにも妥協的プレーヤーにもなるが，それ以外は同じなのでプレーの展開は同形のも

---

[4]　挑戦者もこの情報を知っているものとする（モローは言及していない）．

第8章　ダイナミックなゲームと国際政治　　127

図 8.5　2 種類の抑止の不完全情報ゲーム

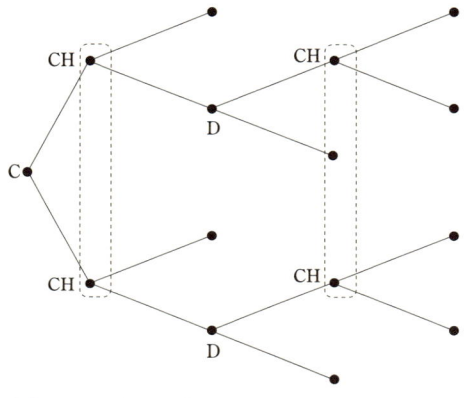

出所：Morrow（1994c, 57）

のが 2 つ並ぶことになる．もちろん，効用はそれぞれで異なるが，ここでは示さない．

不完全情報ゲーム　防衛者は，普通そうであるが，挑戦者に対し自らが決断的か妥協的かは告知せず明かさない．したがって，図 8.4 で CH が上下 2 点ずつ 2 箇所あるが，挑戦者にはこの情報は不完全である．挑戦者はこの上下のどちらにいるかわからない．

このときは，不知の範囲を'不完全情報の雲'で覆うのがゲーム理論の表し方であって（図 8.5），この'雲'は「情報集合」といわれる（第 7 章第 1 節参照）．たとえ情報が不完全でも，挑戦者の手は決めなくてはならず，そのためには'雲'の中の位置を推量（確率で）しなくてはならない．

以上，3 つの場合の展開形ゲームの根源形のみにとどめ，結果の効用は省略した．効用が定まれば最初の 2 つのケースのナッシュ均衡点は難なく求められる．最後の不完全情報の最適な戦略は不完全な情報を確率で推量すればよく，「ベイジアン均衡」といわれる考え方に帰着する（第 9 章参照）．

8.2.4　核抑止のゲーム

抑止の一般モデルからすれば，核抑止は特殊なケースである．両プレーヤーは世界の 2 大超大国であって，挑戦者，防衛者という非対称性が成立しにくい

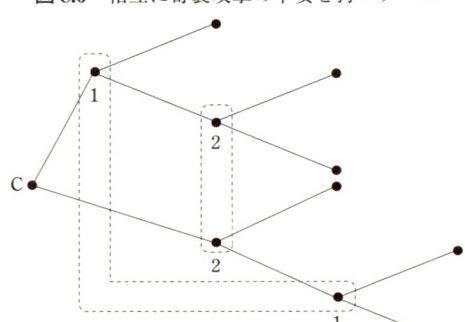

図 8.6 相互に奇襲攻撃の不安を持つゲーム

出所：Morrow（1994c, 182）

こと，核の発射後も相手方に反撃能力が残存し，両者ともに攻撃，非攻撃の選択が残ること，そしてそれ故，相手が攻撃，非攻撃いずれを選択するかを完全には知り得ないことなどがある．

そのような状況でも，一定条件のもとでは，核の先制攻撃は抑止される．すなわち，先制攻撃が相手方の反撃（第二撃）能力を破壊できず，報復攻撃によって先制攻撃者も破滅的被害を蒙ることを覚悟せねばならない場合である．その相互の不安によって米ソ対立は戦争を防止できる．しかしながら，そうなると，米ソが核の反撃を受けることを覚悟して同盟国を守るのか，という「拡大抑止」の信憑性の問題が生じる．この問題に対してシェリングは，当事国の双方が先制攻撃をおこなうほうが後から核攻撃をおこなうよりも被害が少ないと考えるならば奇襲攻撃をおこなう誘因が生じ，それによって相互に奇襲攻撃を受ける恐怖に駆られるために，拡大抑止でも抑止の論理は機能するとした（Morrow 1994c, 181）．

このような，当事国の双方が先制攻撃を選択しうる状況を表したのが図 8.6 であり，いずれが先制攻撃をおこなうか不明な状況である（この状況では，両当事国が挑戦者にも防衛者にもなりうるので，ここではプレーヤーを CH, D ではなく 1, 2 としている）．どちらの側も完全情報を持っていないことを表している．この場合の最適な戦略は，確率を加えて分析することで求めることも可能である（そのような分析の一例として第 10 章参照）．

8.3 繰り返し囚人のジレンマ・ゲームと国際政治

8.3.1 塹壕戦における互恵性

前章第2節で説明したとおり，繰り返し囚人のジレンマでは相互の常時裏切り（D^∞, D^∞）は常に均衡であった．だが，テイラー（Taylor 1987）によれば割引因子が大きいとき，つまり将来から得られる利得が十分に大きいとき，常時協力（C^∞, C^∞）が実現する可能性は残されている．これらはあくまでも理論的な予測であった．

自分も生き相手も生かす状況　アクセルロッド（Axelrod 1984）は，繰り返し囚人のジレンマ・ゲームの具体例として興味深い例を提示している（同書第4章）．それは第一次世界大戦における西部戦線（ドイツ対イギリス・フランス連合軍）で実際に起こった塹壕戦での出来事である．塹壕とは，砲撃や銃撃等から身を守るために，特に戦争の前線（敵対する軍隊と対峙している最前線）に作られた穴や溝である．西部戦線ではフランスとベルギーに沿う500マイルに及ぶ前線において，両軍ともにいくつもの塹壕が対峙し合う苛酷な消耗戦の状況が続いていた[5]．この例は，国家より下位のアクターに注目したものであるが，それが第一次世界大戦という国と国との関係に影響を与えていることから，国際政治学としても注目に値する．

アクセルロッドによれば，この前線において，交戦中とは思えない特殊な状況が生まれていた．塹壕を視察して回ったイギリスの参謀将校が言う（Axelrod 1984, 73-74［邦訳 74-75］）．

> 驚いたことに，ドイツの兵士たちは，彼らの陣内とはいえ，こちらのライフル銃の射程範囲の中をぶらぶら歩きまわっていたのである．わが軍の兵士は，それについて全く気にかけていない様子であった．私は一個人として，この地を引き継ぐ際にはこのようなことはなくそうと決心した．あんなことを放っておくべきではないのだ．彼らは明らかに，実際に戦争が

---

[5]　この極限的状況の描写としては，『西部戦線異状なし』（原題 *Im Westen nichts Neues*, 英訳 *All Quiet on the Western Front*）がある．

続いていることを自覚していない．どうやら敵も味方も，「自分も生き相手も生かす」(live and let live)[6]というやり方をよいことと思っているらしいのだ．

この自分も相手も生きる状況は，ある1つの塹壕戦においてのみ観察されたものではなく，西部戦線の多くの塹壕戦で見られた状況でもあった．これはプレーヤー間に強い敵対心がある場合でもお互いの協力関係が実現した一例であるのみならず，アクセルロッドによれば，西部戦線における塹壕戦とはまさに繰り返し囚人のジレンマであった．各塹壕戦で対峙している敵味方2つの部隊をゲームのプレーヤー（A軍，B軍）と考えてみよう．彼らの選択肢は「殺意をもって狙撃する」「わざと狙いをはずす」とする．敵も味方も，相手を狙撃し弱体化することは上官の命令を実現することであり，かつ自分が生き残るという利益をもたらす．しかし，互いが総力をかけて相手を狙撃することは消耗戦となり，双方の被害は大きくなる．ゆえに，消耗戦よりは互いに「わざと狙いをはずす」方が良い．一方，相手が「殺意をもって狙撃」してきたときに，自分だけが「わざと狙いをはずす」戦略をとっていれば，自分の損失となり命を失いかねない．

以上から，プレーヤー間では次のような関係が成り立つ．

i) 双方が「殺意をもって狙撃する」ことの利益（P）は相手が「殺意をもって狙撃する」ときに自分が「わざと狙いをはずす」ことの利益（S）より大きい．

ii) 相手が「わざと狙いをはずす」とき，自分が「殺意をもって狙撃する」ことの利益（T）は双方が「わざと狙いをはずす」ことの利益（R）より大きい．

iii) 双方が「わざと狙いをはずす」ことの利益（R）は双方が「殺意をもって狙撃する」ことの利益（P）より大きい．

これらをまとめるとS＜P＜R＜Tという大小順序が成り立ち，ゲーム状況は表8.3の囚人のジレンマとなる．この状況が1回限りで終了するのであれば，「殺意をもって狙撃する」が有利になる囚人のジレンマとなる．しかし塹壕戦

---

6) 邦訳では「殺しも殺されもしない」と意訳されているが，直訳の方が原義に近い．

第8章　ダイナミックなゲームと国際政治

表 8.3　塹壕戦の囚人のジレンマ

A軍 ＼ B軍	C：わざと狙いをはずす	D：殺意をもって狙撃
C：わざと狙いをはずす	(R, R) 自分も相手も生きる	(S, T) 大きな損害，急襲の成功
D：殺意をもって狙撃	(T, S) 急襲の成功，大きな損害	(P, P) 消耗戦

注：S<P<R<T
出所：Axelrod（1984, 邦訳 76-78）より作成

では，敵味方同規模の小さな部隊が場所を固定して（塹壕を築いて）一定期間以上対峙するから，状況は1回限りの囚人のジレンマではなく，繰り返し囚人のジレンマである．

TFT戦略による互恵的関係　繰り返しゲーム的な状況となった塹壕戦では，理論が予測するように，お互いが「わざと狙いをはずす」戦略が繰り返しとられ，自分も相手も生きる関係が生まれた．それはまさにTFT戦略に基づくものであった．相手の軍隊が手加減を加えれば，自分たちもそれに対して返礼をする繰り返しである（CにはC）．たとえば，砲撃可能な範囲に相手軍の補給車が支援物資を輸送している際，砲撃をあえて行わない行動は，相手軍にも模倣され実施された．食事をとっている際に攻撃を行わないことも，相手軍に同じように模倣され実施された．相手にとって好ましい行為が一度なされたら，相手もまた同じ行為をそのまま相手に返す，いわば互恵的な関係が塹壕戦で生まれたのである．そのような関係は，ある塹壕から他の塹壕にも広まり，西部戦線のある期間を通して'生き生かす'という特殊状況が生まれた．

一度成立したこの関係を持続させるための工夫も両軍によって行われた．一方的な裏切り（急襲等）が自滅につながることを示すために「その気になればもっと大きな損害を与えることができる」という報復能力を示唆する行動（DにはD）を両軍ともしばしば行うことで，それぞれが一方的に裏切る（相手を本気で狙撃する）ことを諫めたのである．たとえば，ある狙撃兵は，毎日ある特定の場所や的に対して，正確に発砲し，かつそれを相手国の兵士に見せることで，いつでも本気で狙撃できる能力を示していた．

しかし，このTFTに基づく両軍の互恵的な関係（自分も相手も生きる関係）は長く続かなかった．その理由は，塹壕で対峙し合う兵士たち自身ら（ゲ

ームのプレーヤーら）に起因するというより，司令部らの政治的要素（ゲーム外の要素）にあった．それは，両司令部の監視の下で行われた急襲である．アクセルロッドによれば，イギリス軍最高司令部が急襲を決定した当初の目的は政治的なもので，その狙いは味方のフランス軍に自分たちが同盟軍としての義務を果たしていることを見せることであった．司令部が監視することにより，それぞれの兵士たちは急襲を実行した証拠が必要となった．その成功を裏付けるのは，相手を殺すか捕虜を連れて来ることであり，急襲失敗の証明は味方側の負傷者や死者の数であった．ゆえに，それぞれの兵士たちはもはや故意に狙いを外したり，急襲したふりをしたりすることができなくなったのである．この急襲が拡大することで，互恵的な関係は崩壊した．

8.3.2 米朝交渉

C^∞かD^∞か 最近の国際政治状況からも，繰り返し囚人のジレンマ・ゲームの実例を挙げよう．それは，北朝鮮の核・ミサイル問題に関係する北朝鮮と米国との交渉である[7]．もっとも，先の塹壕戦の例のように，米朝交渉では同程度の小規模なプレーヤーが一定期間対峙していたわけではない．しかし，米国と北朝鮮が核・ミサイル問題の解決に向けて一定期間以上（現在も続いている），相互に協力するか否かという選択肢の中で，繰り返し交渉が行われてきたことは確かである．双方の選択肢を単純化すれば，北朝鮮のそれは核・ミサイル開発を続ける（D戦略）か，否か（C戦略）であり，米国にとっては制裁や空爆オプションを含む対北朝鮮強硬策を続ける（D戦略）か，否か（C戦略）である．

2012年現在までの状況を踏まえながら，米朝による交渉過程を振り返って考えた場合，その評価は様々であると思われるが，1つには，米朝は恒常的な(D^∞, D^∞)に陥っているとの見方が可能である．これは，戦争の危険性が常に存在しているという点で，現実的には望ましくないが，あくまで理論的には繰り返し囚人のジレンマ・ゲームが予測するところの1つである．

だが他方では，これまでの交渉の中で，恒常的な(D^∞, D^∞)から(C^∞, C^∞)

---

[7] なお石黒（2007）は，米朝交渉を展開形ゲームとしても扱っているので，前節の事例としても参考にされたい．

に向かう転換点も少なからずあった.とりわけ,1994年に米朝が「米朝枠組み合意」に至った背景には,米朝の交渉が一度きりで終わらず,継続していたこと自体が1つの重要な要因として挙げられよう.一度きりの交渉であれば,双方はD戦略を取ることが最善であり,相互の (D, D) でゲームは終結するが,交渉が長く続くとの見通しを双方が持った場合(つまり割引因子が高く,未来の影が長い場合),D戦略で臨むことは逆に不利益を被る可能性があるからである.1994年の「米朝枠組み合意」は,まさに米朝双方が1990年代はじめから直接的な交渉を続けた(あるいは,続ける努力を継続して行った)ことの一到達点であったと言える.実際,北朝鮮側は米朝協議が一度きりで終わらないことを常に望み,米国側も韓国から米朝交渉に対する強い反発を受けながらも,交渉を続けてきたのであった[8].

米朝交渉におけるTFT 米朝間での繰り返し囚人のジレンマ的状況が,恒常的な (D^{∞}, D^{∞}) から脱しようとした転換点においては,TFT戦略が用いられていることにも注目したい[9].まず「米朝枠組み合意」は,北朝鮮が(核開発に転用することが可能な)黒鉛減速炉の建設とその運営を凍結するならば,米国が(核開発への転用が難しい)軽水炉2基の建設を支援するという内容であった.これは,米国の要求を北朝鮮が履行するならば(米国に協力するならば),米国はその見返りとして北朝鮮を支援する(米国も北朝鮮に協力する)ことを意味しており,協力(C)に対して協力(C)で応えるというTFTであると考えられる.

1999年に,米国の北朝鮮政策調整官であるペリーが提示した「米国の対北朝鮮政策の評価:発見と提言」(Perry 1999)(以後,「ペリー報告書」)はまた,TFT戦略の典型例である.同報告書には,北朝鮮が取るべき方向性として2つの道が提示されていた.1つ目の方向性は「明るい道」である.これは,北朝鮮が長距離ミサイル計画を止め,核兵器の放棄を再確認するのであれば,米国はその見返りとして北朝鮮との全面的な外交関係の樹立を進め,また朝鮮戦

---

8) 米朝による二国間交渉過程とその背景などについては,Oberdorfer (1997) や春原 (2004),キノネス (2000, 2003) に詳しい.
9) 米朝の交渉過程をTFTとして考察する他の例としては,Sigal (1998),神谷 (2000) などを参照.

争を終わらせるための平和協定を締結するという道である．2つ目の方向性は「暗い道」である．これは，北朝鮮がミサイル実験と不透明な核政策を継続するのであれば，日米韓は安全保障協力を強化し，北朝鮮を封じ込める措置を取るという道である．これら2つの道を換言するならば，前者は協力（C）には協力（C）で応え，後者は裏切り（D）には裏切り（D）で応えるという戦略であった．

「米朝枠組み合意」ならびに「ペリー報告書」で用いられた TFT 戦略の意義は，交渉が今後も継続して行われる可能性を，双方が具体的な形——行動の明確な道筋とそれによって得られる利益——として提示したことである．この2つの例は，膠着状態が続く北朝鮮の核・ミサイル開発問題の解決にも，有益な示唆を与えていると考えられる．

8.4　2レベル・ゲームと国際政治

8.4.1　国際政治における国内政治要因

従来の国際政治学における理論的な分析では，国際システムに着目したアプローチが好まれてきた傾向が強く，パワー（権力）の分布のあり方に着目した勢力均衡の研究がその代表ということができる．国際システムに着目した研究の代表格であるネオリアリズムやネオリベラリズムは，国家を一枚岩の合理的な思考を持つアクターとして分析するため，国内政治制度や，政治家や官僚の利害関係などの国内政治の動向およびそれらに基づく国家の選好の違いが捨象されてきた．その理由として，国際政治学では，国際システムの構造が個人や国内制度よりも国家の政策決定を決める重要な要因だとみなされることが多いことが挙げられる．ネオリアリズムはアナーキーという国際システム特有の構造においては，国家は安全保障を重視して，そのための合理的選択をおこなうという議論を展開した（Waltz 1959, 1979）．しかし，国家が常に国際政治の観点から合理的に意思決定する存在とはいえないことは，たとえば第一次世界大戦やキューバ危機などの歴史的事例からも知ることができる[10]．

そのような結果に至った原因を考えるとき，国内政治要因に起因することは

決して少なくない。国際政治の観点からは不合理でも国内政治の観点からすれば合理的な選択であることもあるし，利害関係の対立する政治家や官僚の争いや妥協の結果として合理的とはいえない政策が採用されることもある。よほど強力な独裁政権でない限り，国家は基本的に複数の人間や団体によって運営される存在である。そうであるならば，囚人のジレンマ状況の典型例の1つ「共有地の悲劇」のように，置かれた状況に合わせて個人レベルで合理的な経済活動を取り合った結果，共有地が使用不可能になるという全体にとって最悪の結果ももたらされ得る。さらには，国内政治を捨象して単一の国家および国益を想定することは，政策によって国内に生じる利益を得る者，失う者といった存在とそれに伴う対立など，政治の現実や複雑さを曖昧にする大きな問題の1つである（飯田 1994, 5）。ネオリアリズムやネオリベラリズムなどにおける合理的選択モデルは，このような政策決定の事実を反映した分析枠組みとはいえないことが，冷戦終結後の国際政治学において批判を受けてきた[11]。事実，アクターの選好の違いや変化を捨象したシステム・レベルの分析への批判から，国内政治要因に着目した研究も重要視されている[12]。

それはゲーム理論においても同様で，冷戦期には相互核抑止や軍備管理交渉などの国際問題がゲーム理論によって盛んに分析されたが，たとえば米ソ対立ならば「米国」というプレーヤーと「ソ連」というプレーヤーによる2人ゲームのように，基本的には国家を単一擬人化して扱うために，国内政治要因はゲームの変数として扱われなかった[13]。それを政策決定の分析に取り入れた分析枠組みが2レベル・ゲームである。

2レベル・ゲームは国際政治のあらゆる事象を適切に捉えられるほどの包括的な分析枠組みではないが，国内政治を国際政治分析に適切に取り込むための考え方を提示した点で非常に重要なものであって（O'Neill 2007, 25-28），これを理解することは国際政治の分析に非常に有用なものとなるだろう。

---

10) 国際政治の歴史の参考文献として，有賀（2010），石井（2000），ナイ／ウェルチ（2011），Taylor（1954）などを参照。
11) Wendt（1992），Ruggie（1998a, 1998b），Wendt and Fearon（2002）などを参照。
12) その先鞭をつけた研究として，Allison（1971）による合理的行為者モデルの批判と，組織過程モデルおよび政府内政治モデルの提唱がある。
13) 代表的なものとして，Schelling（1960, 1966）。

図 8.7 合意形成の過程

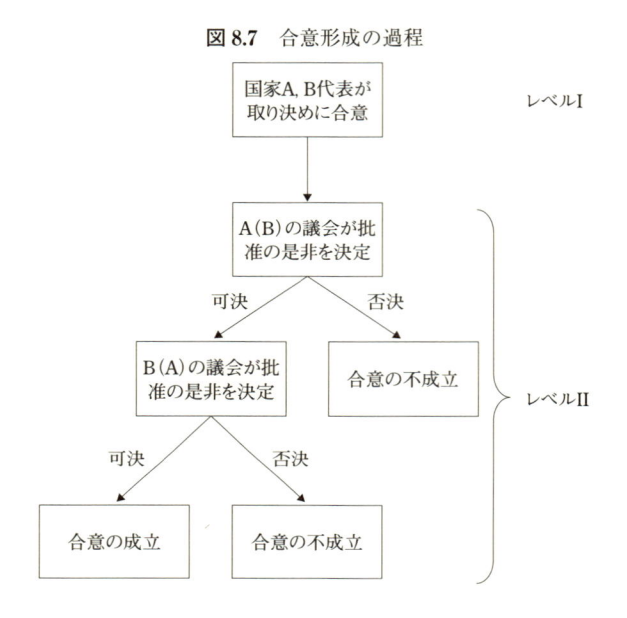

```
        ┌─────────────┐
        │国家A, B代表が │   レベルI
        │取り決めに合意│
        └──────┬──────┘
               │
        ┌──────▼──────┐
        │A(B)の議会が批│
        │准の是非を決定│
        └──┬───────┬──┘
      可決 │       │ 否決
     ┌─────▼───┐ ┌─▼────────┐
     │B(A)の議会│ │合意の不成立│   } レベルII
     │が批准の是│ └──────────┘
     │非を決定  │
     └┬───────┬┘
  可決 │       │ 否決
   ┌───▼──┐ ┌─▼────────┐
   │合意の │ │合意の不成立│
   │成立   │ └──────────┘
   └──────┘
```

8.4.2 2レベル・ゲームによる関税交渉の分析

2レベル・ゲームは常に先手後手が定められるとは限らないが，国際交渉を国家代表団による合意の後に議会などが批准の是非を問う，という形式で捉えるならば（図 8.7），国際政治学で欠けることの多かった国内政治要因を加えたゲーム・モデルを構築することができる．

2レベル・ゲームにおいて非常に重要な問題として，不確実性（uncertainty）の問題がある（Iida 1993 ; Tarar 2001）．基本的に，交渉担当者は自国の国内プレーヤーの選好は知っているが，他国の交渉担当者はその情報は知らないことが多く，その逆もまた然りである．相手の制約が分からなければ，交渉担当者は自国の勝利集合が小さいか大きいかの判断を付けることができない．相手の交渉担当者もそれは同様である．

たとえば，相手国内の詳しい状況が不明確な交渉を例として考えよう．日本と米国がある製品の日本側の関税率をめぐって交渉しているとし，この製品は日本で多く生産されているため日本政府は可能な限り税率を高めて，最低でも

20%には設定したいとする．しかし交渉が決裂して米国との関係が悪化することや保護主義との非難を受けることだけは避けたいと考えている．それに対して自由貿易制度を重視する米国は輸出を増やすために税率を低めにさせたいが，交渉が決裂して輸出そのものができなくなるようなことも避けたいので，容認できるのは高くても45%と考えている．そのような状況の関税交渉を分析する．

レベルIで合意するための最低条件は，

日I：最低でも20%，米I：最高でも45%

となるので（日I（米I）とは日本（米国）のレベルIの条件を示す），レベルIだけで考えるならば関税率20-45%と比較的広い範囲で合意形成が可能である．しかしながら，後述するように，米国のレベルIIの制約が分からなければ合意は非常に難しくなる．

仮に日本のレベルIIが求める最低限の税率が

日II：最低でも30%

であると日米ともに把握しているが，米国のレベルIIが受け入れる関税率を日本は明確には把握できず，考えられるのが

米IIa：最高でも40%，米IIb：最高でも30%，米IIc：最高でも20%

と3つあるならば，合意に至るには日本はどう提案すべきか．1つ1つの条件を検討してみよう．

もし米IIaが本当の条件であるなら関税率30-40%の間で合意は可能となり，米IIbが本当であれば関税率30%でのみ最終的に批准できる．だが，米IIcの場合は日米両国のレベルIIで受け入れられる関税率が存在しないため，合意は不可能となる．ここまでの情報を基にすれば，日本は，米国のレベルIIの要求が米IIaか米IIbのどちらであっても批准できる関税率30%を提案するのが最も堅実な交渉といえる．もし米IIcであった場合，日IIの条件から批准は不可能となるので，そちらへの対処はできないからである．

ここまで論じたように，相手の制約が分からないことは，自分の勝利集合が小さい方か大きい方か分からないことにつながるため，自分に有利な配分案を安易に提示できなくなる．したがって，すべての交渉にあてはまるわけではないが，レベルIIの制約の強さはパットナムのいうような交渉を有利にする要

因になるとは限らないといえる．さらに，もし自分の制約までも分からない場合は配分案が自国のレベルⅡで拒否されるかどうかも分からなくなるため，配分案の提示は極めて困難になる．

　国際政治における情報の制約の問題は，国家を一枚岩とみなした研究でも重要視されており，決して新しい問題ではない．しかしながら，2レベル・ゲームによって情報制約を受ける箇所がより具体的に表されたことで，さらにそれが交渉過程に及ぼす影響力の違いを把握することが可能となるのである（Iida 1993）．

第9章 ベイジアン・ゲーム

　ベイジアン・ゲームは，もとは確率論の重要な定理である「ベイズの定理」の考え方を取り入れ，プレーヤーの私的情報を主観確率として表現し，ゲームに組み込むことによって，限られた情報しか持たない状況における最適な戦略を導き出すことができる高度なゲームである．日本でも解説は数少ない．ゲーム理論に確率を加えているため必要な知識が増え，かつ構造も複雑になるものの，ゲームとしての有用性は非常に高い．まずは，第1節・第2節で'ベイジアン'の基本的な考え方になれ，第3節以下でゲームに取り込んでいこう．

9.1　不完備情報ゲームとしてのベイジアン・ゲーム

　ベイジアン・ゲーム（Bayesian game）とは，確率論の「ベイズの定理」をゲームに組み込んだ動的なゲームであり，ハーサニによって構築された（Harsanyi 1967, 1968a, 1968b）．相手の過去の行動に基づき相手に対する評価を「主観確率」で表現し，その更新をゲームに組み込んだ分析モデルである．

　初期のゲーム理論では完備情報ゲームの分析が中心であり，フォン・ノイマンとモルゲンシュテルンもナッシュもゲームに関する情報が完備された状況を分析した．しかし，現実社会における交渉や駆け引きにおいては，必要な情報が不足した状況で意思決定をしなければならないことのほうが多い．特に国際政治においては，国家機密という言葉に示されるように，知ることのできない情報がいくつも存在するなかで外交がおこなわれている．ベイジアン・ゲームは，そのような情報が欠如した状況での最適な意思決定を扱うゲーム・モデルである．つまり不完備情報ゲームの1つである．

　人はさまざまな状況において必要な情報が欠如したままでも意思決定をおこなっているが，そのときには多くの場合に過去の経験則にもとづく「予測」（expectation）や「信念」（belief）を用いる．これを確率に表した数字を**主観確率**（subjective probability）という．ハーサニは，この予測と信念を表すた

めの指標として主観確率を用いた．この主観確率によって，プレーヤーがゲームを繰り返す過程で初めは欠落していた情報を経験的に把握していく学習効果を表すことができる．ハーサニはベイジアン・ゲームによって，相手の属性に関する情報を持たない不完備情報ゲームでも最適な解を求めることが可能であることを証明した．その解は「ベイジアン均衡点」と呼ばれる．そこで，まずベイズの定理とベイジアン・ゲームの構造を説明する．

9.2　ベイズの定理と事後確率

ゲーム理論は精密によくできているが，それを展開するための前提が欠けていることがある．情報の完備・不完備の問題がそれである．したがって，ベイジアン・ゲームは単に確率をゲームに取り込んだのでなく，なんらかの不確実な状況も分析に取り込むことでゲーム理論をより現実の分析に適用できるようにするしくみであるが，そのゲーム・モデル構築に用いられるのがベイズの定理である．

「ベイズ」は近世イギリスの確率論研究者であるベイズに由来する．今日の形式に整えたのはフランスの数学者ラプラスである．**ベイズの定理**（Bayes' theorem）あるいは**ベイズの法則**（Bayes' rule）とは，確率論の定理ないしは計算ルールであり，その用いられ方に従って分かりやすく説明すれば次のようになる[1]．

ある人物 X が持ちうる国の政治に対する評価として，

i) 政治に満足していて，与党を支持する
ii) 政治に満足しているが，与党を支持しない
iii) 政治に満足していないが，与党を支持する
iv) 政治に満足していないので，与党を支持しない

の4通りがある．それぞれの前段が「仮説」あるいは仮説によって示される「状態」，後段が「事象」となっている．事象とは確率論の用語で，要するに

---

1) ベイズの定理の参考書として，松原（1997, 2001, 2008）．ベイズ意思決定の参考書として，DeGroot（2004），DeGroot and Schervish（2011），Chernoff and Moses（1959）．

'結果' や '出来事' のことである．一般化すると

　i）Aであるとき，Bである

　ii）Aであるとき，Bではない

　iii）Aではないとき，Bである

　iv）Aではないとき，Bではない

となる．ここで課題は，Xは

・「与党を支持する」と言明した．では，本当に政治に満足しているのか（あるいは満足していないのか）．

また，場合は違うが

・「与党を支持する」とは言明しなかったが，はたして政治に満足しているのか（あるいは満足していないのか）．

である．つまり，

・Bであった．では，本当にAか（あるいは，Aでないか）．

また，場合は違うが

・Bではなかった．では，本当にAか（あるいは，Aでないか）．

が課題である．

　この課題を確率計算で処理するのがベイズの定理である．課題は複雑そうだが，よく見ると構造は系統だっており，論理の一種と考えてもよさそうである．方法としては，i）〜iv）の確率を，確率の計算ルール（第2章第3節参照）で規則正しく計算しておいて，あとはそこから引き出せば良い．詳しいことは，これからの計算で理解できる．

　以下，A,Bのかたちでベイズの定理を扱っていこう．適宜，上記の具体例を当てはめて理解してほしい．以下のような数値データがあるとする（このデータがどのように測られたかは全く別問題である）．まず 'Aであるとき' 'Aではないとき' とあるので，その確率を

$$\text{Aである確率は 0.6, Aではない確率は 0.4}$$

とする．ここで，'とする' がポイントで，'である' でないことが重要である．このように人の確率感覚を数字にしたものが主観確率で，'0.6とする' は主観確率である．

$$\text{Aであるとき，Bである確率は 0.7, Bではない確率は 0.3}$$

表 9.1 状態 A, 事象 B の同時確率

	B である	B ではない
A である	① 0.6×0.7	0.6×0.3
A ではない	② 0.4×0.2	0.4×0.8
合計	③ 0.6×0.7+0.4×0.2	0.6×0.3+0.4×0.8

A ではないとき, B である確率は 0.2, B ではない確率は 0.8 である[2]. この確率は主観確率ではなく, 現実に数えたデータから求められることが多いであろう（もっとも, これもデータがなければ主観確率であってもよい）. この 'A であるとき' 'A ではないとき' のような特定条件を前提として定められる確率を**条件付確率**（conditional probability）という. 条件付確率を求めるには「同時確率」を用いる必要があるので, まずそちらを求めよう.

A であり, かつ B である確率は, $0.6 \times 0.7 = 0.42$
A であるが, B ではない確率は, $0.6 \times 0.3 = 0.18$
A ではないが, B である確率は, $0.4 \times 0.2 = 0.08$
A ではなく, かつ B ではない確率は, $0.4 \times 0.8 = 0.32$

これを表にすると表 9.1 のようになる. A, B をともに（同時に）表しているので**同時確率**（joint probability）といわれる. なお, 全ての同時確率の和は必ず 1 となることに注意しておこう.

計算結果を入れていないのは, ルールを見やすくするためである. 実際, 「B である」確率は, 下の合計欄（③）に

$$0.6 \times 0.7 + 0.4 \times 0.2$$

と表示されているが, 仮に「B である」としてもさらに想定される状況として「A である」部分（①）と「A ではない」部分（②）の 2 つがある. したがって,

B であるとき, A である確率

は, ③の中での①の確率の割合で, 割り算

---

2) 'とき' は英語では if もしくは when で, 確率の計算をここに限定している. 'かつ'（and）とは異なるので注意.

第 9 章 ベイジアン・ゲーム

$$\frac{0.6 \times 0.7}{0.6 \times 0.7 + 0.4 \times 0.2} = \frac{0.42}{0.42 + 0.08} = 0.84 \ (84\%)$$

で求めることができる．この確率÷確率がポイントであって，これらの計算ルールを「ベイズの定理」という．4通りの同時確率を計算しておき，縦方向の割り算で答えを出すだけなので，慣れればそう難しくはない．

理解を確実にするため，数字を用いて応用してみよう．ある人物 X が

　A：政治に満足（状態）

　B：「与党を支持する」と言明する（事象）

とし，確率は上記の通りとする．政治に満足していなくとも与党を支持することはもとよりありうるが，ベイズの定理から X が「与党を支持する」と言明したとき，

X が本当に政治に満足している確率は 0.84（84％）

となるので，可能性はかなり高い．

0.3, 0.7 など大まかな（かつキリの良い）数字を仮定した議論だが，導出された結果がさしあたりは納得できる大きさであって，そこにベイズの定理の有効性，妥当性がある．

もう1つ進んだ例を挙げよう．ただし，議論の効率化のために多少の記号を用いる．ある X 国の「属性」(attribute，状態といってもよい）をある国家 Y との

　θ_1：友好を深める意思あり

　θ_2：友好を深める意思なし

とし，さらに国家 Y が大きな自然災害に見舞われたときに

　e_1：災害支援をおこなう

　e_2：災害支援をおこなわない

を2つの事象とする．条件付確率は[3]

　　θ_1 のときに e_1 の確率は 0.6，同じく e_2 の確率は 0.4

　　θ_2 のときに e_1 の確率は 0.3，同じく e_2 の確率は 0.7

---

[3] 条件付確率の記号もあるが，読者の負担を考えここでは使わない．しいて説明すると，条件 B のもとでの A の確率を $P(A|B)$ と記する．たて棒 | の後が条件である．この記法で用いると $P(e_1|\theta_1) = 0.6$，$P(e_2|\theta_1) = 0.4$ などとなる．この記法は欧米系の学術論文では頻出なので，余裕があれば知って慣れておくことが勧められる．

表 9.2 友好の意思と災害支援の同時確率

	e_1：支援する	e_2：支援しない
θ_1：友好を深める意思あり	0.18	0.12
θ_2：友好を深める意思なし	0.21	0.49
合計	0.39	0.61

とし，属性 θ_1, θ_2 に対する見立ては主観確率で

$$\theta_1 \text{ の確率は } 0.3, \quad \theta_2 \text{ の確率は } 0.7$$

としておこう．つまり，Y からすると X はこの時点では友好的な国家には見えていない．この'見立て'は事前に大まかにおこなわれているので**事前確率**（prior probability）といわれる．すると，4つの同時確率は，多少式に慣れるために記号表現すると

$$P(\theta_1, e_1) = 0.3 \times 0.6 = 0.18, \quad P(\theta_1, e_2) = 0.3 \times 0.4 = 0.12,$$
$$P(\theta_2, e_1) = 0.7 \times 0.3 = 0.21, \quad P(\theta_2, e_2) = 0.7 \times 0.7 = 0.49$$

となり，Y との友好を深めるつもりで災害支援をおこなう確率は $P(\theta_1, e_1) = 0.18$ であり，Y と友好的になるつもりはなくあくまでも道義的にのみ災害支援をおこなう確率は $P(\theta_2, e_1) = 0.21$ などである（表 9.2）．

さて，現実に災害支援がおこなわれたとする．同時確率では友好を深める意思はあるが支援しない確率は $P(\theta_1, e_2) = 0.12$，友好を深める意思もないし支援もしない確率は $P(\theta_2, e_2) = 0.49$ であったが，現実に支援がおこなわれた以上，以降 X の属性は支援したという事実を前提として考える．これを**事後確率**（posterior probability）というが，ベイズの定理から今後も割り算で

$$\theta_1 \text{ に対しては } \frac{0.18}{0.18+0.21} = 0.46, \quad \theta_2 \text{ に対しては } \frac{0.21}{0.18+0.21} = 0.54$$

と求められる．災害支援の実施という事象によって，観察者の主観確率はこれまでの事前確率 0.3, 0.7 から事後確率 0.46, 0.54 に変化したのである．つまり，'友好を深める意思のあるなしはほぼ五分五分である'と．このような変化を一般に「ベイズ更新」（Bayesian updating）という．また，もしさらに支援がなされたならば，この事後確率が事前確率となって新たな事後確率が求められる．このようにベイズの定理によって，起こった事実の情報を正確な計算に載

第9章　ベイジアン・ゲーム　　　145

せて，その解釈を導き出し役立てることができる．

9.3　ベイジアン・ゲームの考え方

9.3.1　事前確率と事後確率の重要性

　ハーサニはベイズの定理の有用性に注目しそれを用いることで，不完備情報ゲームの研究を発展させた．それがベイジアン・ゲームである．不完備情報ゲームは，数人もしくは全てのプレーヤーがゲームの規則に関する情報を持っていないゲームのことを意味し，たとえば自分以外のプレーヤーの利得配分が分からないような状況が当てはまる．ゲームにおけるプレーヤーの利得は相手のとる戦略によって変わるので（戦略的相互作用），相手の利得が分からなければ自己の最適な戦略を定められない．このような状況における最適な戦略の選択を考えるのがベイジアン・ゲームである．それはすなわち，自分の置かれた状況が完全には分からない状況で最適な戦略を選択する手段を模索するゲーム・モデルに他ならない．まずゲームに導入されるのが主観確率である．

　主観確率を用いて観察対象の属性（θ）に関する事前確率を定め，他方，観察可能な何らかの事象（e）の確率を求める．それらがあって同時確率を求めることが可能となり，ベイズの定理から事後確率を求めることができ，それが情報の解釈につながる．

9.3.2　属性の同時確率

　ベイジアン・ゲームは上述のベイズの定理とは多少異なる仕組から始める．ハーサニは最初に各プレーヤーの属性に関する同時確率を定め，そこから計算を進めることでプレーヤーの最適な戦略が求められることを明らかにした．

　ここからゲーム理論に入り，属性をプレーヤーの属性とする．つまり，それぞれ2つの属性を持つプレーヤーI, IIが存在し，1つは「弱い立場（属性1）」，もう1つは「強い立場（属性2）」とする．便宜上Iの属性1, 2を a_1, a_2 と表記し，IIの属性1, 2を b_1, b_2 と表記すると（属性1, 2だがプレーヤーで区別して表記），存在しうる属性の組み合わせは $(a_1, b_1), (a_1, b_2), (a_2, b_1), (a_2, b_2)$ の4

表 9.3　a, b の同時確率

	b_1	b_2
a_1	P_{11}	P_{12}
a_2	P_{21}	P_{22}

$P_{11} + P_{12} + P_{21} + P_{22} = 1$

通りある．便宜上，これに A, B, C, D と名前をつけておこう．a, b の同時確率 P は表 9.3 のように表される．

9.4　同時確率に基づくナッシュ均衡

ここから先は，具体的に計算例を示しながら，ベイジアン・ゲームを分かりやすく展開していこう．まず始めに，同時確率と利得配分におけるナッシュ均衡点を求めてみよう（Harsanyi 1968a, 323-327）．まず，同時確率は表 9.4 のとおりとし，ゲームの構造はプレーヤー I, II の 2 人ゼロサム・ゲームとする．戦略は

　I について y_1, y_2

　II について z_1, z_2

とし，属性ごとに異なった 4 通りのゲームの利得行列となる（表 9.5）．表 9.5 はゼロサム・ゲームであるから，プレーヤー II の利得は全てプレーヤー I の利得の記号を反転させた値となるので省略する．見てのとおり，*は鞍点，ナッシュ均衡点となっている．

プレーヤー I, II は属性に応じて繰り出す戦略を変えるものとすると，I の戦略は次の 4 通りとなる．

　y_{11}：属性が a_1 のとき y_1，a_2 のとき y_1

　y_{12}：属性が a_1 のとき y_1，a_2 のとき y_2

　y_{21}：属性が a_1 のとき y_2，a_2 のとき y_1

　y_{22}：属性が a_1 のとき y_2，a_2 のとき y_2

同様に，II の戦略も $z_{11}, z_{12}, z_{21}, z_{22}$ の 4 通りとなる．

これで 4×4 通りの戦略の組み合わせができ，それに応じて A～D のどのゲームにも対応できる．それでは，4 通りのどれがプレーされるのだろうか．表

第9章 ベイジアン・ゲーム

表 9.4 同時確率 P_{ij}（例1）

	b_1	b_2
a_1	$P_{11}=0.4$	$P_{12}=0.1$
a_2	$P_{21}=0.2$	$P_{22}=0.3$

$0.4+0.1+0.2+0.3=1$

表 9.5 属性ごとのゲーム A, B, C, D（例）

A：(a_1, b_1) のとき

		II $[b_1]$	
		z_1	z_2
I $[a_1]$	y_1	2*	5
	y_2	-1	20

B：(a_1, b_2) のとき

		II $[b_2]$	
		z_1	z_2
I $[a_1]$	y_1	-24	-36
	y_2	0*	24

C：(a_2, b_1) のとき

		II $[b_1]$	
		z_1	z_2
I $[a_2]$	y_1	28	15*
	y_2	40	4

D：(a_2, b_2) のとき

		II $[b_2]$	
		z_1	z_2
I $[a_2]$	y_1	12*	20
	y_2	2	13

*ナッシュ均衡点

9.5 から，それぞれの属性ごとに最適な戦略が決まるが，かんじんの属性がわかっていない．しかし，表 9.4 によると，属性に応じて A〜D のどれもがプレーされる可能性があり，その確率も与えられている．その確率で期待値をとれば A〜D のゲームが全体的に1つにまとめられる．それらをまとめたものが表 9.6 である．

たとえば，戦略の組み合わせ (y_{11}, z_{11}) の全体利得は
$$0.4\times 2+0.1\times(-24)+0.2\times 28+0.3\times 12=7.6$$
などとなる．このように同時確率を用いれば全体利得は表 9.6 のように求められ，ナッシュ均衡点は (y_{21}, z_{11})，つまり

I は属性 a_1 のときは y_2 を，a_2 のときは y_1 を選択

II は属性 b_1 のときは z_1 を，b_2 のときは z_1 を選択

であることが分かる．表 9.5 のように，相手の属性がいろいろとある場合でも，このように最適な戦略の組み合わせが出てくるのである．

表 9.6　全体利得（ゼロサム・ゲーム1）

I \ II	z_{11}	z_{12}	z_{21}	z_{22}
y_{11}	7.6	8.8	6.2	7.4
y_{12}	7.0	9.1	1.0	3.1
y_{21}	8.8 *	13.6	14.6	19.4
y_{22}	8.2	13.9	9.4	15.1

*ナッシュ均衡点

9.5　条件付確率に基づくベイジアン均衡

　表9.6のナッシュ均衡点は自分および相手の情報を用いて求められた同時確率より得られたものであるが，自分だけの持つ情報である条件付確率だけを用いても（つまり相手の情報なしに）最適な戦略を導き出すことができる．その戦略の組み合わせを**ベイジアン均衡点**（Bayesian Equlibrium）という．ベイジアン均衡点が自分と相手の情報を用いて導き出した先のナッシュ均衡点に一致することが証明できれば，自分だけで戦略を決めても，それが最善の結果をもたらすことを意味する．この点が，ハーサニの貢献である．

　それでは，ベイジアン均衡点がナッシュ均衡点と一致することを確かめよう．相手の属性が分からなくても自分の属性に関しては情報を持っている場合の条件付確率から求められる利得を**条件付利得**（conditional payoff）という（ただし，ゼロサムのケースでは，相手プレーヤーについては条件付損失とよみかえる）．この条件付利得に基づく戦略選択が最適な戦略であることを確認できれば，条件付確率だけ（自分の情報だけ）で最適な戦略を求められる．

　まず，Iの属性ごとのIIの属性の条件付確率は，たとえばIIがb_1となる条件付確率はIがa_1の条件下では$0.4/(0.4+0.1)=0.80$，a_2の条件下では$0.2/(0.2+0.3)=0.40$となる（表9.7）．IIの属性ごとのIの属性の条件付確率も同様である（表9.8）．

　このようにして，相手方の属性が（Iに対しIIから，IIに対しIから）確率的ではあるが推量できた．これらはどちらも，確率÷確率の割り算でおこなわれる．たとえば表9.8のように

　　　　IIが属性b_1のとき，Iがa_1の確率は0.67，a_2の確率は0.33

表 9.7 I の属性ごとの II の条件付確率 1

	b_1	b_2
I が a_1 のとき	0.80	0.20
I が a_2 のとき	0.40	0.60

表 9.8 II の属性ごとの I の条件付確率 1

	II が b_1 のとき	II が b_2 のとき
a_1	0.67	0.25
a_2	0.33	0.75

　　　　　II が属性 b_2 のとき，I が a_1 の確率は 0.25，a_2 の確率は 0.75 と推量できたならば，これを用いて利得を求める．まず，II が b_1 のケースを扱おう．

　y_{12} と z_1 の組み合わせならば

$$0.67 \times 2 + 0.33 \times 40 = 14.7$$

となる．この式は表 9.5 の A (a_1, b_1) の (y_1, z_1) の利得 2，C (a_2, b_1) の (y_2, z_1) の利得 40 から計算される．y_{12} とは a_1 では y_1，a_2 では y_2 を用いる戦略であり，さらに，II が b_1 のときの I が a_1 および a_2 となる確率が表 9.4 から計算されていることを確認しよう．以上の結果が表 9.9 左表の z_1 の列にあらわれている．

　同じように y_{12} と z_2 の組み合わせならば

$$0.67 \times 5 + 0.33 \times 4 = 4.7$$

これを示しているのが表 9.9 左表の z_2 の列である．同じようにして，b_2 のときも得られる（右表）．I, II を入れ替えて計算すれば同様に，表 9.10 を得る．

　表 9.9 からプレーヤー II は b_1 のとき z_1，b_2 のとき z_1（すなわち z_{11}）が最適な戦略（ミニマックス戦略）となり，表 9.10 からプレーヤー I は a_1 のとき y_2，a_2 のとき y_1（すなわち y_{21}）が最適な戦略（マクスミン戦略）となって，ベイジアン均衡点はこれらの戦略の組み合わせとなることが分かる．そしてその戦略の組み合わせは表 9.6 の全体利得のナッシュ均衡点 (y_{21}, z_{11}) と一致する．

　具体的には，

　I は，属性 a_1 は戦略 y_2，属性 a_2 は戦略 y_1

　II は，属性 b_1 は戦略 z_1，属性 b_2 は戦略 z_1

との選択をおこなうのが良い．

　実際問題として，継続しておこなわれる現実の交渉や行動のやりとりなどは，その過程で新たに情報を得て戦略をさらに考えるものであり，この不完備情報

表 9.9 II の条件付損失 1

II が b_1 のとき

	z_1	z_2
y_{11}	10.7	8.3
y_{12}	14.7	4.7
y_{21}	8.7	18.3
y_{22}	12.7	14.7
max	14.7	18.3

II が b_2 のとき

	z_1	z_2
y_{11}	3.0	6.0
y_{12}	−4.5	0.7
y_{21}	9.0	21.0
y_{22}	1.5	15.8
max	9.0	21.0

表 9.10 I の条件付利得 1

I が a_1 のとき

	z_{11}	z_{12}	z_{21}	z_{22}	min
y_1	−3.2	−5.6	−0.8	−3.2	−5.6
y_2	−0.8	4.0	16.0	20.8	−0.8

I が a_2 のとき

	z_{11}	z_{12}	z_{21}	z_{22}	min
y_1	18.4	23.2	13.2	18.0	13.2
y_2	17.2	23.8	2.8	9.4	2.8

表 9.11 同時確率 P_{ij} (例2)

	b_1	b_2
a_1	$P_{11}=0.05$	$P_{12}=0.70$
a_2	$P_{21}=0.10$	$P_{22}=0.15$

ゲームで分析できる分析対象である．したがって，同じゲームを複数回おこなうとしても，もしプレーヤーが新たな情報を得たならば同時確率は更新され，ナッシュ均衡点も変わりうる．

たとえば，新たな情報を得てプレーヤーの属性がかなり正確に分かった結果，表 9.11 のように同時確率が変化したとする．すると，全体利得は表 9.12 のようになり，ナッシュ均衡点は (y_{21}, z_{21}) に移動するが，これもベイジアン均衡点に一致する．

表 9.13 と表 9.14. に示された条件付確率を用いてプレーヤー I, II の条件付利得を求めた結果が表 9.15，表 9.16 であり，プレーヤー II は b_1 のとき z_2，b_2 のとき z_1（すなわち z_{21}）が最適な戦略となり，プレーヤー I は a_1 のとき y_2，a_2

表 9.12　全体利得（ゼロサム・ゲーム2）

I ＼ II	z_{11}	z_{12}	z_{21}	z_{22}
y_{11}	−12.1	−19.3	−13.3	−20.5
y_{12}	−12.4	−19.2	−15.9	−22.6
y_{21}	4.6	22.6	4.3*	22.3
y_{22}	4.3	22.7	1.7	20.2

*ナッシュ均衡点

表 9.13　I の属性ごとの II の条件付確率2

	b_1	b_2
I が a_1 のとき	0.07	0.93
I が a_2 のとき	0.40	0.60

表 9.14　II の属性ごとの I の条件付確率2

	II が b_1 のとき	II が b_2 のとき
a_1	0.33	0.82
a_2	0.67	0.18

表 9.15　II の条件付損失2

II が b_1 のとき

	z_1	z_2
y_{11}	19.3	11.7
y_{12}	27.3	4.3
y_{21}	18.3	16.7
y_{22}	26.3	9.3
max	27.3	16.7

II が b_2 のとき

	z_1	z_2
y_{11}	−17.6	−26.1
y_{12}	−19.4	−27.4
y_{21}	2.1	23.3
y_{22}	0.4	22.1
max	2.1	23.3

のとき y_1（すなわち y_{21}）が最適な戦略となるが，この戦略の組み合わせは表9.12 の全体利得のナッシュ均衡点（y_{21}, z_{21}）と一致している．

したがって，このゲームでは

I は，属性 a_1 は戦略 y_2，属性 a_2 は戦略 y_1

II は，属性 b_1 は戦略 z_2，属性 b_2 は戦略 z_1

との選択をおこなうのが最適となる．情報の更新により，戦略も更新されたのである．

　ベイジアン・ゲームは，相手の属性が分からない不完備情報ゲームにおいても完備情報ゲームのときと同じように最適な戦略を導き出す（属性としては，具体的には政治上の立場，態度，イデオロギーなどが考えられる）．完備情報ゲームと不完備情報ゲームの最適な戦略が一致することから，限られた情報しか持たない状況においても最適な戦略の選択が可能になった．

表9.16 Ⅰの条件付利得2

Ⅰがa_1のとき

	z_{11}	z_{12}	z_{21}	z_{22}	min
y_1	−22.3	−33.5	−22.1	−1.3	−33.5
y_2	−0.1	22.3	1.3	23.7	−0.1

Ⅰがa_2のとき

	z_{11}	z_{12}	z_{21}	z_{22}	min
y_1	18.4	23.2	13.2	18.0	13.2
y_2	17.2	23.8	2.8	9.4	2.8

第10章 ベイジアン・ゲームと国際政治

　ベイジアン・ゲームを用いると，信念や認知の役割が大きい国際政治の動向をうまく分析できる．この章では，ベイジアン・ゲームを国際政治の複数の事例分析に実際に使用することで，その利用方法を学ぶ．本章では主に米ソ対立を例にベイジアン・ゲームによる分析をおこなっている．やや複雑なモデルであるが，前章を見直しながら確実に理解していこう．

10.1　国際政治分析におけるベイジアン・ゲーム

　相手の情報が不足している状況における意思決定がベイジアン・ゲームの本質であることは前章で述べたが，国際政治においては相手の情報，特に属性が分からない事例は多く，交渉問題へのこのゲームの適用性は高い．囚人のジレンマ・ゲームのように相手が協力・裏切りのどちらを選ぶかという単純な状況においても，属性を変数に加えればさらに詳細に事例を分析できる．たとえば，ある国家と国家が対立する問題を平和的に解決して条約を締結するためには，相手が友好的か敵対的か，タカ派かハト派かといった相手の性格（属性）も非常に重要である．

　前章では，マクスミン戦略とミニマックス戦略によってベイジアン均衡点を求めることができるゼロサム・ゲームを例とした．しかしながら，国際政治においては非ゼロサム的状況の方が多い．非ゼロサム・ゲームにはマクスミン戦略とミニマックス戦略を用いることはできず，かといって優越戦略は存在するとは限らない．したがって，非ゼロサムのベイジアン・ゲームでは，本書で学んできた戦略以外の方法で最適な戦略を求める必要がある．本章ではその方法を用いて，ベイジアン均衡点とナッシュ均衡点が一致することを確認する．まずはじめに，ミュンヘン会談における英独交渉を非ゼロサム・ゲームとして捉えよう．

10.2 ベイジアン・ゲームによるミュンヘン会談の分析

ミュンヘン会談におけるイギリスの対応が第二次世界大戦の契機の1つとなったこともあって現在では強く批判されることが多いが，当時のイギリスはミュンヘン会談時点ではナチス・ドイツを共産主義国のような現状打破タイプとまでは判断せず，共産主義拡大を防ぎ，あくまでもヴェルサイユ条約や国際連盟規約など戦後の様々な国際的な取り決めによって失った既得権益，国際的地位の回復を目的とした現状維持タイプと判断したといえる．

これをベイジアン・ゲーム（プレーヤーIを英，IIを独）で分析するにあたり，事象を「国際的取り決めに違反する，国際的取り決めに違反しない」とし，イギリスとドイツの属性と戦略を

属性1：イギリスがハト派ならa_1，ドイツが現状維持派ならb_1
属性2：イギリスがタカ派ならa_2，ドイツが現状打破派ならb_2

としよう．イギリスは自分がa_1ならドイツはb_2である確率が高く，a_2ならb_1である確率が高い（表10.1）．一方，ドイツは自分がb_1ならイギリスはa_2である確率が高く，b_2ならa_1である確率が高いものとする（表10.2）．すなわち，互いに自分が強気なら相手は弱気，自分が弱気なら相手は強気と考えている状況である．このような状況におけるドイツとイギリスの最適な戦略とベイジアン均衡点を導き出そう．

ここでは，2通りの戦略方針

戦略1：協調　　イギリスはy_1，ドイツはz_1
戦略2：強硬　　イギリスはy_2，ドイツはz_2

があるとする．

この事例ではゲームの利得は単純化して全て1～4で表し，さらに状況が同

表 10.1 Iの属性に基づくIIの条件付確率

	b_1	b_2
Iがa_1のとき	0.40	0.60
Iがa_2のとき	0.80	0.20

表 10.2 IIの属性に基づくIの条件付確率

	IIがb_1のとき	IIがb_2のとき
a_1	0.33	0.75
a_2	0.67	0.25

表 10.3 属性ごとのゲーム

A : (a_1, b_1) のとき

		II $[b_1]$	
		z_1	z_2
I $[a_1]$	y_1	(4, 4)	(1, 3)
	y_2	(3, 1)	(2, 2)

B : (a_1, b_2) のとき

		II $[b_2]$	
		z_1	z_2
I $[a_1]$	y_1	(3, 3)	(2, 4)
	y_2	(4, 1)	(1, 2)

C : (a_2, b_1) のとき

		II $[b_1]$	
		z_1	z_2
I $[a_2]$	y_1	(3, 3)	(1, 4)
	y_2	(4, 2)	(2, 1)

D : (a_2, b_2) のとき

		II $[b_2]$	
		z_1	z_2
I $[a_2]$	y_1	(2, 2)	(1, 4)
	y_2	(4, 1)	(3, 3)

質といえるゲームの利得分布に従うものとする（表10.3）[1]．

A．イギリスがハト派，ドイツが現状維持派のとき：鹿狩り
B．イギリスがハト派，ドイツが現状打破派のとき：イギリスが不利なチキン・ゲームの変形型
C．イギリスがタカ派，ドイツが現状維持派のとき：ドイツが不利なチキン・ゲームの変形型
D．イギリスがタカ派，ドイツが現状打破派のとき：デッドロック

前章で計算方法は説明したのでここでは省略するが，このゲームの全体利得のナッシュ均衡点を求めると (y_{12}, z_{12}) になっている．それを前提として最適な戦略を求めよう．表10.1および表10.2から条件付利得は表10.4のように求められる．

この条件付利得における最適な戦略は次のように求められる．証明は難解なためここでは割愛するが，ハーサニ（Harsanyi 1968a）によれば，条件付利得における最適な戦略は，全体利得から導き出されたナッシュ均衡点の相手の戦略を基準に定まる．なぜなら，ナッシュ均衡点が定まっているのでプレーヤーI（プレーヤーII）がとる戦略は y_{12}（z_{12}）となることが分かっているからである．例えば，このゲームにおいては，プレーヤーIIの z_{12} に対するプレーヤーIの最適な戦略は，a_1 のときは y_1，a_2 のときは y_2 となり（2.80＞1.80,

---

[1] 各ゲームの特徴は第3章第6節を参照．

表 10.4 英独の条件付利得

II が b_1 のとき

	z_1	z_2
y_{11}	(3.33, 3.33)	(1.00, 3.67)
y_{12}	(4.00, 2.67)	(1.67, 1.67)
y_{21}	(3.00, 2.33)	(1.33, 3.33)
y_{22}	(3.67, 1.67)	(2.00, 1.33)

II が b_2 のとき

	z_1	z_2
y_{11}	(2.75, 2.75)	(1.75, 4.00)
y_{12}	(3.25, 2.50)	(2.25, 3.75)
y_{21}	(3.50, 1.25)	(1.00, 2.50)
y_{22}	(4.00, 1.00)	(1.50, 2.25)

I が a_1 のとき

	z_{11}	z_{12}	z_{21}	z_{22}
y_1	(3.40, 3.40)	(2.80, 4.00)	(2.20, 3.00)	(1.60, 3.60)
y_2	(3.60, 1.00)	(1.80, 1.60)	(3.20, 1.40)	(1.40, 2.00)

I が a_2 のとき

	z_{11}	z_{12}	z_{21}	z_{22}
y_1	(2.80, 2.80)	(2.60, 3.20)	(1.20, 3.60)	(1.00, 4.00)
y_2	(4.00, 1.80)	(3.80, 2.20)	(2.40, 1.00)	(2.20, 1.40)

$2.60 < 3.80$),プレーヤー I の y_{12} に対するプレーヤー II の最適な戦略は,b_1 のときは z_1 となり,b_2 のときは z_2 となる($2.67 > 1.67, 2.50 < 3.75$).そして,現実にハト派であったイギリスがとったのは協調戦略であり,現状打破派であったドイツは強硬策をとったのである.情報が限られている限り最適な戦略以外のリスクの高い戦略を選ぶことは,自らに大きな損失をもたらす可能性があるため,選択することはできないだろう.

10.3 ベイジアン・ゲームによる戦争を意識した交渉の分析

10.3.1 技術革新のインパクト

本節の事例は情報の秘匿が重要であった米ソ核対立である.冷戦は限られた情報を頼りに核戦争の回避と勝利が目指された時代であり,ベイジアン・ゲームの適切な事例といえる.基本的な確率分布を経験から得たことで,相手の正確な核戦力が分からない状況であっても米ソが最適な外交方針を選択したことをベイジアン・ゲームによって明らかにしよう.

冷戦期における大事件の1つ「スプートニク・ショック」が米ソ核対立に及

ぼした影響はベイジアン・ゲームの好例の1つである[2]．スプートニク・ショックとは，1957年10月に旧ソ連が史上初の人工衛星打ち上げに成功したことで米国が持っていた科学技術力の自信を打ち砕いた事件である．大陸間弾道ミサイル（ICBM）に応用できる衛星技術で劣勢に立たされたことは米国を大きく動揺させ，米国ではソ連に航空宇宙産業で大きく遅れをとっているのではないかとの不安が強まった．

世界初の核兵器開発にも成功した米国の軍事力は優れた科学技術力に基づいているというのが米国の認識であり，1950年代の米国の軍事的優位を支えていたのが核兵器と空軍の強さであったことからも，それは強い説得力を持った考えであった．つまり高い科学技術力を持つ国家は軍事的優位に立つというのが米国の考えであり，核技術ではソ連に追いつかれつつあっても，核兵器を運搬する航空技術で勝っていたからこそ米国は核競争で優位に立っていると考えることができたのである．だからこそ，米国でも実現できていなかった衛星打ち上げにソ連が成功したことは，米国にとって衝撃的な出来事だった．

ここで起きた事象とは「技術革新」である．米国は，核爆弾の開発では追いつかれつつあったとはいえ航空技術の先進性からまだ自分の方が優位に立っていると考えていたが，ソ連が科学技術力の高さを示す技術革新を起こしたことで，それを基にして軍事バランスを評価し直さなければならなくなった．

ここで分析することは，ソ連が軍事的優位に立っている確率である．事象を

e_1：技術革新達成，e_2：技術革新できず

とし，状態を

θ_1：ソ連の方が強い，θ_2：ソ連の方が弱い

として，その確率 q を主観確率から

$$q(\theta_1) = 0.4, \quad q(\theta_2) = 0.6$$

としよう．各 θ ごとの条件付確率は

ソ連の方が強いならば（θ_1），技術革新を達成できる確率（e_1）は0.3，できない確率は0.7

ソ連の方が弱いならば（θ_2），技術革新を達成できる確率（e_1）は0.1，でき

---

[2] 鈴木（2000, 78-91）はベイズの定理を用いた不完備情報ゲームの例に，米ソ対立を念頭においた国際危機を用いている．

表 10.5 スプートニク・ショックに関する同時確率

	e_1：技術革新達成	e_2：技術革新できず
θ_1：ソ連の方が強い	$P(\theta_1, e_1) = 0.12$	$P(\theta_1, e_2) = 0.28$
θ_2：ソ連の方が弱い	$P(\theta_2, e_1) = 0.06$	$P(\theta_2, e_2) = 0.54$

ない確率は 0.9

とする．軍事力の優劣関係を変えるほどの技術革新は歴史的にも少なく非常に難しい．そこで，その難しさを表現するために確率を 0.3，0.1 とした．それを実現できる確率は低いものの，もしそれを実現できたのならばその国のほうが優れているとの評価を強めるだろう．

この状態と技術革新という事象を組み合わせた同時確率は，前章の計算ルールから表 10.5 のようになる．この表に示されるように，技術革新という事象は非常に困難なものであり，達成できる確率は非常に低い．その代わりに実現できたときの影響力は非常に大きく，過去のいくつかの技術革新が国際政治に大きな変動をもたらしたこともある[3]．このような同時確率に基づいてスプートニク・ショックを考えるならば，米ソの軍事バランスに関する事後確率は，技術革新が達成された場合と達成されない場合のそれぞれが

$$\frac{0.12}{0.12+0.06} = 0.67, \quad \frac{0.06}{0.12+0.06} = 0.33$$

のように変化する．この結果から分かるように，米国の軍事バランスに対する主観確率は事前，事後で完全に逆転している（0.4→0.67, 0.6→0.33）．スプートニク・ショックが米国国内に大変な反響を巻き起こしたのはまさに自然なことであり，米国が軍事力でソ連に大きく遅れをとっているという認識が米国国内に形成された理由はベイジアン的考えによって説明される．

10.3.2 軍拡競争の目的と交渉ゲーム

交渉の基準点と軍事力　スプートニク・ショックという歴史的事件は米ソ間

---

[3] Jervis (1978), Levy (1984), Van Evera (1999) など．戦争において攻撃側と防御側のどちらかを有利にするような兵器の発明を重要視する攻撃・防衛（Offence-Defense）論においてその影響がよく指摘される．たとえば防御側を決定的に有利にした兵器の代表は核兵器を搭載した潜水艦である．

第10章　ベイジアン・ゲームと国際政治

の主観確率をいかに大きく変化させたか．スプートニク・ショックは軍拡競争の一環として起きていることから，まず国家が軍拡をおこなう目的を明確にしよう[4]．そこでプレーヤーI, IIが戦争の結果として得られると予想される利得を交渉基準点T[5]として利得（例えば領土）の配分を要求する交渉をおこなうゲームを考える．交渉では，戦争の威嚇によって相手の譲歩を引き出すものとする．

配分する利得を1（交渉がまとまらず戦争になった場合，負けた側が戦争で得られる利得は0），それを獲得できるプレーヤーI, IIの確率をそれぞれp_1, p_2とし（$p_1, p_2=1$），戦争の費用（戦争遂行にかかる費用と相手から受ける損害）をc_1, c_2とすると，交渉基準点の値は$1 \times p_1 - c_1$, $1 \times p_2 - c_2$，すなわち$(p_1 - c_1, p_2 - c_2)$となる．これは戦争の期待効用である（第2章第4節参照）．期待効用を高めるためには，p_iを大きくし，c_iを小さくする必要がある．そのために有効な手段は軍拡である．軍事力で優位に立てば戦争に勝利する確率は上がる．そして，軍事費増大を補ってなお相手から受ける損害も小さくなる一方で，相手に与える損害は大きくなると想定される．

すなわち，プレーヤーには軍拡をおこなう誘因（インセンティブ）が存在する．そのような交渉の状況を分析していく．図10.1を見てみよう．交渉可能領域Rは$(0,0)$, $(0,1)$, $(1,0)$を結ぶ三角形で凸集合[6]であるが，交渉はその三角形の斜辺の線分$(1,0) \sim (0,1)$上のどこかでまとまる[7]．線分上，右下はIに，左上はIIに有利な交渉結果である．また基準点Tは線分$(1-c_1-c_2, 0) \sim (0, 1-c_1-c_2)$上に存在する[8]．利得配分$(q_1, q_2)$は$(1,0) \sim (0,1)$上に存在する．

---

[4] 交渉と軍拡のモデルに関しては，Powell (2002) を参考にした．
[5] この点を相手に意識させることで威嚇し，交渉を有利に運ぶことからしばしば「脅迫点」「威迫点」(threat point) といわれ，本書では扱わないが「ナッシュ交渉解」(Nash bargaining solution) の出発点である．
[6] 凸集合とは円や三角形のようにへこみのない図形を示す．へこみがある状態は変則的な場合で理論上も扱いにくい．
[7] 点AとBを結ぶ線分をA〜Bと表した（ここだけの表記である）．
[8] プレーヤーIが戦争で獲得しうる利得（交渉基準点の値）が最も低くなるのは$p_1=c_1$のときであり，その値は0となる（$1 \times p_1 < c_1$だと勝っても損害しか残らないため戦争を選択しないと考える）．そして，そのときのプレーヤーIIの利得p_2-c_2は$1-c_1-c_2$となる（$p_2=1-p_1$かつ$p_1=c_1$であるため）．プレーヤーIIも同様に計算すると値が最も低くなるのは$p_2=c_2$のときであり，そのときのプレーヤーIの利得は$1-c_1-c_2$とな

図10.1 軍事力による威嚇

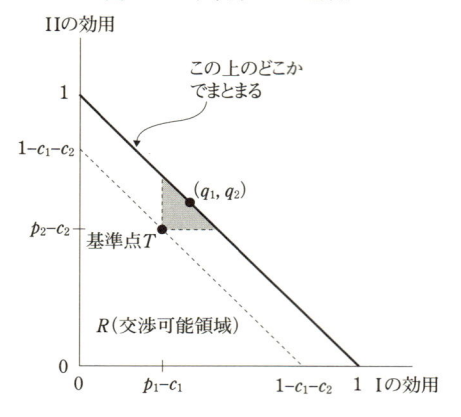

IIの効用 / Iの効用
この上のどこかでまとまる
(q_1, q_2)
基準点 T
R(交渉可能領域)

プレーヤー：I, II
現状の利得：q_1, q_2
戦争費用：c_1, c_2
戦争で全利得を獲得できる確率：p_1, p_2
交渉基準点：$T = (p_1 - c_1, p_2 - c_2)$
交渉可能領域：R

仮に $p_1 - c_1 > q_1$ であるならば，I は戦争によって配分を変えるメリットが存在することになり，II が提示した新たな配分条件が戦争によって得られる利得以上かそれ以下かによっては，I が戦争を選択しうる．

軍拡の効用　前述したように軍拡をおこなえば戦争に勝利する確立が上昇するので，I(II) が軍拡すると基準点自体が右下（左上）に移動し，I(II) に有利な再配分となる（図10.2）．I が軍拡をして p_1 を高め戦争による期待効用が基準点 T から T' まで変化したならば，それを基準とした交渉による利得配分も (q_1, q_2) から (q_1', q_2') に変化し，I は T のときよりも多くの利得を交渉で得ることができる．

交渉基準点の切り下げ　両プレーヤーが軍拡をおこなえば，戦力格差はおきないが戦費は増加するなど，どちらかが戦争で有利になるよりも戦争コスト c_1, c_2 の値が上昇することもある．戦争コストが増加すれば，戦争の利得が減少する．そのような場合は，図10.3 のように基準点 T の存在する線分 $(1 - c_1 - c_2, 0) \sim (0, 1 - c_1 - c_2)$ が左下にシフトし，交渉の範囲が狭くなり（両者の不一致の度合いが縮小し）交渉はまとまりやすくなる．

る．したがって，戦争をした場合に想定される利得は線分 $(1 - c_1 - c_2, 0) \sim (0, 1 - c_1 - c_2)$ 上に存在することになる（線分のどこになるかは p_1, p_2 の値によって決まる）．また，以上の条件から，$1 - c_1 - c_2$ の値の範囲は $p_1 - c_1 \leq 1 - c_1 - c_2 \leq 1$ および $p_2 - c_2 \leq 1 - c_1 - c_2 \leq 1$ となる．Powell (2002, 9) を参照．

図10.2 Iの軍拡による交渉基準点の移動
(Iに有利)

図10.3 戦争費用の増加と交渉基準点の切り下げ

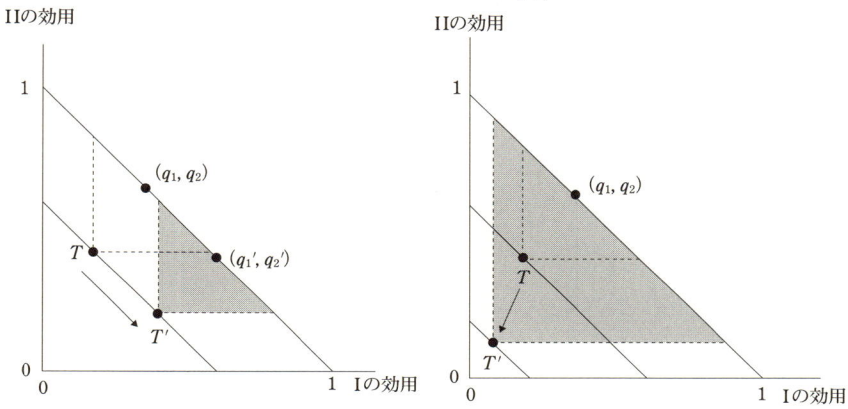

これが通常戦争を基準とした交渉のモデルである．それを基にして，核戦争を考慮に入れたモデルにおいては次のように考えよう．核戦争を考慮に入れた国家間対立では，交渉可能領域がより大きくなる．なぜなら，戦争による損害の大きさが通常戦争よりもはるかに大きく，通常戦争は負ければ配分0との前提で論じたが，核対立下での戦争は原因や勃発地点を問わず常に自国への深刻な損害が想定され，利得の下限は通常の0よりも低くマイナスに設定する必要が生じるためである．そこで，ここでは核攻撃を受けたときの損失を最大で-1と定める．核対立においてありうる状況を分類すると4種類に分類でき，それぞれの部分集合が示す効用の構成要素は図10.4の通りである．

また，それぞれの状況における勝利する確率 p_1, p_2，費用 c_1, c_2，利得 q_1, q_2 の値は表10.6の通りとする．

交渉による利得最大化を目的とするならば，米ソどちらも核軍拡をおこなって T の位置を変化させる誘因を持つ．しかしながら，相手の核戦力に関する正確な情報がない限り，T の位置は不明確で，互いにどちらがどれだけ優位に立っているのかわからない．軍事的に優勢ならば核の威嚇によって交渉を有利な結果に導くことができるが，劣勢ならば相手に譲歩せざるを得ない．優勢にもかかわらず劣勢だと誤解して譲歩すれば不必要な損害を受けるだろう．逆に劣勢にもかかわらず優勢だと思い込んで過剰な要求をおこなえば，核攻撃な

図10.4 相互核抑止の効用の配置

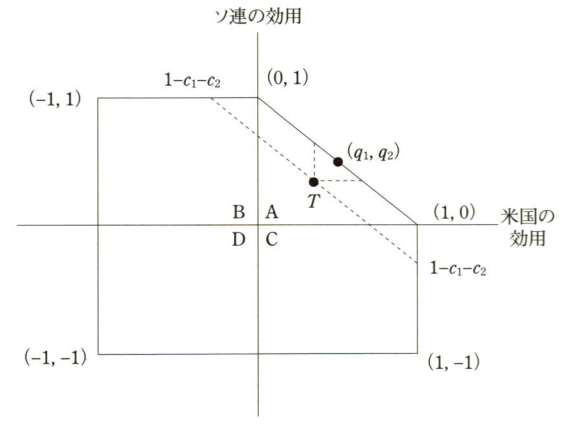

A：どちらも相手を壊滅させられるだけの核戦力を備えていないため，核攻撃を恐れずに行動できる状況
B：ソ連が先制核攻撃で勝利できる状況
C：米国が先制核攻撃で勝利できる状況
D：互いに第二撃能力（先制核攻撃に対し必ず報復できる核戦力）を確保しているため戦争に勝利できない，「相互確証破壊」（MAD）の状況

表10.6 米ソの戦争による利得とコスト

	A		B		C		D	
	米	ソ	米	ソ	米	ソ	米	ソ
勝利確率 p	0.50	0.50	0.01	0.99	0.99	0.01	0.00	0.00
費用 c	0.15	0.15	1.00	0.01	0.01	1.00	1.00	1.00
現状の利得 q	0.50	0.50	0.50	0.50	0.50	0.50	0.50	0.50

注：米国の選好 C＞A＞D＞B，ソ連の選好 B＞A＞D＞C

ど取り返しのつかない損害を被ることになりかねない．

このような情報不完備な状況で最適な戦略を選択することは非常に難しい．そこでベイジアン均衡を用いて，米ソの意思決定過程を解明しよう．

10.3.3 冷戦のベイジアン均衡

冷戦では核戦力によって軍事的優劣が決まっていた．そこで米ソをプレーヤーI, II とし，各プレーヤーにはそれぞれ核戦力に基づく 2 通りの属性 a_1, a_2（米），b_1, b_2（ソ）があるとする．すなわち，

属性1：不十分な核戦力しか持っていない　　　米では a_1，ソでは b_1
属性2：第二撃能力を保持した核抑止力を持つ　　米では a_2，ソでは b_2

とし，さらに，米ソともに核戦力を背景とした 2 通りの戦略方針

表 10.7 米ソの属性に関する同時確率

	b_1	b_2
a_1	$P_{11}=0.40$	$P_{12}=0.20$
a_2	$P_{21}=0.30$	$P_{22}=0.10$

戦略1：強硬姿勢　　　米では y_1，ソでは z_1
戦略2：弱腰な姿勢　　米では y_2，ソでは z_2

を持つものとする．2通りの属性を持つプレーヤーどうしのゲームで起こり得る組み合わせは4通りであり，a_1 対 b_1，a_1 対 b_2，a_2 対 b_1，a_2 対 b_2 がそれぞれ図 10.4 の A, B, C, D に対応する．

そこで，スプートニク・ショック以前の冷戦初期の米ソの属性に関する同時確率を表 10.7 のように定める．この時代は，米ソ共に最新技術である核兵器の配備と改良に努めた時代であり，結果として，相対的には米ソ共に相手に対し不十分な核戦力しか保有していない可能性が高く，どちらが先んじて非脆弱な核戦力を保有するかを競っていた．そのような中で，世界初の核兵器開発にも成功した米国の軍事力を支えるのは優れた科学技術力による核兵器と空軍の強さであり，核兵器を運搬する航空技術で勝っていた米国は核対立で優位にいると考えられていた．よって，P_{21} の方が P_{12} よりも値が大きいが，確実な核兵器の運搬手段が開発されておらず，米ソどちらも非脆弱な核戦力を持っている確率は最も低い．

次に，それぞれの組み合わせに用いる利得配分を表 10.8 のように計算した．p, c, q の値は現状 (q_1, q_2) を基準にしている．

α は互いに強硬姿勢をとって戦争にエスカレートしたと想定した利得である．β は互いに最適な戦略を選択した場合の利得配分である．すなわち戦争の基準点を基にした値となるので，ここでは戦争で予想される最大利得と最小利得の平均を基にした配分とした[9]．また，γ は，自分は属性2で相手が属性1であ

---

9) 注8) で解説したように，戦争で得られる最小利得は p_1-c_1，p_2-c_2 であるが，このゲームは利得1を配分するゲームで，一方のプレーヤーが最小利得を得るなら，他方のプレーヤーは最大利得を得る．ここで，プレーヤー I の配分 p_1-c_1 に対しては，プレーヤー II の配分は $1-(p_1-c_1)=1-p_1+c_1$ でありかつ $1-p_1=p_2$ であるからプレーヤー II の最大利得は p_2+c_1 である．同様に，プレーヤー I の最大利得は p_1+c_2 である．

表 10.8 各利得の計算方法

ゲームでの記号	Ⅰの利得	Ⅱの利得
α：戦争となった場合の利得配分	$p_1-c_1-q_1$	$p_2-c_2-q_2$
β：戦争で予想される最大利得と最小利得の平均	$\dfrac{(p_1-c_1)+(p_1+c_2)}{2}$	$\dfrac{(p_2-c_2)+(p_2+c_1)}{2}$
γ：交渉によって相手方コストを自己で負担	$\dfrac{(p_1-c_1)+(p_1-c_2)}{2}-q_1$	$\dfrac{(p_2-c_2)+(p_2-c_1)}{2}-q_2$
δ：交渉によって自己のコストを相手に転化	$\dfrac{(p_1-0)+(p_1+c_2)}{2}-q_1$	$\dfrac{(p_2-0)+(p_2+c_1)}{2}-q_2$
ε：核戦争回避の利益	$\gamma+q_1$	$\gamma+q_2$

るにもかかわらず自分は弱腰な戦略を選び，相手が強硬姿勢を選んだときの利得配分である．これを交渉における敗北として表現し，本来相手が負担するはずの c を自分が負担させられたものとして計算した．他方，δ は，γ と反対に自分は属性1で相手が属性2であるにもかかわらず自分は強硬戦略を選び，相手が弱腰な姿勢を選んだときの利得配分である．すなわち交渉における勝利であり，本来自分が負担するはずの c を相手に負担させたものとして計算した．最後に，ε は互いに弱腰の姿勢を取った場合であり，それを互いに相手のコストを負担したものとしたが，核戦争を回避できた結果でもあるので，その分のプラスの利得を現状の利得を維持したとして $+q_1$ で表している[10]．

これらによって，4つの非ゼロサム・ゲームができる（表10.9）．なお，(y_2, z_2) は現状維持なので本章では分析を単純化するため $(0, 0)$ と定める．

各数値として表10.6と表10.8を用いた結果が表10.10である．例えば，ゲーム A の戦略 (y_2, z_1) の利得は次のように求められる．

$$\dfrac{\{(0.5-0.15)+(0.5-0.15)\}}{2}-0.5=-0.15, \quad \dfrac{\{(0.5-0)+(0.5+0.15)\}}{2}-0.5=0.08$$

その上で，A, B, C, D のゲームは同時確率 $P_{11}, P_{12}, P_{21}, P_{22}$ で起こるが，それはすでに表10.7にあるので，計算の具体例に移ろう．繰り返しになるが，例

---

[10] 変数をあまりに多くすると難しくなるため，本章では可能な限り変数を簡略化した利得の計算方法を構築した．したがってこの利得計算はあくまでも一例であり，どのような事例の分析でも必ず正しい計算方法が存在するわけではない．分析対象や自らの着眼点に基づいて，取り入れる変数はあくまでも自分で判断する必要がある．

第 10 章　ベイジアン・ゲームと国際政治

表 10.9　各利得の計算方法

A：(a_1, b_1) のとき

		II $[b_1]$	
		z_1	z_2
I $[a_1]$	y_1	(α, α)	(δ, γ)
	y_2	(γ, δ)	$(0, 0)$

B：(a_1, b_2) のとき

		II $[b_2]$	
		z_1	z_2
I $[a_1]$	y_1	(α, α)	(δ, γ)
	y_2	(β, β)	$(0, 0)$

C：(a_2, b_1) のとき

		II $[b_1]$	
		z_1	z_2
I $[a_2]$	y_1	(α, α)	(β, β)
	y_2	(γ, δ)	$(0, 0)$

D：(a_2, b_2) のとき

		II $[b_2]$	
		z_1	z_2
I $[a_2]$	y_1	(α, α)	(δ, ε)
	y_2	(ε, δ)	$(0, 0)$

表 10.10　各組み合わせの I, II の利得（上表の具体例）

A：(a_1, b_1) のとき

		II $[b_1]$	
		z_1	z_2
I $[a_1]$	y_1	$(-0.15, -0.15)^*$	$(0.08, -0.15)$
	y_2	$(-0.15, 0.08)$	$(0, 0)$

B：(a_1, b_2) のとき

		II $[b_2]$	
		z_1	z_2
I $[a_1]$	y_1	$(-1.49, 0.48)$	$(-0.49, -0.02)$
	y_2	$(-0.99, 0.99)^*$	$(0, 0)$

C：(a_2, b_1) のとき

		II $[b_1]$	
		z_1	z_2
I $[a_2]$	y_1	$(0.48, -1.49)$	$(0.99, -0.99)^*$
	y_2	$(-0.02, -0.49)$	$(0, 0)$

D：(a_2, b_2) のとき

		II $[b_2]$	
		z_1	z_2
I $[a_2]$	y_1	$(-1.50, -1.50)$	$(0, -1.00)$
	y_2	$(-1.00, 0)$	$(0, 0)^*$

*ナッシュ均衡点

表 10.11　I, II の全体利得

I＼II	z_{11}	z_{12}	z_{21}	z_{22}
y_{11}	$(-0.36, -0.56)$	$(-0.01, -0.61)$	$(-0.12, -0.41)$	$(0.23, -0.46)$
y_{12}	$(-0.46, -0.11)$	$(-0.16, -0.21)$	$(-0.37, 0.04)$	$(-0.07, -0.06)$
y_{21}	$(-0.26, -0.37)$	$(0.08, -0.52)$	$(-0.05, -0.25)^*$	$(0.30, -0.40)$
y_{22}	$(-0.36, 0.08)$	$(-0.06, -0.12)$	$(-0.30, 0.20)$	$(0, 0)$

*ナッシュ均衡点
注：（　,　）内は I, II に対応.

表10.12 Ⅰの属性に基づくⅡの条件付確率

	b_1	b_2
Ⅰがa_1のとき	0.67	0.33
Ⅰがa_2のとき	0.75	0.25

表10.13 Ⅱの属性に基づくⅠの条件付確率

	Ⅱがb_1のとき	Ⅱがb_2のとき
a_1	0.57	0.67
a_2	0.43	0.33

表10.14 米ソの条件付利得

Ⅱが属性b_1のとき

	z_1	z_2
y_{11}	(0.12, −0.72)	(0.47, −0.51)
y_{12}	(−0.09, −0.29)	(0.04, −0.09)
y_{21}	(0.12, −0.60)	(0.42, −0.42)
y_{22}	(−0.09, −0.17)	(0, 0)

Ⅱが属性b_2のとき

	z_1	z_2
y_{11}	(−1.49, −0.18)	(−0.32, −0.34)
y_{12}	(−1.33, 0.32)	(−0.32, −0.01)
y_{21}	(−1.16, 0.16)	(0, −0.33)
y_{22}	(−0.99, 0.66)	(0, 0)

Ⅰが属性a_1のとき

	z_{11}	z_{12}	z_{21}	z_{22}
y_1	(−0.60, 0.06)	(−0.26, −0.11)	(−0.45, 0.06)	(−0.11, −0.11)
y_2	(−0.43, 0.38)	(−0.10, 0.05)	(−0.33, 0.33)	(0, 0)

Ⅰが属性a_2のとき

	z_{11}	z_{12}	z_{21}	z_{22}
y_1	(−0.02, −1.49)	(0.36, −1.37)	(0.36, −1.11)	(0.74, −0.99)
y_2	(−0.26, −0.36)	(−0.01, −0.36)	(−0.25, 0)	(0, 0)

えば，(y_{21}, z_{11})におけるⅠ，Ⅱの利得はゼロサムではないので，それぞれ

$$0.40 \times (-0.15) + 0.20 \times (-0.99) + 0.30 \times 0.48 + 0.10 \times (-1.50) = -0.26$$

$$0.40 \times 0.08 + 0.20 \times 0.99 + 0.30 \times (-1.49) + 0.10 \times (-1.50) = -0.37$$

となる．このようにして，参考としてすべての戦略の組み合わせの全体利得とナッシュ均衡を求めると表10.11のようになる．

この米ソ核対立の全体利得から，ナッシュ均衡点は(y_{21}, z_{21})となる．すなわち，米ソはともに，自らが属性1であると考えるなら弱腰な戦略を選択し，属性2であると考えるなら攻撃的な戦略を選択する．

では相手の情報が分からないことを想定し，条件付確率を用いたベイジアン・ゲームによって同様に米ソの最適な戦略を調べよう．この分析における米ソの自らの属性に対する条件付確率は表10.12および表10.13のようになり，

そこから条件付利得が求められる（表 10.14）．この表からも，条件付利得における最適な戦略はそれぞれ y_2, y_1 と z_2, z_1 であり，これがベイジアン均衡点である．これは表 10.11 のナッシュ均衡点と一致している．

このように，相手の情報が限られていても，自らが推量した主観確率の分布を代用することで，最適な戦略を導きだすことができる．

10.4 国際政治における誤認の問題

国際政治におけるプレーヤーは，基本的に相手の情報が不足した状況で意思決定をおこなわなければならない．そしてそのときの判断材料となるのは相手の過去の言動であり，それによって相手の属性や利得を推測し，最適と考える政策を選択する．もちろん推測である以上，ときには判断ミスや誤認によって誤った政策を選ぶこともある（Jervis 1976）．ベイジアン・ゲームは，この限られた情報の範囲内での最適な政策を選択する理由を明らかにすることができ，さらには誤認に基づいて政策を選択する過程を分析することもできる（一口に誤認といっても，プレーヤーは少なくとも持っている情報の範囲内では最適な選択をしている）．どのような情報が誤認をもたらし，最適な選択を妨げたのかを知ることは意思決定分析においては非常に重要なことであり，また交渉の駆け引きという観点から見ても，相手に誤認を引き起こして有利な合意を勝ち取ることは交渉テクニックとして非常に有益である．また相手に自分の意図を正確に伝えて交渉をおこないたいならば誤認を解くことが重要な課題となる．

ハーサニもこの誤認の問題を取り上げており，ベイジアン・ゲームにおける相手の条件付確率の分布によっては，それを利用して通常とる戦略以外の戦略を選ぶことができることを示し，ベイジアン・ゲームの応用例として「相手の誤った信念」（the opponent's erroneous beliefs）を利用した意思決定を説明した（Harsanyi 1968a, 328-329）．この意思決定分析を用いれば，スプートニク・ショック後のソ連が強気な政策を繰り返したことと本来は優位に立っていた米国に弱腰な姿勢が目立った状況が，1962 年のキューバ危機によって互いに非脆弱な核抑止力を保有していることを認識するまで続いた理由を的確に説明することも可能になる．他にも例をあげれば，ゴルバチョフの新思考外交によっ

て冷戦が終結に向かった過程をベイジアン・ゲームで分析するならば，米ソ間の相互信頼を確立したのは外交によるシグナリングでゴルバチョフの属性に関する米国の誤認をなくさせたこと，すなわち主観確率を変化させていったというかたちでその理由を明示できる[11]．

このように，国際政治において不可避な誤認の問題をモデルに組み込める点においても，ベイジアン・ゲームの有用性は非常に高いといえるだろう．

---

11) 主観確率を用いて冷戦を分析した研究として，Kydd (2005)，芝井 (2010, 2012)．

第 11 章 | 計量分析の基礎

　以下に続く3つの章は本書の特色の1つでもある計量的方法の諸章である．本章では，計量分析の基礎概念や方法について学ぶ．計量分析の主要な目的の1つは，分析対象となる集団を鳥瞰的に観察し，そこに見られる法則や傾向を発見することである．2つ目は，客観的に観察された一部のデータや事柄から，論理性のある推測で全体の法則性を検出，検証することである．

11.1　数理分析と計量分析

　本書ではこれまで数理分析の手法，特にゲーム理論の基礎とその国際政治への効用について解説してきた．しかし本書の目的はそれだけにとどまるわけではない．なぜならば，ゲーム理論はいわゆる「演繹的手法」であり，それだけではその妥当性が十分とはいえないからである．
　演繹（deduction）とは『広辞苑』によれば「推論の一種」で，「前提を認めるならば，結論も必然的に認めざるをえない」という原則に基づく推論方法を指す．典型は幾何学の証明で，ある一定の原理（前提）から始め，その原理が正しいとすると論理的にどのようなことがいえるか（結論），ということを突き詰める論法である．ここで原理自体は不問に付される．ゲーム理論についていえば，プレーヤーの効用（利得）極大化原理はこの理論の原理の一部であり，その部分は特に検証しているわけではない．また効用自体は実際には目に見えないものであるから，実際の行為者がどのような効用を極大化しているかは経験的に推定するしかない．またゲームの結果を推理する上でも，ナッシュ均衡やその発展形が主に用いられているが，現実に起こる事象が常に均衡状態にあるとは限らない．たとえば，均衡外の状態が一定時間続くことさえ，当然ありうる．
　こう考えると演繹的に作られた理論は，社会科学者が構築しようとする理論

のほんのスタート地点に過ぎない．したがって，理論の妥当性を高めるには，そのような演繹理論を帰納的な方法で補ってやる必要がある．では**帰納**（induction）とはなにか．それは実際に測定された事実やデータを基に，その背後にある一般法則は何かと推論することである．

国際政治学あるいは国際関係論でよく用いられる帰納的方法には事例研究と計量分析の2つがある．事例研究とは実際に戦争，紛争，事件，危機，等々の事例をこと細かく調べ上げ，その原因は何であったのかを究明し，そこから，一般的な法則を見出す方法である．事例は1つであることが多いが，複数の事例を比較することもある．事例研究にはよい点も多いが，必ずつきまとう不利な点がある．それは，どんなに法則らしきことを見出したとしても，その発見は当該事例特有の現象であり，他の事例には当てはまらないのではないかという疑問を払拭できないことである．もっとも，事例数を増やし，そのどれにも当てはまることを確認してもよいが，単に都合のよい例を引いてきたという疑念は消えない．

これら一般性の欠如を補う点で比較的優れているのが，数量的あるいは統計的方法である．例えば，戦争なら戦争という現象をある期間についてすべて調べ上げ，重要と思われるデータを測定し，データセットとして分析する方法である．もし過去500年の戦争について，ある法則がすべて当てはまることがいえるのであれば，我々の当該理論への自信は高まるであろう．

いうまでもなく，統計的方法は政治学あるいは国際政治学のみならず，むしろ社会科学でも自然科学でも広範に使われている方法であるが，分野により有用な方法とそれほど有用でない方法とがある．そこで，本章以降では，特に国際政治を勉強する上で，これだけは必須であろうと思われる部分について解説する[1]．

---

1) 統計学をもっと基礎から学ぶには，多少レベルは高いが『統計学入門』（東京大学教養学部統計学教室 1991）などを参考とすること．また，政治学では増山・山田（2004）などを参照．

11.2　データからの出発

まずは国際政治に関する実際のデータを見てみよう．表 11.1 のデータは Russett, Starr, and Kinsella（2004）にある世界各国の 2000 年の統計指標である．ここには重要な指標が網羅されている．たとえば，アフガニスタンでは 1,000 人あたりの乳児死亡数が 166，平均寿命が 42 歳であるのに対して，オーストラリアではそれぞれ 5，80 歳である．またオーストラリアはアフガニスタンに比べ，人々の政治的自由がより享受されている．このように，データは見る者に対して非常に強力に'ものを言う'．

図 11.1 はどうだろうか．横軸，縦軸が何を表しているのかに注目すると，軍事費と GDP との関係であることがわかる．しかし，より正確な理解のためには，$\log_{10}$ や $r = 0.80$ といった数値の'読み方'，さらにはもう一歩進んで，これらの図の'作り方'についても知る必要がある．

たとえば，表 11.1 からは，2000 年の各国の具体的な状況が分かるが，各項目間の関係については分からない．そこでこの表のデータから，知りたいことに合わせた図表を作り，それを分かりやすく提示する．図 11.1 は，GDP の大

表 11.1　世界各国の重要統計指標

国家	独立年	人口 (100 万)	GDP (10 万 $)	軍事費 (100 万 $)	乳幼児死亡数 (1,000 人あたり)	平均寿命 (歳)	政治的 自由*
アフガニスタン		26.5	21	…	166	42	NF
アルバニア	1912	3.5	11	42	40	72	PF
アルジェリア	1962	31.7	171	1,870	41	70	NF
アンドラ		0.1	1	0	4	83	F
アンゴラ	1975	10.4	10	1,200	194	39	NF
アンチグア	1981	0.1	0.5	…	22	71	PF
アルゼンチン	1816	37.4	476	4,300	18	75	F
アルメニア	1991	3.3	12	75	41	66	PF
オーストラリア （以下略）	1901	19.9	571	14,120	5	80	F

* 英語では Political and Civil Freedom. 評価は，F が自由，PF が部分的自由，NF が不自由であり，フリーダムハウスの 2000 年の指標を引用．
注：表中の…はデータがないことを表す．
出所：Russett, Starr, and Kinsella（2004）から一部抜粋

図 11.1 軍事費と GDP の散布図

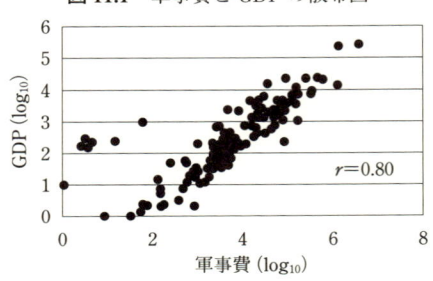

出所:Russett, Starr, and Kinsella (2004) より作成

きさと軍事費の大きさとの関連性について調べようとして作成された「散布図」(後述)で,図中の r は「相関係数」(後述)である.r が GDP と軍事費の関連性を示している.$\log_{10}$ は「常用対数」による表示方法である[2].

以下では,まず,このような図によるデータの表現方法とその解釈の仕方について解説する.統計的方法を国際政治学において用いる大きな目的は,分析対象となる国際社会全体や戦争,紛争といった事象などを鳥瞰的に観察し,そこに見られる法則や傾向を論理性のある推測によって検出,検証することであるが,次節はいわばこの目的のための準備運動である.続く第 4 節以降では,論理性のある推測方法に力点を置き,計量分析の代表的手法であると同時に国際政治学においても使用頻度が高い「回帰分析」と「ロジット分析」を解説する.回帰分析は,比較的よく知られた基礎的分析方法であるが,ここでロジット分析を解説する理由は,国際政治学におけるその有用性の高さである.最後に,計量分析における「検定」について概説する.

---

[2] 常用対数については補章を参照.大国と小国では,GDP や軍事費に 100 倍から 10,000 倍ほどの差があるが,それらをそのまま図で表現すると,極端でわかりにくくなる.$\log_{10}$ で表現することで,例えば図 11.1 のように GDP が 0 から 6 の範囲で示される.

11.3 図によるデータの表現方法とその解釈

11.3.1 代表的な図

　データ自体やそこから算出したいろいろな量を点，線，あるいはその集まりとして平面に視覚的に表現したものを「図」(figure) という．あるデータのエッセンスを図に要約（縮約）することは，国際政治学でもしばしば行われるが，図が適切に作られていれば，これを正しく見ることで元のデータに含まれている重要な情報が伝わる．

　図は「グラフ」「チャート」「プロット」「○○表示」「○○図」などと，その形に応じて異なって呼ばれる．基本的な図としては，まず「棒グラフ」「円グラフ」「折れ線グラフ」がある．棒グラフと円グラフはともに量の大きさを表すのに適しているが，円グラフは大きさの割合を示す点で特徴がある．棒グラフは横軸をカテゴリー（数でなく量的なもの）として，例えば「世界主要国における軍事費」のように，個別数値の表示と比較にも用いられる．折れ線グラフは量の変化を表す図として優れている．これらは多くの研究書や論文，報告書等でもよく用いられている[3]．

　やや高度な図としては「ヒストグラム」がある[4]．これはいろいろな統計量算出の出発点となる「度数分布表」をもとにしており，それを棒グラフで表示したものである．「度数」とは頻度，回数をいう．表 11.2 は COW[5] を用いて作成した度数分布表であり，年代ごとで戦争の頻度を示している．これをもとに作図したのが図 11.2 のヒストグラムである．ヒストグラムは頻度の図であって，単に棒グラフをいうのではないことに注意する．

　次に散布図（相関図）である．これは 2 つの変量を 1 つの平面上に点で表示することで，2 つの変量の関係を客観的に示す図である．相関の分析や回帰分

---

3) 他に「レーダー・チャート」「箱ひげ図」「幹葉図」などがある．
4) 他に，クラスター分析における「デンドログラム」，パス解析における「ネットワーク図」，因子分析の「因子得点プロット」などがある．
5) COW については補章を参照．

表 11.2　1820 年以降の国家間戦争の度数分布表

年代	頻度
1820-1839	2
1840-1859	9
1860-1879	12
1880-1899	6
1900-1919	16
1920-1939	11
1940-1959	9
1960-1979	16
1980-1999	12
2000-2007	2

出所：COW（v. 4.0）より作成

図 11.2　国家間戦争に関するヒストグラム

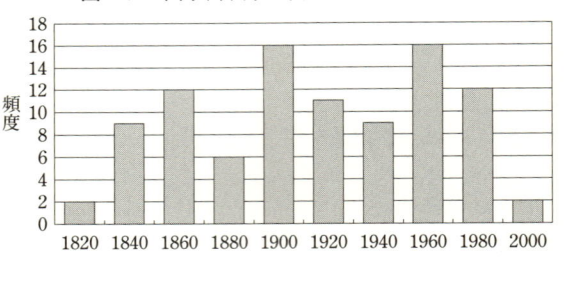

析のもとになる図であり使用頻度が高い．図 11.1 はこの一例で，軍事費とGDP の関係を示している．

ここで特に，時系列データに用いる折れ線グラフに触れておこう．これは横軸に時間を表示し変量の値を折れ線で結んだグラフである．時間的変化が忠実に表示される点で，他のグラフにないメリットがある．また，初歩的であるにもかかわらず，複数の折れ線で 2 変量以上の多様な変化も捉えることができる（一例として図 11.4 を参照）．

11.3.2　相関関係と相関係数

先に説明した散布図は相関関係を見るのに優れた図である．**相関関係**（correlation）とは，量と量との相互的な関係を，数量的データに現れた限りにおいて，とらえようとする考え方や方法である．場合によっては数量的に関係があるといっても実態として関係があるとはいえないこともあるから，「とらえようとする考え方や方法」という表現が正しい．相関関係には「正」と「負」の 2 つの相関がある．たとえば，図 11.1 は正の相関を示している．すなわち，GDP が大きくなるほど軍事費も大きくなる傾向にあることが示されている．一方，識字率と乳児死亡率の散布図（図 11.3）は負の相関である．識字率が高いほど乳児死亡率は低くなる傾向にある．

これより進んで，相関関係には強い／弱いという程度差もある．図中の r は

第11章 計量分析の基礎

図11.3 識字率と乳児死亡率の散布図

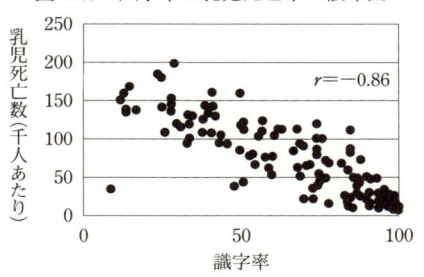

(乳児死亡数(千人あたり) 縦軸：0〜250、識字率 横軸：0〜100、$r = -0.86$)

出所：Russett, Starr, and Kinsella (2004) より作成

相関係数（correlation coefficient）と呼ばれ[6]，−1と1の間にあり，各変量の相関の強さを表している．評価は研究者によって異なるが，正の相関であれば r が 0.6〜0.65 以上であれば（負の相関であれば −0.6〜−0.65 以下，つまり −1 の方に向かって小さければ），それなりに強い相関があるとみてよい（これより 0 に近くても相関があるという考え方，見方もある）．図11.1 と図11.3 でみると，軍事費と GDP では $r = 0.80$ だから，強い正の相関があるといえるし，識字率と乳児死亡率は $r = -0.86$ だから，強い負の相関があるといってよい[7]．

11.3.3 尺度

ものの測り方には，一般的に4つの代表的な測定の「ものさし」――**尺度**（scale）という――がある（表11.3）．図を正確に作図するだけでなく，それを正確に読み取るためには，対象となるデータがどのような観察や測り方に由来しているか理解しておく必要がある．さらに，それぞれの尺度の特徴は，適切な計量分析の方法の選択――たとえば，次節以降で解説する回帰分析とロジット分析のどちらを用いるか――にも影響を与えるので大切である．

名義尺度と順序尺度によって測定されたデータを**質的データ**（qualitative data）と呼ぶこともある．これら質的データを分析する際，たとえばある球団

---

[6] 数学用語として頻出する「係数」とは，一般にそこで重要とされているある数を指す．しいていえば'指標''指数'などと同内容と考えてよい．
[7] 相関関係について考える際，詳細は割愛するが，i)「見かけ上の相関」(「擬似相関」)と ii)「相関関係」と「因果関係」の相違，については十分に留意したい．この点については，たとえば東京大学教養学部統計学教室 (1991, 50-54) を参照．

表11.3 4つの主要な測定尺度

名称	概要
名義尺度 (nominal scale)	・ある個体（対象）が他と異なるか同一か等を判断する基準 （男女の性別，職業，所属，該当／非該当や表11.1のF, NFなど）
順序尺度 (ordinal scale)	・ある個体（対象）が他より良いか悪いか等を判断する基準 （アンケートなどで用いられる'非常に良い' '良い' '悪い' '非常に悪い'や成績評価のA, B, C, Dなど）
間隔尺度 (interval scale)	・ある個体（対象）が他よりどれだけ多いか少ないか等を判断する基準 （温度の大小など）
比尺度 (ratio scale)	・ある個体（対象）が他より何倍だけ多いか少ないか等を判断する基準 （長さや重さの比など）

における背番号の平均値を出したり，背番号と打順の相関係数を算出したりしても意味はない．この点，間隔尺度や比尺度の場合は，観察されたデータ全体の平均値を算出したり，ある変数間における相関係数を算出したりすることは，分析上，有意義である．

なお，名義尺度で測定された性質等について，「該当」「非該当」として便宜上それらを1＝該当，0＝非該当，と処理した上で数的に分析する方法がある．これらの数値を**ダミー変数**（dummy variable，身替り変数）と呼ぶ．

11.4 回帰分析

11.4.1 回帰分析の考え方

国際政治においても，ある量（x）が原因として働いて，他の量（y）が結果として決まってくる，あるいは決定されるとの仮説が有効であることが多い．この場合に有用なのが「回帰分析」である．**回帰分析**（regression analysis）とは，x, yの関係を関係式，もっとも単純には一次関係式$y = bx + a$と仮定した上で，与えられたx, yのデータからb, aを統計的に推定し，それを用いたこの関係式（'推定された関係式'という）がもとのデータによくフィットする

図 11.4 米ソの軍事支出

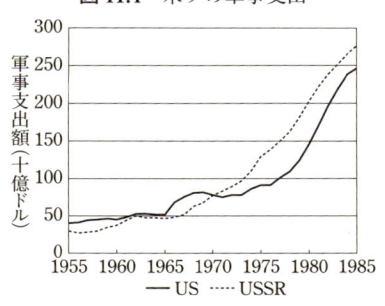

出所：NMC（v. 4.0）より作成

ことを確認する一連の方法である．この一次関係式を「回帰方程式」（regression equation, 回帰式）という．xによってyが決まるプロセスは当然，複雑，多様であるが，多くのデータがある場合は，その全体的鳥瞰図を回帰分析によって構成することが個別の事実解釈の背景理解に有益なことは多い．

一例として，米国とソ連の軍事費の時系列データから両者の関係を見てみよう．図 11.4 は COW の NMC（v. 4.0）より作成したものであるが[8]，米国の軍事支出（US）と旧ソ連のそれ（USSR）の間には，関連性がみられる．そこで，これを回帰方程式

$$\text{I} : \text{US} = b \times \text{USSR} + a$$

あるいは

$$\text{II} : \text{USSR} = b' \times \text{US} + a'$$

のいずれかで把握する．たとえば I は，米国の軍事支出（US）が，aという何らかの定数と，ソ連の軍事支出（USSR）に直接係わるbというある数によって定まるのではないか，考えるのである．どちらの式(I, II)を採用するかは，研究計画さらには仮説によって決めればよい．

2つの式(I, II)の＝の左側のy，右側の USSR または US をxとすると，どちらの式もxによってyが決まるので（すなわち，原因から結果が決まるので），yに該当する部分を**従属変数**（dependent variable）と呼ぶ．これに対してx

---

[8] COW および NMC については，第 12 章第 1 節ならびに補章を参照．

に該当する部分は，制約なく値を出せるので**独立変数**（independent variable）と呼ぶ．b, b' は**回帰係数**（regression coefficient），a, a' は「定数」（数学上は「切片」）と言われる[9]．b, b' は，x を1単位増やしたとき，y がどれだけ変化するかの敏感さ，影響力と考えられる．ただし，一般的に，回帰分析で扱われるこれらの変数は，'量'的変数であり，先に述べた'質'的変数（名義尺度や順序尺度によって測られた数値）ではない．

11.4.2　回帰分析の用い方

回帰分析は，すべての統計ソフト[10]に備わっているから容易に実行できる．ただし，x と y は役割上の意味が異なるので，入力時に注意する．実行の結果は，回帰係数などが算出されて，

$$\text{I : US} = 0.72\,\text{USSR} + 17.95\,(R^2 = 0.93)$$
$$\qquad(20.15)\qquad(-3.79)$$
$$\text{II : USSR} = 1.29\,\text{US} - 16.12\,\text{US}\,(R^2 = 0.93)$$
$$\qquad(20.15)\quad(-2.25)$$

となる．式の下の（　）は一般に「t値」と言われ，その係数の有意性を示す．おおむね $-2 \sim 2$ の範囲を外れれば，その回帰係数および定数を採用してよいとされている[11]．したがって，IおよびIIの各項目（各値）は，影響を与えるものと考えてよい．定数は，自動的に計算されて出てくるが，一方の軍事費がゼロと想定したときの他方の軍事費という意味付けであり，一般にはしばしばほとんど無意味な想定であるので考慮しなくてよい．したがって，そのt値についても特別の考慮は不要である．R^2 は**決定係数**とよばれ，0から1の値を持ち，1に近いほどそれぞれの関係式を採用してよいことを示す（なお，IとIIは互いに矛盾するものではない）．

なお，従属変数は常に1個であるが，独立変数は2つ以上選べる．このとき

---

9)　a は変数 x に関わっていないので「定数」といわれる．
10)　「ソフト」とは「ソフトウェア」の略で，本来は造語である．コンピュータを機械（金物）＋プログラムと考える場合，金物（hardware）に対して「プログラム」部分をいう．最も身近な統計ソフトのエクセルでは回帰分析は「分析ツール」中にある．
11)　回帰分析の t 値の詳細な説明については，東京大学教養学部統計学教室（1991，270-274）を参照．

の分析を**重回帰分析**（multiple regression analysis）という．1つの結果（従属変数）を説明する原因（独立変数）は複数個ある方が，むしろふつうであろう．

11.5 ロジット分析

11.5.1 ロジット分析の考え方

　国際政治学において量×量の関係が回帰分析によって表現，分析されることは，他の社会科学の諸分野と変わるところがない．例えば前述の x と y に対して，x = GDP，y = 軍備量とするとき，ある通貨単位で '$y = 0.012x + 150$' となる量的関係が成り立つなどとするのは典型的な例である．

　ところで量×量でなく，質×質でもない質×量の分析は多くはないが，それでも重要な研究としてはよくある．ある人は y に特別な意味を持たせ，x = GDP，y = 1（核兵器を保有），0（保有せず），として x と y の関係を分析する研究計画を立てるかもしれない．ここで y の 1, 0 は核兵器の保有，非保有という「質」を表す質的変数（かつダミー変数）である．よって，

　i) y は本来 0, 1 のみであり，0 と 1 の間の連続的な量，例えば 0.4, 0.45, 0.5, …をとることはない．核兵器を保有／保有せず，だけを考えているから，中間の「0.5 保有」などは無意味である．

　ii) 同じく y = 1 は '保有' の有無を単に表すだけだから，1 を越えることには意味を与えることは全くできず，またマイナスで y = -2 などもなおさら無意味である．

　ここで y を，核兵器を保有する確率とすれば i) はクリアされる．ii) は確率が 0～1 の間だから自然に解決される．しかしながら，x を確率に結び付ける式を工夫する手続が残る．そのような発想を用いた分析の1つが，**ロジット分析**（logit analysis）である．したがって，ロジット分析はふつうの一次関係式の回帰分析の発展形として考えられ，人文・社会科学系の諸分野でも広く用いられている．

表 11.4　オッズの表

p	0.001	0.01	0.1	0.3	0.5	0.7	0.9	0.99	0.999
$p/(1-p)$ ロジット	0.001	0.010	0.111	0.429	1	2.333	9	99	999
$\log_{10} p/(1-p)$	-3.00	-2.00	-0.95	-0.37	0	0.37	0.95	2.00	3.00
$\log_e p/(1-p)$	-6.91	-4.60	-2.20	-0.85	0	0.85	2.20	4.60	6.91

注：p, $1-p$ が等しく $1/2$ のとき，オッズ＝1となる．

11.5.2　ロジット分析の用い方

　ある事象 A（例：核兵器を所有する）が起こる確率を $P(A)$ として，これがある量 x（独立変数）によりどう変化するか分析したいとしよう．ここでは，x とともに $P(A)$ は増えるものとする．ここで，ただ漫然と $y=$ 確率，$x=$ 軍備量としたのでは，y は $0\sim1$ の範囲に収まらない．'確率' そのものでなくとも '確率に密接に関係する量' にして，分析にとり込む方法はないであろうか．

　オッズとロジット　これには「オッズ」（odds）と言って，起こる確率÷起こらない確率（起こることが起こらないことに対し何倍可能性があるか）で表す指標が用いられる．以下では $P(A)$ を p と略記するが，A のオッズは $p/(1-p)$ である．表 11.4 に一部を示したが，オッズはきわめて広い範囲で変化する．ただし，ゆうに数万から数千万倍の範囲で動くので，これの対数 $\log$[12] をとることで数値の動く幅をおさえよう．これを**ロジット**（logit）という．表 11.4 で確認できるように，ほどよく散らばってバランスのとれた量になる．これを起こりやすさ 'p' の '身替り' に使う．なお，常用対数（$\log_{10}$）がわかりやすいが，ロジット分析では自然対数（$\log_e$）を用いる[13]．

　A の起こりやすさを $\log_e p/(1-p)$ で表し，これを従属変数として，独立変

---

[12]　対数（log）とは，大まかに言うと，10, 100, 1000, 10000, …を 1, 2, 3, 4, …に，0.1, 0.01, 0.001, 0.0001, …を $-1, -2, -3, -4,$ …に，そして 1 を 0 に対応させるルールをいう．もちろん，2 とか 5, 20, …の対数もある．

[13]　ふつうの対数は 10 進法をもとにする（10 を底——基準くらいの意味——とする）常用対数であるが，きわめて便宜的であって，自然科学では十分に現象に対応しない．ある特別な数 e（2.71828…）を底とする「自然対数」が適切である．これが社会科学にも転用される．

第11章 計量分析の基礎

図 11.5 ロジスティック関数の曲線グラフ

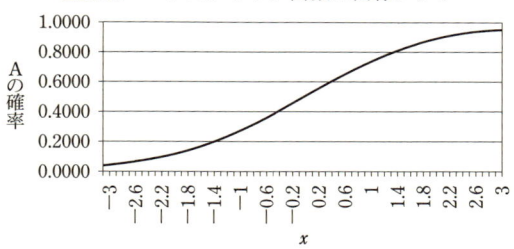

注：$a=0$, $b=1$ のケース

数 x によりどう変化するかを分析する．よって x による回帰式の形で

$$\log_e\left(\frac{p}{1-p}\right) = bx + a$$

とするとよい．これは

$$\frac{p}{1-p} = e^{bx+a}$$

と書けて，さらに $p = (1-p)e^{bx+a}$ となるから，両辺から p を出すと，

$$p = \frac{1}{1 + e^{-(bx+a)}} \quad \text{（ロジスティック関数）}$$

となる．この形は，広く 'x につれて確率 p が高まる関係式' として，汎用性が高い．例として所得によって耐久消費財の購入率が高まる，学力によって正答率が高まる，薬の摂取量によって効果の出現率が高まるなどである．これはよく見る形で b, a の値でいろいろに変形するが，p は図11.5で確認できるように 0〜1 の値におさまる（これにより，先に述べた ii) は解決する）．回帰分析と同じように，この p が a, b, x によってどのように変化するかを求めることがロジット分析を理解する上でのポイントであるが，それらの変数に '質' 的変数も含まれていることに留意しよう[14]．

重回帰分析との組み合わせ　なお，ロジスティック関数の式の中の $bx+a$ を

---

14) 「ロジット分析」の p 式の代わりに，同様の形をもった曲線，
$$p = \Phi(bx+a), \quad \Phi(u) = \int_{-\infty}^{u} \frac{1}{\sqrt{2\pi}} e^{\frac{x^2}{2}} dx$$
も考えられる．これは「プロビット分析」（probit analysis）と言われ，ロジット分析と並んでよく用いられている．

W とし，$W = bx + a$ という前節での回帰分析の式に近づけた形にして（y の代わりに，ここでは便宜的に W としておく），

$$p(W) = \frac{1}{1 + e^{-W}}$$

と書くこともできるが，これを重回帰分析（上述したように，重回帰では独立変数が2つ以上あることに注目）の式

$$W = b_1 x_1 + b_2 x_2 + \cdots + b_k x_k + a \quad (k は独立変数の個数)$$

にする分析がより実用的であり，これは「ロジスティック回帰」(logistic regression) といわれるものに一致する．第12章第4節でとりあげる国際的テロ行為とイスラム・テロ集団との関係の分析はその1つである．

11.6 検定の考え方

本章の最後に，統計学的な意味での「検定」について概説しておこう．回帰分析やロジット分析のみならず，様々な計量分析の方法を用いて，ある数値を算出した際，それが十分に確信を持てる数値かどうかを確かめるのが**検定**である．検定は統計的方法の一大領域をなし，課題に応じて様々な検定方法があるが，ここではその代表例の1つである「独立性の χ^2 検定」について，具体例を挙げつつ段階的に概説していこう[15]．

分析対象となる2変量がともに質的変数である場合は多いが，例えば，表11.5と表11.6は戦争状態／非戦争状態を A_1, A_2 として，またそれぞれが起こる条件や状況を B_1, B_2 とした度数データ（仮想）とその確率である．ここで，表11.5と表11.6から，2つの状態の A がそれぞれの条件のもとで起こり得る比率が算出される．A_1 と A_2 を比較すると，

条件 B_1 のとき：$0.1 (A_1 が起こる確率) / 0.3 (A_2 が起こる確率) = 1/3$

条件 B_2 のとき：$0.2 (A_1 が起こる確率) / 0.4 (A_2 が起こる確率) = 1/2$

であるから A_1 は A_2 に比して，B_2 のときの方が起こりやすい（B_1 のときは起

---

[15] 「独立」とは統計学上の概念で，関連がなく別個に生起することをいう．なお，よく用いられる他の有意性の検定として「適合度の χ^2 検定」「スチューデントの t 検定」(Student's t-test) があり，後者は単に「t 検定」とも呼ぶ．それらの具体的計算法については，松原 (1996) を参照．

第11章　計量分析の基礎

表11.5　度数データ（仮想）

	状況		
	B_1	B_2	計
戦争　A_1	10	20	30
非戦争 A_2	30	40	70
計	40	60	100

表11.6　左表の確率

	状況		
	B_1	B_2	計
戦争　A_1	0.1	0.2	0.3
非戦争 A_2	0.3	0.4	0.7
計	0.4	0.6	1

こりにくい）ことがわかる．

さて，このとき，A（戦争）の起こりやすさがB（状況）とどれだけ関連しているかいないか（BとAを逆にして考えても同一の結論となる）を確認したい．B_1 でも B_2 でも戦争は起こりにくく，一見しただけでは何ともいえないからである．ここで行うのが独立性の検定である．そこで，さしあたりBのいかんにかかわらず A_1, A_2 が起きる（BはAと独立）と仮定してみて，想定の値を出し，それを現実の値と比べよう．表11.5における B_1 のときの A_1, A_2 の想定回数は，それぞれ A_1, A_2 が起こる確率 30/100，70/100 にAが起こった回数40をかけた

$$40 \times 30/100 = 12, \quad 40 \times 70/100 = 28 \text{（回）}$$

と予想され，また同じく B_2 のときは，A_1, A_2 は，それぞれ

$$60 \times 30/100 = 18, \quad 60 \times 70/100 = 42 \text{（回）}$$

起こっているはずと予想される．ここで，実際に起こった回数から想定回数を引いたものを，各想定回数で割った統計量（これを「独立性の χ^2 の統計量」と呼ぶ）を求めると，

$$\chi^2 = \frac{(10-12)^2}{12} + \frac{(30-28)^2}{28} + \frac{(20-18)^2}{18} + \frac{(40-42)^2}{42}$$
$$= 0.793$$

と計算される（2乗する理由は，マイナスの値を出さないための工夫と考えておけばよい）．この χ^2 の値は，AとBが独立（無関連）であるという仮説が正しいと仮定してみた場合，現実のデータがこの仮説からいかほどずれているかを測るものである．

この0.793という値をどう判断するかの基準であるが，仮説が正しければ大きい値はほとんど出ないであろう．この'ほとんど出ない'の目安として，分

析者がある程度任意に（しかし常識的に）定める**有意水準** (level of significance) といわれる確率がある．この有意水準を仮に α とすると，もっともよく用いられる水準は，慣習として $\alpha=0.05$（5%），$\alpha=0.01$（1%）などである．先に「'ほとんど出ない' の目安」という表現を用いたが，おおざっぱに（多少不正確だが）表現すれば $\alpha=0.05$ は仮説が 95% で正しいか，$\alpha=0.01$ は仮説が 99% で正しいかを検定する．この値は，χ^2 分布表を参照して判断することになるが[16]，その値が参照部分の数値より小さければ仮説は成立（採択），大きい場合は支持できない（棄却）と判断される．

結果のみ記しておくと，$\chi^2=0.793$ は自由度 1 の χ^2 分布の $\alpha=0.05$ に相当する値 3.84――「自由度 1 の χ^2 分布の 5% 点」という．'○○% 点' という言い方に慣れると楽である――より小さいので仮説は採択される．つまり A と B は 95% の正確さで独立と言える[17]．

---

16) この分布表については，たとえば東京大学教養学部統計学教室（1991, 282-283）の付表 3 を参照．なお，統計学に関する教科書には，この分布表が必ずといってよいほどついている．ところで，統計表を見る上では「自由度」(degree of freedom) について知る必要がある．自由度とは，一般に「自由に動ける変数の数」という意味で，データ数，全体のカテゴリー数や項目数などからいくつかを減らした数が自由度となる．直観的には，分析の複雑さ，多様さ，規模の大きさを示すと考えてよく，分析ごとに理論的に定まる．

17) なお，コンピュータ計算はあらかじめ α は定めず，むしろ結果の χ^2 の値（上の例では $\chi^2=0.793$）にちょうど対応する有意水準 α を算出し（p 値＝有意確率，として算出される），例えば 37% 点は 0.793 になっている．つまり $\chi^2=0.793$ に相当する有意水準 α は $\alpha=0.37$ で，この 0.37 を以て p 値と言っている（$p=0.37$ と記する）．χ^2 値が大きくなる（すなわち仮説を棄却する場合）とともに p 値は小さくなることに注意しよう．たとえば $\chi^2=10$ なら $p\fallingdotseq 0.001$ と非常に小さい．しばしば便宜的に，* $p<0.05$，** $p<0.01$，*** $p<0.001$，などと記すが，それぞれ 5%，1%，0.1% の有意性を示し，「有意」「非常に有意」「高度に有意」を意味する．

第12章　計量分析と国際政治

　日本ではあまり目立たないが，国際政治の分野では，ゲーム理論など数理分析と並び，計量分析すなわちデータを用いる統計分析が有益で，実際広く使われている．本章では国力，政治体制，戦争の3つのテーマで統計感覚を養い，ついでデータに基づく計量分析まで進む．ここでは，回帰分析を用いた例として日ソさけ漁業交渉に関する分析を，ロジット分析を用いた例としてデモクラティック・ピースおよび国際的テロの発生形態に関する分析を紹介する．難解と感じられる読者は，表を一覧するだけでも有意義である．

12.1　データで国際政治を捉える

12.1.1　国力

　総合国力指数　我々は「国力」という用語を，国際政治に関するさまざまな研究や議論においてしばしば用いる．たしかに，この言葉が国際政治における重要概念の1つであることは間違いない．しかし，必ずしも明確な定義付けはなされておらず，かといって，これを厳密に考えだすと難しい．「国力」を実際に測定しようとした数少ない試みとして，COW（Correlates of War）プロジェクト[1]がある．直訳すれば「戦争関連諸項目」であるが，COWは'国の諸能力'を'国力'とし，戦争と諸能力との関連を調べる上で，各国のさまざまなデータを「国家の物質的能力」（National Material Capabilities：NMC）として集収・編集している．

　ここには国の「鉄鋼消費量」「エネルギー消費量」「軍事支出額」「兵員数」「都市人口」「総人口」の6項目が提示されており，これから算出した「総合国力指数」（Composite Index of National Capabilities：CINC）が示されている．

---

1) COWプロジェクトとは，1963年にシンガーとスモールらによってはじめられた戦争関連性調査である．このプロジェクトによって収集，編集されたデータベースについての概説は補章を参照．

この指数は，ある国の持つ総合的な能力の，全世界総計における割合として定義されており，たとえば 2007 年の日本の CINC 指数は約 4%（0.04），米国は約 14%（0.14），中国は約 20%（0.20）である[2]．図 12.1 で，主要国における CINC 指数の時系列の推移を確認してみよう．この図から，いわゆる大国と呼ばれる国々の興隆と衰退がわかる．19 世紀初頭のイギリスの興隆と 19 世紀終盤以降の衰退，そして同時期におけるアメリカの興隆，第二次世界大戦後における旧ソ連の興隆と 1991 年のその崩壊，そして近年における中国の興隆などが表れている．

米国と中国の逆転　図 12.1 では 1990 年代を境に，中国と米国の能力が逆転している．その変化を追ってみよう．表 12.1 は，CINC 指数の元データの 6 項目について，米国と中国の 1990 年と 2005 年を比較している．

まず，中国における鉄鋼消費量の増加が著しい．1990 年の時点では，米国の方が中国よりも 20,000 千トンほど多いが，2005 年の中国のそれは米国の 4 倍ほどの消費量である．1990 年に比べ，中国のエネルギー消費量は 2005 年にその 2 倍以上，さらに軍事支出額では 5 倍に増加している．加えて，中国における都市人口の大幅な増加は注目される．COW プロジェクトにおいて都市人口は，工業力の高さ，戦時における人々の集中的な動員体制などにも関係していることから，国力における重要な指標の 1 つとなっている．

数値化の難しい要素への注目　数値データのみでは必ずしも国の能力を測ることはできないとの議論もある．しかし，数値データと数値化できないものをバ

---

[2] 具体的な算出方法の詳細については，http://www.qmss.jp/databank/ を参照．ここではその概略を記しておく．まず，ある年の全ての国々における 6 項目ごとのデータの総計を算出し，CINC 指数を算出したい国の各項目が各総計に占める割合を計算する．次に，これを 6 項目すべてで行い，各割合の総和を算出する．最後に，その総和を 6 で割る．これが CINC 指数である．

例えば，2007 年の韓国の CINC 指数を算出してみよう．6 項目のうちまずは「鉄鋼消費量」に注目すると，世界全体の 2007 年の「鉄鋼消費量」は 1,350,236 千トンであり，同年の韓国の「鉄鋼消費量」は 51,517 千トンだから，世界全体に占める韓国の「鉄鋼消費量」の割合は，$51,517 \div 1,350,236 = 0.038154$ である．これと同じ作業を残りの 5 項目でも行い，各割合の総和を算出し，最後に 6 で割る．つまり，韓国の 2007 年の CINC 指数は

$$\frac{(0.038154 + 0.03204 + 0.020685066 + 0.034688 + 0.010175 + 0.007369)}{6}$$

より，0.023852 と算出される．

図 12.1 主要国における CINC 指数の推移 (1816-2007年)

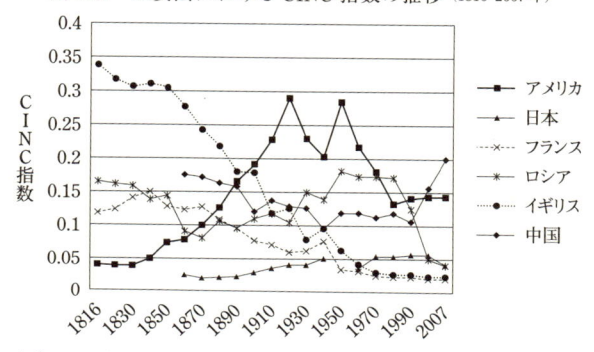

出所：NMC (v. 4.0) より作成

表 12.1 米国と中国の国力比較 (1990年, 2005年)

年・国名		項目 鉄鋼消費量 (1千トン)	エネルギー消費量 (100万トン)	軍事支出額 (10億ドル)	兵員数 (1千人)	都市人口 (1千人)	総人口 (1千人)
1990年	米国	89,726	3,936	289.7	2,180	64,116	249,907
	中国	66,350	1,365	60.6	3,500	170,707	1,155,305
2005年	米国	94,897	5,529	495.3	1,473	80,805	295,896
	中国	355,790	3,420	298.7	2,255	710,800	1,303,720

出所：NMC (v. 4.0) より作成

ランスよく捉えて考察・分析することも有効であって，たとえば，今から半世紀以上も前にモーゲンソー (Morgenthau 1948) は，国力の諸要素として天然資源や工業力，軍備などに加え，国民性や国民の士気，外交の質，政府の質などもその要素として挙げている．近年では，ナイ (Nye 2004, 2011) が，膨大な量の計量データを機能的に有効に用いて「ソフト・パワー」(soft power) や「スマート・パワー」(smart power) など，数値では測り難いとされている要素（文化や政治的価値，政策など）にも注目したパワー論を展開している．

12.1.2 政治体制

政治体制の計量的分類 世界はどのような政治体制を持つ国々によって構成されているのか．また，それぞれの政治体制の特徴とは何か．政治体制によっ

て国際政治に与える影響は異なるのか．国際政治における諸現象を国内政治やその政治体制から説明しようとする試みは，国際政治学においても 1 つの重要な関心事項である（本章第 3 節および第 13 章第 4 節参照）．そこでここでは，政治体制に関するデータベースを用いて，上記のような疑問に答えるためのきっかけを提供する．

用いるデータベースは Polity IV である[3]．'Polity' とは「政体（せいたい）」の意味で，例えば民主主義体制はこの典型例である．各政体は，計量分析上では名義尺度であるが，Polity では 6 つの指標によってそれぞれを点数化し，それに応じて「民主主義体制」(democracies)，「専制体制」(autocracies)，「中間体制」(anocracies)[4]に分類している．指標は i) 最高政策決定者の選ばれ方，ii) 最高政策決定者の人事の競争性，iii) 最高政策決定者の人事の透明性・公開性 (i)～iii) はクーデターによるか，世襲制か，指名制か，公選制かなど），iv) 行政の権限に対する制約（制約がないか，司法などにより制約されているかなど），v) 政治参加への制約（政治的主張や政治活動に対する制限がないかなど），vi) 政治参加の競争性（異なった政治的主張や政治活動が認められるかなど）である．これら 6 の指標で，各政体が －10 から ＋10 の間で点数化される．－10 に近いほど専制体制である傾向が強く，＋10 に近いほど民主主義体制である傾向が強い．

Polity IV を用いた一事例として，韓国について考えよう．表 12.2 は，1963 年から 2002 年までの韓国の Polity スコアである．韓国では，1960 年代から 1980 年代初頭にかけて，朴正煕や全斗煥らによる独裁政権が続いていたが，朴正煕が戒厳令を発布した 1972 年以降のスコアは －9 や －8 であり，Polity では専制体制の典型例となっている．他方，全斗煥政権の後は，民主化を進めた盧泰愚政権の発足に伴いスコアが好転し，1988 年以降は 6 となっている．1987 年は，韓国国内で大規模な民主化運動が起こった時期であり，Polity では移行期 (88) として記されている．1998 年以降は，金大中政権による更な

---

[3] Polity については補章を参照．なお，民主主義の程度を測る指標については Freedom House によるデータも有名である．また Huntington (1991) は，民主化の起こるメカニズムを明らかにする上で，各種経済データを用いており参考になる．

[4] 「アノクラシー」としても良いが，本節ではこの政体が民主主義体制と専制体制の中間に位置することを考慮し，「中間体制」と呼んでいる．

第12章 計量分析と国際政治

表 12.2 韓国の Polity スコアの推移 (1963-2002 年)

大統領名	年	スコア	大統領名	年	スコア
朴正煕	1963	3	全斗煥	1983	−5
〃	1964	3	〃	1984	−5
〃	1965	3	〃	1985	−5
〃	1966	3	〃	1986	−5
〃	1967	3	全斗煥/民主化運動	1987	88
〃	1968	3	盧泰愚	1988	6
〃	1969	3	〃	1989	6
〃	1970	3	〃	1990	6
〃	1971	3	〃	1991	6
〃	1972	−9	〃	1992	6
〃	1973	−8	盧泰愚/金泳三	1993	6
〃	1974	−8	金泳三	1994	6
〃	1975	−8	〃	1995	6
〃	1976	−8	〃	1996	6
〃	1977	−8	〃	1997	6
〃	1978	−8	金泳三/金大中	1998	8
朴正煕/崔圭夏	1979	−8	金大中	1999	8
崔圭夏/全斗煥	1980	−8	〃	2000	8
全斗煥	1981	−5	〃	2001	8
〃	1982	−5	〃	2002	8

出所:Polity IV より一部抜粋し加筆・修正

る民主化により,スコアは 8 となっている.

民主主義の程度と人間開発指数の相関 Polity によれば,民主主義体制として成熟している政体は,政治参加が制約されておらず,開放的で,競争性が確保されており,かつ最高政策決定者が選挙で選ばれ,また行政の権限が制約されている体制であった.

このような民主主義体制下における人々の生活は,専制体制に比べてより良いものなのだろうか.1 つの試みとして,国連開発計画(UNDP)によって開発された「人間開発指数」(Human Development Indicators:HDI)[5] と Polity データの相関を考えよう.図 12.2 は,縦軸に HDI 指数を,横軸に Polity スコアをとった散布図である.左が民主主義体制(1〜10 段階)について,右が専制体制(−1〜−10 段階を 1〜10 段階と置き換えた.10 に近くなるほどより独

---

5) HDI は,「破綻国家」の状況を測る一指数としても近年注目されている.HDI に関するデータベースについては補章を参照.定義については松原(1996)を参照.

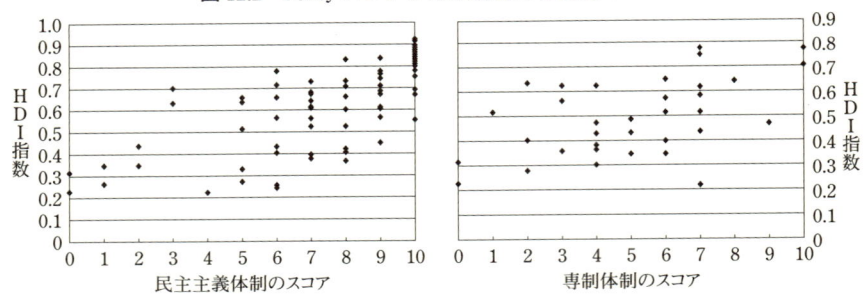

図12.2 PolityスコアとHDI指数の相関図（2002年）

出所：Polity IV および HDI より作成

裁傾向が強い体制となる）についてである．民主主義体制とHDI指数の相関係数は $r=0.73$ であり，強い正の相関がある．一方，専制体制とHDI指数の相関係数は $r=0.49$ であり，弱い正の相関がある．直観では，民主主義体制が成熟しているほどHDI指数は高いと思われるが，左の図を見る限りそれはある程度正しい．しかし右の図からは，強固な専制体制でもHDI指数が高い可能性が示されている．

12.1.3 戦争

1820年以降の国家間戦争 戦争の理解と分析のためには，科学的な方法により収集，編集されたデータが必要不可欠である．ライトの研究（Wright 1942）やリチャードソンの研究（Richardson 1960），さらには山本と田中らによる研究（山本・田中 1992）は，戦争に関する膨大なデータを集めてなされた先駆的で，かつ網羅的な研究であった．ここでは，COWを用いて，1820年以降における国家間戦争の傾向について概観する．

COWにおける国家間戦争（inter-state war）の定義とは，国家によって組織化された武力による継続的な戦闘行為であり，その戦闘行為で少なくとも1,000人以上の死者が出ているものである．COW(v.4.0)では，この定義に当てはまる国家間戦争は1820年以降，2007年までの間に95回起きている[6]．こ

---

6) COW(v.3.0)では「戦争」という括りの中で，非政府主体間による戦争や非政府主体と政府との戦争も含まれていたが（もっとも，その中でも戦争のタイプについて幾つか

表 12.3 1820 年以降における国家間戦争の度数分布表

年代	頻度
1820-1839	2
1840-1859	9
1860-1879	12
1880-1899	6
1900-1919	16
1920-1939	11
1940-1959	9
1960-1979	16
1980-1999	12
2000-2007	2

出所：COW (v. 4.0) より作成

こには例えば，日清戦争（1894-1895 年）や日露戦争（1904-1905 年），第一次世界大戦（1914-1918 年）が含まれ，最近の例ではイラク戦争（2003 年）までが含まれている．戦争期間は各戦争によって異なるが，戦争期間でカウントはせず，日清戦争でも，第一次世界大戦でも各 1 回と数える[7]．

表 12.3 は，COW(v.4.0)より作成した国家間戦争の度数分布表である．各年代は 20 年間を単位とし，戦争は開始年を参照して作成した．戦争頻度の最頻値は，1900-1919，1960-1979 の 16 回である．前者には，日露戦争，第一次世界大戦などに加えて，第一次，第二次バルカン戦争などが含まれる．後者には，ベトナム戦争や第一次，第二次印パ戦争などが含まれる．また 1860-1879，1920-1939，1980-1999 も，それぞれ 12 回（普仏戦争などを含む），11 回（日中戦争[8]などを含む），12 回（フォークランド紛争，湾岸戦争などを含む）であり，比較的多くの戦争が起きていることがわかる．

権力の移行と戦争の関係　オーガンスキー（Organski 1958）によれば，諸国

分類があるが），COW(v.4.0)では戦争の分類をより細かく設定しており，国家間戦争以外にも，Non-State War Data（非国家間戦争データ）などが利用可能である．

7) もっとも実際の COW データでは，各戦争に関係した国も示されているから，分析者が何を分析したいと思うかで戦争の数え方は異なる．分析方法次第では 1 カ国（monad）で各 1 回ずつ，合わせて 2 回と数えることも可能である（例えば，日清戦争は日本側と清国側で 1 回ずつで計 2 回）．

8) 第三次日中戦争（Third Sino-Japanese War of 1937-1941）と記されている．これは正式呼称ではないが，1937 年の盧溝橋事件以降 1941 年の日米開戦までを想定している．

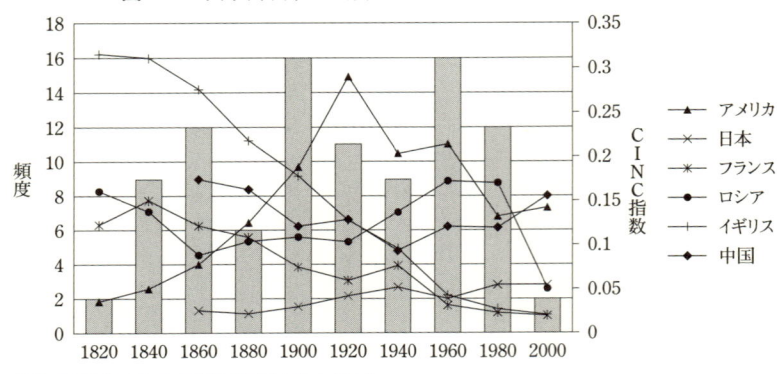

図12.3 国家間戦争の頻度と CINC 指数の推移（1820-2007年）

出所：COW（v. 4.0）および NMC（V. 4.0）より作成

間における力の分布状況が大きく変化する際に，国際社会は最も不安定化し戦争が起こりやすい[9]．これを「権力移行論」（power transition theory）と呼ぶ．図12.3は CINC 指数と国家間戦争のヒストグラムを合わせたものであるが，これはオーガンスキーの議論を部分的に検証している．

たとえば，もっとも戦争の少ない1820年から1839年は，まさにイギリスが圧倒的な力を保持していた時期であった．しかしその力が減少し始める1840年代から1870年代になると状況は変わる．イギリスと他国との力の差は縮まり，戦争が増え始めている．また，ヒストグラムで最頻値である1900年から1919年はイギリスと米国の力がちょうど逆転する時期であり，またもう1つの最頻値である1960年から1979年は，米国の力が減少する一方，中国やソ連の力が増大していく時期である．

12.2　日ソ漁業交渉の回帰分析

回帰分析は応用上，非常に広いバリエーションがあり，国際政治現象に適用

---

[9] 力の分布状況の主な変化とは，大国に集中した力の中小国への移行である．後発国（多くの場合，弱小国等）は，現状の国際秩序に不満を抱き，大国に挑戦しようとするが，大国が強国である以上，現状打破を目指した挑戦国にはなりえない．しかし，大国の力に後発国が追い付いた場合，後発国は大国への挑戦国となって戦争が起こり得る．

すればさまざまの深い知見が得られる．ここでは，2つ以上の独立変数を用いた重回帰分析による日ソ漁業交渉の分析（Inoguchi and Miyatake 1979；猪口 1978）を通じて，日ソ漁業交渉での両国の力関係を推論してみよう．

12.2.1 日ソ漁業問題の概要

現在の日ロ間における主要な懸案といえば，すぐに北方領土をめぐる問題が浮かぶが，かつてのそれは，1956年に日ソ間の漁業条約で一応の合意をみた漁業問題であった．北方領土の領有権に関する問題は，1945年に旧ソ連軍が南樺太や北方四島を含む千島列島全域を占領して以来，1956年の「日ソ共同宣言」でも最終解決されず現在に至っているが，日ソ間の漁業問題はさらに歴史が古く，問題の発端は20世紀初頭まで遡る．日本が，太平洋北西部の漁場（北洋漁場[10]）に進出し始めたのは江戸時代末期から明治時代にかけてであるが，1904年に始まった日露戦争で日本が勝利すると，北洋漁場での漁業はいわば日本の独占状態となる．1905年のポーツマス条約では当時のロシア領沿岸地域における日本の漁業権が，続く1907年の日露漁業協約ではカムチャッカ半島沿岸部などでの漁業権が認められた．

日ロ間の関係が大きく逆転するのは，1945年，第二次世界大戦における日本の敗戦からである．これにより，日本は北洋漁場における漁業権を失っただけでなく，連合国軍総司令部（GHQ）により遠洋漁業も禁止された．1952年，日本が独立を回復すると，遠洋漁業は解禁されたが，同年から始まった日ソ間における漁業交渉は，北方領土の領有権問題も相まって熾烈を極め，1956年の日ソ漁業条約の締結後も，漁業量割当問題や拿捕問題を中心に交渉は続いた．

1970年代になると，漁業の乱獲による水産資源の枯渇が国際的問題となり，日ソ両国ともそれぞれ200海里海域での漁業活動に限定することとなった[11]．しかし，拿捕問題や漁業量割当問題は引き続き日ソ間における大きな問題として残されていた．

---

10) ベーリング海域やオホーツク海域における漁場である．
11) 乱獲による漁業資源の枯渇は，第3章第6節で解説した囚人のジレンマの一例（共有地の悲劇）としても考えることができよう．

12.2.2 分析結果の比較検討

分析の概要　猪口らによる研究は，日ソ両国間における漁業問題の中でも，ことに 1956 年から 1976 年の間の漁業量割当交渉の決定に焦点を当てたものである．同研究の大きな特徴の 1 つは，重回帰分析の結果の比較検討を通じて，日ソ間における交渉力の推移を分析している点である．

彼らは，日ソ両国の当初の提案割当量がそのまま妥結割当量になることは考えられないが，少なくとも最終的な妥結割当量にはこれが影響すると考え，

AQJC：日本の妥結割当量
JIP：日本の当初提案量
SIP：ソ連の当初提案量

を取り上げ[12]，JIP および SIP を独立変数，AQJC を従属変数とした．そして，データ範囲を 2 通り（I, II）とって，回帰分析を行った．

データは，『日本経済新聞』に掲載された 1957 年から 1976 年までの交渉過程ならびに日ソ双方の当初提案量に関するデータであり，また日本政府による公式出版物に記載された割当量などのデータである．日ソ交渉やその交渉力を検討する場合，本来であれば，交渉担当者へのインタビューや交渉記録などの精査をはじめ質的な調査は不可欠であるが，猪口らが論文を発表した時点では公式な交渉記録もなければ，交渉担当者らにインタビューすることも難しかった．

結果の比較　I は 1957 年から 1976 年までのデータで，II は 1964 年から 1976 年までのデータで行った分析である．結果は，

I：1957 年から 1976 年のデータ

$$AQJC = 0.260 JIP + 0.634 SIP + 15.11 \quad (R^2 = 0.93)$$
$$(0.044)(0.056)$$

II：1964 年から 1976 年のデータ

$$AQJC = 0.590 JIP + 0.310 SIP + 8.72 \quad (R^2 = 0.87)$$
$$(0.176)(0.159)$$

---

12) AQ は agreed quota（妥結割当量），IP は initial proposal（当初の提案量），C は catch（漁獲量），J は Japan（日本），S は Soveit Union（ソ連）である．

である．決定係数（R^2）を比較すると，Iモデルが II モデルより幾分あてはまりがよい．また，（　）内は，各回帰係数の「標準誤差」であり，t 値の替りに表示しているが[13]，この値は小さければ小さいほどその回帰係数が良く適合していると言える．したがって，Iの両変数，II の JIP 変数が有意に影響力をもっていることがわかる．

IとIIの結果を比較すると，IIではIに比べて JIP の係数が大きいことから，妥結量に与える日本の当初提案量の影響が高まっていることがわかる．ここから，1957 年から 1976 年の中でも，1964 年以降において，日本の交渉力が高まったと見る見方もできよう．

この可能性は，同分析から得られた一仮説として，更なる実証研究により確かめる必要がある．しかし，日ソ間の交渉力の変化を推測する上で回帰分析の結果を比較参照するという工夫はより評価されてよい．なぜなら，限られたデータしか手に入らない（インタビューや公式な交渉記録による検証ができない）状況でも，具体的な数値データ（猪口らの研究では，新聞や政府刊行物に記載された漁業割当量など）があれば，検証に値する仮説や考察対象が数値として，あるいは傾向として提示されるからである．

なお，本節では割愛したが，猪口らは同研究において「ラグ（遅れ）・モデル」（lag model）[14]も入れた回帰分析も行っており，結果の更なる比較検討という観点から興味深い結論を導いた点，さらには同研究が日本の国際政治学で，重回帰分析を試みた数少ない先駆的研究事例であることを付言しておこう．

---

13) 一般に「標準誤差」（standard error）とは，計算されている統計量（平均，回帰係数など）の標準偏差をいい，その統計量に対する確かさの判断の目安を与える．標準偏差については補章を参照．なお回帰係数値÷標準誤差＝t 値である．

14) 前章第 4 節での事例をもとに考えれば，自国のある年（t）の軍備が，相手国の 1 年前（$t-1$）の軍備から遅れて決まると想定することを，「ラグ（遅れ）・モデル」と呼ぶ．そして，米ソ間の軍備競争を前章での単回帰式を踏まえて $US_t = b\,USSR_{t-1} + a$ とか $USSR_t = b'\,US_{t-1} + a'$ などとして，回帰分析を行うことも意味がある．これを実行してみると，$US_t = 0.78\,USSR_{t-1} + 18.14$（$R^2 = 0.94$），$USSR_t = 1.43\,US_{t-1} - 18.87$（$R^2 = 0.91$）である．この 2 通りのラグ・モデルは，ソ連については前章の通常のモデル（同時モデル）よりもフィットが良くない（決定係数参照）．しかし，2 つのラグ・モデル同士の比較は有意義で，米国がソ連の前年に反応する方が，逆の方向（ソ連が米国の前年に反応する）よりもモデルとしてフィットが良いことがわかる．

12.3 デモクラティック・ピースのロジット分析

前章で解説したように、ロジット分析はある事象が起きる確率を従属変数（結果）とし、その起こりやすさを決める独立変数（原因）が何かを統計データによって検証する分析である。本節では、国際政治学におけるロジット分析の事例として、戦争発生率と国内政治体制との関連を調べた「デモクラティック・ピース」論の分析方法と分析結果を検証しよう。

12.3.1 民主主義と平和の関連性

仮説　「デモクラティック・ピース」（democratic peace）論とは、端的にいえば「民主主義国どうしは戦争をしない」との仮説を立証しようとする研究である（「民主主義国は戦争をしない」という仮説とは異なる[15]）。ドイル（Doyle 1986）が先鞭をつけたこの研究は、戦争原因を1カ国の国内政治制度に帰すのではなく、二国の組み合わせ（dyad）[16] すなわち2カ国の政治制度の組み合わせによって軍事紛争が起きる可能性が変化すると考え、その中でも民主主義国と民主主義国の組み合わせで戦争が起きる可能性は非常に低いと主張する。この論によるならば、民主主義国が増加するほど国家間の戦争が起きる可能性が低くなり、平和を実現しやすくなる。冷戦終結後の国際社会では、米国が世界的に民主化を推し進めているが、デモクラティック・ピースは、それが世界の安全に貢献すると主張する論拠の1つである[17]。

民主主義と平和の関連性を分析したさまざまな研究が1990年代になされ、それを立証するための方法論として計量分析が用いられたが、いずれも民主主義の成熟度を独立変数として指標化し、計量分析をおこなうことで、民主主義国どうしの戦争が発生する可能性は他の二国の組み合わせよりも低いことを示すことに主眼が置かれている。

---

[15]　「ある国内政治制度を採用する国家は戦争をしない」とする1カ国の政治制度に基づく戦争研究への批判は、Waltz（1959）の議論を参照。
[16]　1カ国（monad）、2カ国（dyad）、3カ国（triad）、…は組み合わせの例である。
[17]　例えば Encarnación（2006）はブッシュ政権とデモクラティック・ピースの関係を述べている。

デモクラティック・ピースの代表的な研究者の1人であり，有数の計量研究の指導者でもあるラセットは第二次世界大戦以降のデータを使って仮説を検証することで，二国間関係の当事国の民主化が進んでいるほど，軍事紛争が起きにくくなることを明らかにした（Russett 1993）．

ラセットが検証した仮説は次の3つである．

〈仮説1〉分析対象の2カ国（dyad）が民主的であるほど，軍事紛争が起こる可能性は低い．紛争が起きても，それが軍事紛争にまでエスカレートする可能性は低い．この効果は国富，経済成長，隣接関係，同盟，軍事能力の比率とは独立して発揮される．

〈仮説2〉分析対象の2カ国の国内政治過程に民主的規範が深く根ざしているほど，紛争が発生もしくはエスカレートする可能性は低くなる．（規範・文化的モデル）

〈仮説3〉分析対象の2カ国の制度的制約（後述）が強いほど，紛争が起きるもしくはエスカレートする可能性は低くなる．（構造・制度的モデル）

ロジスティック回帰分析1 ラセットはこれらを検証するために，ロジット分析（ロジスティック回帰分析）を行っている．Polity II（現在は Polity IV）のデータを用いて国家の民主化の度合いを指標化し，2カ国の値を統合した指数（JOINREG）を計算して独立変数とした．そして値に応じて「民主主義」（Democracy），「権威主義」（Authoritarian），「中間体制」（Anocracy）の3種類に分類した．他には，国富（Wealth），経済成長（Economic Growth），同盟関係（Alliance），隣接関係（Contiguity），軍事能力の比率（Military Capability Ratio）が独立変数として用いられた．

従属変数としては，軍事紛争の統計データに COW プロジェクトの MID（Militarized Interstate Dispute）と ICB プロジェクト[18]のデータを利用し，従属変数を軍事紛争が発生した／しないの2段階に分けたロジスティック回帰分析と，軍事紛争の深刻さを5段階に分けた（順序付き）ロジスティック回帰分析の2通りがおこなわれた．それらのデータを用いて仮説1の検証をおこなった結果の係数の値と有意性を示したのが表12.4 である．

---

18) International Crisis Behavior Project（http://www.cidcm.umd.edu/icb/）

表12.4　ラセットのロジスティック回帰分析1の回帰係数

独立変数	2段階		5段階	
	MID	ICB	MID	ICB
民主主義	−0.004**	−0.005**	−0.004*	−0.007*
国富	−0.022**	−0.040*	−0.022**	−0.040*
経済成長	−0.107**	−0.132**	−0.111**	−0.139**
同盟関係	−0.517**	−0.339*	0.258**	−0.336*
隣接関係	1.419**	1.964**	0.710**	1.962**
軍事能力の比率	−0.007**	−0.002**	−0.007**	−0.002*

($N=19{,}020$)

*$p<0.05$, **$p<0.01$
出所：Russett（1993, 85）

どの分析方法でも，基本的に独立変数の効果は同じである．まず，どの回帰分析でも全ての独立変数の回帰係数は有意な値を示し，軍事紛争の発生に関係があることは確かである．マイナスの値の付いた独立変数は軍事紛争の発生に対して負の効果を持つ．民主主義は係数の値（2段階のMIDならば−0.004）は小さいもののいずれも有意かつ負の値であり，民主的であるほど軍事紛争を起こりにくくすると解釈され，仮説1を支持する結果ということができる．

ロジスティック回帰分析2　さらに，ラセットは，民主主義をより詳細な変数に区分けして仮説2と仮説3を検証している．制度的制約と民主主義の規範の影響力を指標化し，それぞれを独立変数として分析を進めた．制度的制約とは，一個人への権力の集中度合い（個人支配や全会一致制など），行政上の制約度合い（政策決定における最高責任者が個人か集団か，など），国家の集権の度合い（中央集権制や連邦制など），政府の活動範囲を指標化して作成された変数である．また，民主主義の規範の強さの指標として用いられたのは，政治的安定度（政治体制の持続年数）と政治犯の処刑頻度（国内社会・政治紛争における暴力の度合い）である．政治体制の持続年数を用いるのは，基本的政治構造を長期間維持するなど高度に安定した民主主義国は，短期間しか存続していない民主主義国よりも民主的規範の影響がより強いといえるからである．そして国内社会・政治紛争における暴力の度合いを用いるのは，民主的規範が浸透している国家では暴力的な政治紛争の発生がまれで，民主主義国では秩序を維持するために暴力による抑圧をほとんど必要としないからである（Frank 1992

表 12.5 ラセットのロジスティック回帰分析 2 の回帰係数

独立変数	MID	ICB
政治的安定度 †	−0.051 **	−0.112 **
制度的制約	−0.012 **	−0.020 **
民主主義	−1.783 **	−1.404 **
国富	0.001	−0.013
軍事能力の比率	−0.009 **	0.002 *
同盟関係	−0.532 **	−0.289
隣接関係	1.166 **	1.809 **
	($N = 18{,}762$)	
政治犯の処刑 †	0.236 **	0.146 *
制度的制約	−0.007 *	−0.225 **
民主主義	−2.007 **	−1.256 **
国富	0.007	−0.006
軍事能力の比率	−0.009 **	−0.002 **
同盟関係	−0.627 **	−0.405 **
隣接関係	1.115 **	1.718 **
	($N = 17{,}317$)	

*$p < 0.05$, **$p < 0.01$
出所：Russett (1993, 87)

も参照).

　これらを独立変数としたロジスティック回帰分析の結果が表12.5である．2つの結果があるのは，民主主義の規範の指標として，1つは政治的安定度を，もう1つは政治犯の処刑頻度を用いたからである（†）．ラセットの計量分析では，政治的安定度（−0.051，−0.112）と政治犯の処刑（0.236, 0.146）が仮説2を支持し，上側の制度的制約（−0.012，−0.020）と下側の制度的制約（−0.007，−0.225）が仮説3を支持する結果となった．

　結論　いずれの従属変数を用いた分析でも民主主義に関する変数は有意な値を示しており，軍事紛争の発生を規定する原因の1つである．また，いずれの分析結果でも民主主義の係数は負の値であり，双方の国が民主化されるほど軍事紛争に発展する傾向は弱まる．このように，いくつかの例外を除き，民主化の度合いの独立変数は，一般的に軍事紛争の原因とされる独立変数の中でもことに影響力を有することを統計学的に示したことから，民主主義国の増加が軍事紛争を減少させる可能性が確認される．

12.3.2　デモクラティック・ピース論の留意点

　ラセットの計量分析の結果を見るならば，確かにデモクラティック・ピース論が主張するように民主主義国の増加が平和につながるといえるが，その分析手法に批判がないわけではない．そこには冷戦終結後の国際政治にとって重要な安全保障問題とかかわる点も存在する．

　第一に，デモクラティック・ピースが適合するのは，第二次世界大戦以降の国際関係に限られるということである．ファーバーとゴワ（Farber and Gowa 1995）は，各時代に存在した国家の二国間関係の組み合わせを民主—民主対それ以外に分類し，さらに戦争件数も戦争件数対非戦争件数として組み合わせごとに集計した．そのデータを用いた χ^2 検定の結果が表 12.6 である[19]．

　有意水準 0.05 ($p<0.05$) で判断すると，国家の組み合わせと戦争発生率の χ^2 検定で有意な値を示したのは 1914-1918 年と 1946-1980 年である．このように細かく期間を区切った理由としては，第一次世界大戦以前と第二次世界大戦以後の国際政治においては重大な違いがあること（核兵器の有無と，同盟形成や戦争勃発の経緯などに見られる 19 世紀と 20 世紀の政治の違い），大戦争はデモクラティック・ピースの妥当性を測る適切な観察対象とはいえないことが挙げられている．

　ラセットが統計データとして用いたのは第二次世界大戦以降の二国間関係である．その理由として，第二次世界大戦以前は民主主義国の数が少ないこと，民主主義が国際政治経済に及ぼす影響は戦前よりも戦後のほうが顕著であること，民主主義の成熟と規範の定着にはある程度の時間を必要とすることを挙げている（Russett 1993, 73-74）．しかしながら，民主主義国どうしの戦争発生率が最も高いのは 1939-1945 年の 6 年間であり，世界大戦という特殊な時期であるとはいえ，デモクラティック・ピースの仮説に反する結果を示すこの時期が排除されることは，調査対象の選択に偏りを生じさせる「セレクション・バ

---

19)　表 12.6 の（　）内の数字は二国の組み合わせ（dyad）の数を示しており，二国の組み合わせの数は年単位で集計した延べ数である（dyad-year）．たとえば，ある 2 カ国が 50 年間民主主義国として存続したならばその二国の組み合わせは「民主—民主の二国の組み合わせが 50 件」と数える．χ^2 値は，各時代における政治体制ごとの二国の組み合わせの数と戦争確率の χ^2 検定の結果である．

表 12.6　政治体制別の戦争発生率

年代	民主—民主	それ以外の組み合わせ	χ^2 値	p 値
1816-1913	0.0007 (1,475)	0.0010 (50,119)	0.18	0.671
1914-1918	0.0 (353)	0.0136 (2,937)	4.87	0.027
1919-1938	0.0 (5,919)	0.0003 (28,039)	1.90	0.168
1939-1945	0.0084 (718)	0.0071 (7,946)	0.13	0.721
1946-1980	0.0 (22,498)	0.0004 (164,217)	7.95	0.005

出所：Farber and Gowa (1995, 141)

イアス」(selection bias) といえなくもない[20]．

　第二に，このような分析をおこなう際の戦争の定義の問題がある．一般的に，戦争としてデータに入れられるのは国家間でおこなわれる軍事行動のみ，そしてその中でも 1,000 人以上の戦死者が出たものを戦争とする．しかし，第二次世界大戦以降，国家間戦争は減少し，内戦および軍事介入，さらにはテロリズムなどの非国家主体による軍事活動が増加している．特に冷戦終結後はその傾向が顕著で，現在の安全保障問題としてより重要視する必要のある問題である．他国への軍事介入の場合，米国や北大西洋条約機構 (NATO) 加盟国といった民主主義国が人道的介入と称して介入当事国となることが多いから，それら事例の除外は，分析の有用性に対する疑問を招くことになろう (Chojnacki 2006)．

　また，民主主義の成熟過程や，権威主義体制や中間体制が民主主義国に体制転換する過程に注目したデモクラティック・ピース批判も存在する．マンスフ

---

20) 統計調査をおこなう場合，結果に作為性を持たせないために調査対象（サンプル）はすべて均等な確率に基づいて選ばれる必要があり（無作為抽出），ある特定の特徴や属性を持つサンプルが多く（もしくは少なく）選ばれるようにした統計データは信頼性が低い．ここでの偏りの疑いとは，戦争した民主—民主に分類される二国間関係を調査対象から意図的に外して，戦争していない民主—民主だけを偏って抽出したとも受け取れることに起因する．

ィールドとスナイダー (Mansfield and Snyder 1995) およびトンプソンとタッカー (Thompson and Tucker 1997) は，民主化途上の国家はむしろ戦争を起こす傾向が強く，民主主義が成熟するまでの間は国際関係においてはむしろ危険な存在になると主張した．この批判が正しければ，権威主義体制や中間体制の国家が成熟した民主主義国に成長するまでの期間では，むしろ戦争が増加する可能性が高い．

　実際，どのような条件を満たせば成熟した民主主義国に分類できるかという問題に対する明確な答えはなく，研究者の恣意的な判断が疑われる事例も存在する．たとえば Polity II では，1914 年以前の帝政ドイツの民主化指標は米国，英国，フランスよりも低く，ドイル (Doyle 1986) も帝政ドイツを非自由主義 (illiberal) として自由主義体制の一覧から排除している．だが，当時のドイツの政治的発展度は必ずしも米英仏に劣るものではなく，さらにはドイルが民主主義国に分類したギリシアやイタリアなどよりも発展していたとの指摘もある (Oren 1995)．例を挙げれば，選挙法に限っていえば，ドイツ帝国は 1871 年の成立時点で男子普通選挙法を施行している（イギリスは 1918 年まで制限選挙）．また，ドイツを民主主義国に分類できないならば，ドイルがドイツを非自由主義に分類した理由は当時の英仏にも適合し，英仏も民主主義国から除外するべきとの批判も可能である (Layne 1994)．この時代のドイツを民主主義国と扱わないことは，第一次世界大戦以前の最大の軍事紛争である普仏戦争や，モロッコ事件などの軍事紛争直前まで深刻化した事件を民主主義国どうしの紛争事例から除外することにつながるため，デモクラティック・ピースにとって都合の良い分類であるとの疑いも生じえよう．

　デモクラティック・ピース論は，計量分析によって統計的な裏付けを得て説得力を強めることには成功した．しかしながら，計量分析は数値データさえあれば，そのデータの信頼性や真実性にはかかわりなく計算結果を示すことができるため，データの由来，収集の目的・動機，収集者，指標，変数定義など計算以前の段階に批判や疑問が存在する．その点でも，デモクラティック・ピースを無批判に信用することは誤った結論や見解，信念を持つ原因となりうる．計量分析をおこなう際には，採用データに対する厳しい質的吟味を欠かさないことに常に留意すべきであろう．

12.4 国際的テロ行為のロジット分析

本節では，国際政治学におけるロジット分析の事例として，国際的テロ行為とイスラム・テロ集団に関する研究を紹介する．ロジット分析は汎用性が非常に高く，その方法自体にもいくつかのバリエーションがある．ここでは，前章で説明した（標準型の）ロジット分析とともに，ランダム混合ロジット分析と呼ばれる手法が用いられていることに留意しよう．

12.4.1 国際的テロ行為とイスラム・テロ集団

テロ行為とは，個人や国家以外の集団によってなされた計画的な暴力の使用あるいはその脅しである．彼らはそれを通じて多くの人々を恐怖に陥れることにより，それぞれの政治的，経済的目的を実現しようとする（Enders and Sandler 2005）．テロ行為は，1970年以降「資本主義体制の打倒」を目標とする点で概ね一貫していたが，とりわけ2001年の米国同時多発テロ（9.11）以降は無差別でかつ不特定多数を標的にし，多大の犠牲者をもたらした．9.11はアメリカでの事件であったが，2004年3月11日にはスペインのマドリッドで通勤列車爆破事件が起こったことは記憶に新しい．こうしたテロ行為は，現在の国際社会が抱える大きな問題の1つであり，国際政治学でも主要な研究対象となっている．

ところで，これらのテロ行為にはどのような特徴があるのだろうか．近年，イスラム・テロ集団[21]によるテロ行為が全世界的な問題として注目を集めているが，イスラム・テロ集団とそれ以外の主体によるテロ行為には何らかの違いがあるのだろうか．表12.7は，1979年10月から2002年12月までに起こったテロ行為を，イスラムか非イスラムかで分けた事件数およびその手段と結果である．イスラムによる手段は，爆弾，暗殺，武器使用攻撃の頻度順であるが，

---

21) ここには，イスラム急進派テロリスト（radical Islamic terrorist）なども含まれる．彼らの社会的，政治的，経済的背景はさまざまだが，本節ではこれを集合的に一括し，「イスラム・テロ集団」と呼んでいる．ただし，何をもって「イスラム・テロ集団」と呼ぶかについては明確でない点は批判の余地がある．

表12.7 テロ行為の事件数およびその手段と結果
(1979-2002年)

	計	イスラム	非イスラム
テロ行為事件数(計)	2,799	386	2,413
武器使用による攻撃	163	21	142
放火	389	8	381
暗殺	249	75	174
爆弾	1,068	102	966
誘拐	35	4	31
郵便利用	65	7	58
ハイジャック	74	11	63
負傷者数	7,157	3,818	3,339
死亡者数	4,092	3,528	564
米国外での米国人被害	1,076	584	492

出所:Barros and Proença (2005) より一部抜粋し加筆・修正

非イスラムと比較して爆弾は少ない.他方,暗殺[22]による行為は,件数の割合でみると多い(19.4% 対 7.2%).また,イスラムが関与する事件数は非イスラムと比べ大幅に少ないが,負傷者数と死亡者数が非イスラム以上である.

12.4.2 問題の設定と方法

バルロスとプロエンサ(Barros and Proença 2005)は,表12.7の結果を踏まえ,米国やヨーロッパにおける国際的テロ行為とイスラム・テロ集団との関連性について検討している.バルロスらの問題関心は,テロ行為の手段およびテロ行為が起こった特定国という2つの要素とイスラム・テロ集団との関連である.具体的に言えば,米国で起こったテロ行為で,かつその手段が暗殺であれば,そのテロ行為はどの程度イスラムに帰することが可能かを明らかにすることを通じて,テロ行為の様態を分析することに目的がある.

用いるデータと方法は次のとおりである.まずデータはITERATE[23]によっ

---

22) 「暗殺」(assassin)の元語義が「狂信的回教徒」(語源は行為前に hashish を服用し陶酔状態になること)であるという十字軍以来の歴史的,文化的背景がある.

23) ITERATE (International Terrorism: Attributes of Terrorist Events) は,元 CIA のミコロス(E. Mickolus)氏による(http://www.icpsr.umich.edu/icpsrweb/ICPSR/studies/7947?author=Mickolus%2C+Edward+F.).

て集積された国際的テロ行為に関するデータのうち，1979年10月から2002年12月までに米国およびヨーロッパで起こったものを使用する．方法は，2つのタイプのロジット分析であるが，これらの分析で求めようとしているのは$P(\text{Islamic})$であって，イスラムが関与するテロ行為の確率である．分析の全体像は，$P(\text{Islamic})$を従属変数とし

$P(\text{Islamic}) = \beta_0 + \beta_1(\text{暗殺}) + \beta_2(\text{武器使用攻撃}) + \beta_3(\text{放火}) + \beta_4(\text{爆弾})$
$\qquad + \beta_5(\text{負傷者数} + \text{死亡者数})$
$\qquad + \beta_6(\text{米国外での米国人被害者数})$
$\qquad + \beta_7(\text{フランス}) + \beta_8(\text{ドイツ}) + \beta_9(\text{イタリア}) + \beta_{10}(\text{スイス})$
$\qquad + \beta_{11}(\text{英国}) + \beta_{12}(\text{米国})$

である．各係数βは，イスラムが関与するテロ行為であることの確率に影響を与え得る諸要素——手段（暗殺，武器使用攻撃，放火，爆弾）と結果（負傷者数＋死亡者数，米国外での米国人被害者数），事件が起こった国（フランス，ドイツ，イタリア，スイス，英国，米国）——の重み（ウェイト）である．β_0は定数であり，つまりこれらの要素のどれにも関連していない場合の想定上の数値である．

なお，これらの諸要素を変数化するため，前章で解説したダミー変数が用いられている．諸手段は，それぞれが使用されていれば1，そうでなければ0とする．国名も当該国で起こったならば1，そうでなければ0とする．いずれも該当（1），非該当（0）を表すダミー変数である．人数は実数で量的変数である．

上記の式から，$P(\text{Islamic})$を推定する．具体的には次の2つのロジット分析による．

i) （標準的な）ロジット分析　次のii) との比較のために用いる．

ii) ランダム混合ロジット分析　ロジット分析のより進んだ方法である．標準的なロジット分析では，ある特定の変数xの値によって，事象が起こる確率があらかじめ仮定されている（前章の図11.5を参照）．しかし，ランダム混合ロジット分析では，各変数xが不確定に事象を起こし，かつその影響の強さβもさまざまであることを仮定する．結果として，各xはさまざまな強度βと重なり合い混じり合いながら，求めたい数値——$P(\text{Islamic})$——を算出する．

12.4.3 結果と考察

表12.8は，標準ロジット分析とランダム混合ロジット分析の結果である．ここでは特に，後者の分析結果を見ていこう（同様の見方で標準ロジット分析の結果を読む）．

β が正（>0）で，かつ統計的有意性に関する検定値（t値）が概ね-2より小さいか，$+2$より大きい変数が，そのテロ行為がイスラム・テロ集団によるとの因果関係の確率を有意に影響を与える変数である．具体的に見ていくと，テロ行為の手段では，予想通り暗殺が有意に効いているが，爆弾，放火，武器攻撃は逆方向に効いている．つまりこれは，あるテロ行為に用いられた手段が暗殺であればイスラム・テロ集団による確率が高く，爆弾や放火，武器攻撃であればイスラム・テロ集団による確率は低いことを示している．行為地の国別では，フランス（標準ロジット分析のみ），イタリア，スイスが有意にプラスに寄与するが，英国，米国はマイナスである．これは，英国，米国で起こったテロ行為であれば，非イスラムの可能性が高いことを示している．また，ドイ

表12.8 テロ行為のイスラム因果帰属要因

要因項目変数	標準ロジット分析		ランダム混合ロジット分析	
	β（推定値）	t値	β（推定値）	t値
定数	-1.3417	-11.09^{**}	-1.3386	-10.07^{**}
武器使用攻撃	-0.5789	-2.28^{**}	-0.8425	-2.63^{**}
放火	-2.3295	-6.31^{**}	-2.4151	-6.03^{**}
暗殺	0.4533	2.74^{**}	0.6371	2.68^{**}
爆弾	-1.0542	-7.45^{**}	-1.3832	-8.04^{**}
負傷者数＋死亡者数	0.0157	3.92^{**}	-0.4471	-1.58
米国外米国人被害者数	0.0299	1.75^{*}	0.0307	1.14
フランス	0.3749	2.32^{**}	0.3574	1.86^{*}
ドイツ	-0.6297	-3.31^{**}	-0.7436	-3.51^{**}
イタリア	0.5943	2.96^{**}	0.7303	3.17^{**}
スイス	0.7496	2.32^{**}	0.9308	2.67^{**}
英国	-0.4389	-2.03^{**}	-0.5242	-2.01^{**}
米国	-0.4673	-2.19^{**}	-0.5749	-2.40^{**}
N	2,799		2,799	

$^{*}p<0.10$．$^{**}p<0.05$
出所：Barros and Proença (2005) より一部抜粋し加筆・修正

ツにおけるテロ行為はさらに非イスラムの傾向が強い.

　このように，イスラム・テロ集団のテロ行為は，他の手段と比較してより選択的に暗殺の手段を指向していることがわかる．国別では，フランス，イタリア，スイスでイスラム・テロ集団による傾向が強く，英国，米国，ドイツではその傾向は逆転する．以上を踏まえれば，米国での9.11はむしろ特異な事件と総括することもできよう．

第13章 計量分析による数理モデルの検証

　本書の大きな意義の1つは，数理分析と計量分析の方法を同時に学ぶことができる点である．そこで，実質的には最後の章となる本章では，共通の現象に対し，これら2つの方法が用いられた研究を紹介することにより，日本の国際政治学に対しても新しい展望を示す．研究例は，詳細にかつ厳密に紹介するよりも，そのポイントや考え方に注目して解説している．2つの方法を用いる意義に触れ，自身の研究でもぜひ生かしてほしい．

13.1 モデルとデータの補完関係

　数理分析と計量分析には，それぞれに強みと弱みがある[1]．前者の強みは，様々な現象の背景にある原理や一般法則を，数学を用いて論理的にかつ端的に示すことができる点にある．しかし，そうして示された原理や一般法則の'確からしさ'や'精度'を高めるためには，さらに多くの事例やデータによる検証が必要である．他方，計量データはデータそのものに大きな意味がある一方，それを解釈するための理論やモデルをデータそのものから提示することは難しい．回帰分析やロジット分析といった計量分析は，対象とするデータが何を言わんとしているかを'数値'として提示するが，この数値の意味を（統計学的に読み解くだけでなく）解釈するためには，分析対象の背後にあるより大きな理論的枠組みを必要とする．つまり，現象を多角的・多元的に分析，理解する上では，データや計量分析は，解釈と理解を与える理論モデル（ゲーム・モデルなど）を必要とするが，他方，理論モデルもまた検証のための事例やデータを必要とするのである[2]．

---

1) 松原（1997）は数理分析と計量分析の方法を共通の枠で同時に解説した最初の試みである．
2) 本節で述べたことのより詳細な議論については，例えばMcKeown（2004）などを参照．また，社会科学の方法論に関するより広範な論点，議論等については，King, Keohane, and Verba（1994）やBrady and Collier（2004）を参照されたい．

そこで本章では，モデルとデータの双方を用いた先駆的研究事例として，数理モデルを計量分析によって検証している3つの研究を取り上げたい．それらは経済制裁，同盟の約束履行，国内政治と戦争に関するものである．

13.2　計量分析による数理モデルの検証例(I)——経済制裁

13.2.1　経済制裁における多国間協力ゲーム

ある国が共同制裁に同調するか否かは，理論モデルとしてはもちろん，昨今のイラン情勢や北朝鮮情勢を踏まえると，現実的にも非常に重要な課題である．この共同制裁をゲーム・モデルと計量分析によって検討した例として，マーティンによる経済制裁の研究（Martin 1992）がある．経済制裁に関する多くの研究では，制裁が成功する1つの大きな要因として他国と共同して行われること，つまり多国間協力（multilateral cooperation）が実現していることが挙げられているが，マーティンの議論の特徴は，この協力がいかに実現するかについて分析していることである．

そこで経済制裁を行おうとする2つの国を想定し，それらをプレーヤー1，プレーヤー2としよう．制裁の対象国についてはここではあえて考慮せず，まずはこの2国間における経済制裁への協力の問題を考えていきたい．ゲームは1回限りのゲームで，かつ完備情報ゲームとする．

制裁する，しないを1, 0と表し，表13.1のようにプレーヤー1, 2の利得を想定する．ここで m, n, u, f の意味は，以下の用語の頭文字で，それぞれ，プレーヤー1, 2が共に制裁を行う共同制裁（multilateral sanction），両者とも制裁を行わない無制裁（no sanction），自らのみが制裁を行う単独制裁（unilateral sanction），自らは制裁せず相手が制裁を行うただ乗り（free riding）的な場合の利得である[3]．

---

3)　「ただ乗り的」と表現したのは，この状況のすべてがただ乗りとして解釈できない場合があるためである．例えば，ある国は実際には制裁を行う気がないが，民族紛争や人権問題，核拡散などの問題を起こしている当事国に対して，国内政治的理由や国際社会からの要求に応えるため「何かしている」（do something）との印象を与えようとしているだけかもしれない（Hovi and Huseby 2004）．

第 13 章　計量分析による数理モデルの検証

表 13.1　経済制裁ゲームの基本構造

プレーヤー1 \ プレーヤー2	制裁する (1)	制裁しない (0)
制裁する (1)	(m_1, m_2)	(u_1, f_2)
制裁しない (0)	(f_1, u_2)	(n_1, n_2)

さらにゲームにおける次の基本仮定がおかれている．

仮定 (1) $m>u$：共同制裁は単独制裁よりよい

仮定 (2) $f>n$：ただ乗り的行為は無制裁よりよい

次に，プレーヤーの属性として，経済制裁を実施することに強い関心を持つプレーヤーと弱い関心を持つプレーヤーを想定し，それぞれ Strong と Weak の頭文字をとり S, W とする．両者を分ける基準は，単独でも経済制裁をする意志があるか否かとする．つまり，

仮定 (S) $u>n$：制裁に強い関心を持ち，単独でも制裁を行おうとする

仮定 (W) $n>u$：制裁に弱い関心を持ち，単独では制裁を行おうとしない

とする．以上から，制裁に強い関心を持つプレーヤー S の選好は，

$$m>u>n, \ f>n$$

となるが，f がそれぞれ m, u, n の直前に入る入り方で 3 つのタイプ

$$S_1: f>m>u>n, \quad S_2: m>f>u>n, \quad S_3: m>u>f>n$$

がある．S_1 はただ乗り的な行為が最もよい．S_2 と S_3 は共同制裁が最もよいが，S_3 はただ乗り的な場合よりも単独制裁を好むので，制裁の行使に対して最も積極的なプレーヤーである．

他方，制裁に弱い関心を持つプレーヤー W の選好は，共同制裁はよいが，単独制裁するほどの意欲はないことを意味し，よって

$$m>n>u, \ f>n$$

となるが，f がそれぞれ m, n の直前に入る入り方で 2 つのタイプ

$$W_1: f>m>n>u, \quad W_2: m>f>n>u$$

がある．W_1 はただ乗り的な行為が最もよく，W_2 は共同制裁が最もよい．

13.2.2　協力をめぐる 3 つの状況

さて，2 人のプレーヤーがそれぞれ S_1, S_2, S_3，W_1, W_2 のタイプになりうるか

表 13.2　共同制裁における 3 つのタイプのゲーム状況

一致	強制	調整
共同制裁がプレーヤー間での対立なしに成立する状況	均衡が単独制裁で，共同制裁が実現できていない状況	両プレーヤーとも意思決定が難しいか均衡が無制裁となる状況

〈例 1〉

	制裁	制裁せず
制裁	(4, 4)	(2, 3)
制裁せず	(3, 2)	(1, 1)

　両プレーヤーとも S_2 であり，優越戦略は制裁であるから，共同制裁が実現する．

〈例 3〉

	制裁	制裁せず
制裁	(3, 4)	(2, 3)
制裁せず	(4, 2)	(1, 1)

　プレーヤー 1 は S_1 であり優越戦略を持たないが，プレーヤー 2 は S_2 で優越戦略は制裁である．よって 2 による単独制裁が実現するが，共同制裁を実現するには，2 が 1 を制裁に参加させる必要がある．

〈例 5〉チキン・ゲーム

	制裁	制裁せず
制裁	(3, 3)	(2, 4)
制裁せず	(4, 2)	(1, 1)

　プレーヤー 1, 2（両者とも S_1）は共に制裁の可否について迷う．共同制裁は利得 3 をもたらすが，単独制裁の利得は 2 である．ただし，ただ乗り的行為が 4 なので，常に他方が制裁しない可能性を考慮しなければならない．

〈例 2〉

	制裁	制裁せず
制裁	(4, 4)	(1, 3)
制裁せず	(3, 2)	(2, 1)

　プレーヤー 1 は W_2 で優越戦略を持たないが，プレーヤー 2 は S_2 で優越戦略は制裁である．よって 1 も制裁を選択し，共同制裁が実現する．

〈例 4〉

	制裁	制裁せず
制裁	(3, 3)	(1, 4)
制裁せず	(4, 2)	(2, 1)

　プレーヤー 1 は W_1 であり優越戦略は制裁せずで，プレーヤー 2 は S_1 で優越戦略を持たない．よって 2 による単独制裁が実現するが，共同制裁を実現するには，2 が 1 を制裁に参加させる必要がある．

〈例 6〉囚人のジレンマ

	制裁	制裁せず
制裁	(3, 3)	(1, 4)
制裁せず	(4, 1)	(2, 2)

　プレーヤーは，共に制裁に対して弱い関心を抱いている W_1 であり，無制裁より共同制裁が良いと知りつつも，それぞれが自分にとって最善の選択をすることで無制裁となる．

出所：Martin（1992, 16-27）より作成

　ら，S_1 対 S_1，S_1 対 S_2，…のように数えていくとゲームは全部で 25 通り成立する．マーティンはこれらすべてのゲームを協力に関する 3 つの状況に分けて整理している．表 13.2 のとおり，それらは一致（coincidence），強制（coercion），調整（coadjustment）である．

　それぞれの状況で協力の条件は異なる．まず「一致」においては，両プレーヤーにとって共同制裁の利益が，他の状況に比べて十分に大きく，利害の対立がほとんどないことが必要である．続いて「強制」では，均衡が単独制裁であ

るため，共同制裁を実現するには，制裁に参加していないプレーヤーを制裁へ参加させなければならない．そこでは，説得，強要，または国際機関への働きかけを通した圧力などが必要である．最後に「調整」では，片方のプレーヤーによるコミットメント（自己拘束）や先手などが必要である．また，相手の裏切りが大きな問題となる場合は，裏切りを未然に防ぐための合意やお互いの行為の監視なども必要である．

13.2.3 モデルからの含意と仮説

以上の議論を基礎として，マーティンによって提示された協力（共同制裁）の条件に関する仮説は表13.3のとおりである．ここで，次の点を強調しても強調しすぎることはないであろう．それは，経済制裁のゲーム・モデルの含意を，（計量分析あるいは事例分析によって）検証可能な形にして提示していることである．

例えば，上述した「一致」にあるプレーヤー間では，共通利益が十分に大きいことが，共同制裁の発動を可能にし得る1つの条件であることが示唆されている．これを検証するためには，実際の分析でどのような部分に注目したらよいだろうか．換言すれば，実際の経済制裁において「共通利益が十分に大きい」とは，どのような状況として解釈できるだろうか．表13.3では，ゲーム・モデルの含意と仮説が併記され，次項で用いられる独立変数が明確に定義されている．含意が仮説形成においてどのように関連付けられ，またその仮説からどのような独立変数が設定されているか，その一連の流れを捉えよう．

13.2.4 計量分析による検証

マーティンが計量分析で用いているデータは，第二次世界大戦後から冷戦終結前までの99のケースであり，ハフバウアーとショット，エリオットによってコード化されたものを用いている（Hufbauer, Schott, and Elliott 1990）．説明しようとしている事柄（従属変数あるいは被説明変数）とそれを説明する事柄（独立変数あるいは説明変数）は次の通りである．

まず，従属変数，すなわち協力が実現するか否か，については3つの変数を設定している．それらは，協力の程度（COOP）[4]，協力した国の数（NUM-

表 13.3 ゲームからの含意，仮説および独立変数

モデルの含意	検証する仮説	独立変数
(1) 共通利益の大きさ（「一致」からの含意）	仮説1：ターゲット国が脆弱であればあるほど，制裁は成功する確率が高いため，協力は実現しやすい（反対に，ターゲット国が強く，豊かであれば，制裁が成功する確率は低いと考えられるので，協力は実現しがたい）．	TARGET（1＝制裁なしでもかなりの程度に脆弱，2＝脆弱，3＝安定的）
	仮説2：ターゲット国が反対陣営（米ソの両陣営を想定）であるほど，制裁に対して共通の利益を見出しやすいため，協力は実現しやすい．	COLDWAR（1＝反対陣営である，0＝反対陣営でない）
	仮説3：ターゲット国が他国から経済的な援助等のサポートを受けている場合，主要な制裁国とその追随国は，他国からのサポートに対してバランスを図ろうとするため，協力は実現しやすい．	ASSIST（1＝援助を受けている，0＝援助を受けていない）
(2) リーダーシップ（「強制」からの含意）	仮説4：主要な制裁国が高いコストをかけて制裁を行う場合，同国はより強く他国に対して共同制裁の実施を働きかけることが予想されるので，協力は実現しやすい．	COST（1＝制裁がこれまでの援助を停止するなど，制裁する側の国（制裁国）にとって経済的にプラスになる場合，2＝制裁が制裁国に少しの影響を与える，3＝制裁が制裁国に中程度の影響を与える，4＝制裁が制裁国に大きな影響を与える），
	仮説5：米国が主要な制裁国である場合，覇権安定論が予測するように，米国の相対的な国力の低下により，協力は実現しがたい．	COSTD（1＝COSTの1と同じ，2＝COSTの2から4）
(3) 制度的関与（「調整」からの含意）	仮説6：国際的な機関や制度が制裁を要請する場合，協力は実現しやすい．	INST（1＝要請がある，0＝要請がない）
(4) 制裁の目的＊	協力の実現と制裁の目的との因果関係は不明ではあるが，経済制裁の成否にかかわる重要な指標であるため検証する．	GOAL（1＝ターゲット国の緩やかな政策や体制の変更を促す，0＝政権を崩壊させる，潜在的な軍事力を弱める等）
(5) バンドワゴン効果＊	仮説7：制裁をする（しない）との決定は，他国によるその決定への追従などのパターンを形成する．	制裁発動時の制裁国数およびその後の制裁への参加国数を考慮した変数が設定されているが，本節では割愛する．

＊モデルからの含意ではないが，検証すべき仮説として挙げられている．
出所：Martin（1992, ch. 2, ch. 3）より作成

BER），主要な制裁国を除く制裁国（non-major countries）のターゲット国に占める貿易の割合（NONMAJ）である．他方，ここでの主要な独立変数は表13.3 に記した 7 変数——TARGET, COLDWAR, ASSIST, COST, COSTD, INST, GOAL——である[5]．計量分析の方法としては，それぞれの従属変数に応じて 3 つの方法が用いられている．NONMAJ は割合（0 から 1）で示されることから，回帰分析が用いられている．COOP は「プロビット分析」[6]が用いられているが，1 から 4 までの段階的な従属変数であるため，通常のプロビット分析ではなく「序列型プロビット分析」（ordered probit analysis）で，NUMBER は各国が制裁に参加することを決定したことをイベントとしてカウントする「イベントカウント分析」（event-count analysis）で，それぞれ検証を行っている[7]．

　結果の要約は表 13.4 のとおりである．国際的な制度，機関からの要請の有無は，どの分析方法においても有意な結果を示し，仮説 6 を強く支持している．これは，国際的な制度や機関からの要請の有無が，多国間制裁の実現にとってはもっとも大きな影響を与え得ることを示している．他の仮説を見ると，主要制裁国が制裁に高いコストをかけること（仮説 4）もまた，多国間制裁の実現にとって大きな影響を与える．ターゲット国の状況（仮説 1）も十分ではないものの，分析方法によっては協力の実現に影響する可能性があることが示されている．ここでは省略するが，マーティンはこれらの分析結果を踏まえて，更なる仮説検証のために詳細な事例研究を行っていることを付言しておこう[8]．

---

4) 協力の程度は 1 から 4 の値をとるものとする．1 は 1 カ国のみが経済制裁を行う場合（no cooperation），2 は経済制裁を行う国に対する他国からの言葉（のみ）の賛同がある場合（minor cooperation, rhetorical support），3 は 1 カ国以上の国が経済制裁を行うが，制裁の規模と期間は限定されている場合（modest cooperation），4 はターゲット国の重要な貿易パートナーが経済制裁を行う場合（significant cooperation）である．
5) COST 変数は当初の考慮対象になり，基本的統計量も計算されているが，順序尺度であるため，計量分析には適さず，COSTD が代替的にモデルに援用されることとなった．また，これらの変数以外に，特に仮説 5 および 7 を検証する 2 つの変数が設定されているが，それらはそれぞれ回帰分析，イベントカウント分析でのみ用いられているため本節では割愛する．
6) プロビット分析の基本的な考え方は，ロジット分析と同じである（本書第 11 章第 5 節を参照）．
7) 「序列型プロビット分析」「イベントカウント分析」についての説明は割愛するが，詳しくは Martin（1992, ch. 4）などを参照されたい．

表13.4 結果の要約

	回帰分析	プロビット分析	イベントカウント分析
TARGET (対象国の状況)	強い影響	影響なし	影響なし
COLDWAR (反対陣営か否か)	影響なし	影響なし	影響なし
ASSIST (対象国への他国からの援助の有無)	影響なし	強い影響	ある程度の影響
COSTD (制裁の費用)	ある程度の影響	強い影響	強い影響
INST (国際制度による要請の有無)	強い影響	強い影響	強い影響
GOAL (制裁の目的)	影響なし	影響なし	影響なし

出所:Martin (1992, 91) より抜粋し加筆・修正

ところで,この研究は現在から約20年前の研究であり,扱われているデータや仮説等を更新した上で,再度検証されるべきものである[9]. 特にデータについては,用いられているデータがマーティンの仮説を検証する上で妥当なものかについて再検討する必要がある. 例えば,従属変数としてのCOOPでは,全99のケースのうち,1から2まで(1は協力なし,2は言葉だけの制裁への賛同である)のケースが50以上を占め,COOPの平均は1.79である. 共同制裁が実質的に行われた場合がスコア3以上であることからも,検証したい仮説

---

8) ゲーム・モデルによる分析と計量分析を経てなお事例研究を行う研究姿勢は,「トライアンギュレーション」(triangulation)の実践と言える. これは,3つ以上の分析方法または2つ以上のデータを用いた研究方法である(Tarrow 2004). 例えば,ある現象を説明する際に数理分析,事例研究,計量分析という3つの方法を用い,あるいは第11章や第12章でも用いられているCOWやPolityなど2つ以上のデータを用いる研究は,その実践例である.
9) データについては,マーティンが用いたデータを収集しているハフバウアーらによって第3版が出版されており(Hufbauer et al. 2007),そこでは1915年から2000年までの174のケースが網羅されている. またそれらを用いた研究(例えば,Biglaiser and Lektzian 2011 など)も存在するので参照されたい.

と用いているデータの関連性に疑問が残る．また仮説については，より現代の興味関心事項に引き付けて，ターゲット国が米国のテロリスト支援国家リストに入っている場合などで検証するのも興味深い．

13.3 計量分析による数理モデルの検証例(II)——同盟の約束履行

13.3.1 同盟の現実

　国際政治学において「同盟」は，間違いなく1つの主要な研究分野であるが，そのリサーチ・クエスチョンに「同盟の約束は本当に履行されるのか」という問いがある．サブロスキー（Sabrosky 1980）はかつて，同盟国間の約束が，実に約6割以上も履行されていないことを実証的に示したが[10]，これは同分野の研究者らにとって衝撃をもって受け止められた．スナイダー（Snyder 1984）は，同盟の約束履行と不履行の一部は同盟国間における「巻き込まれ」（entrapment）と「見捨てられ」（abandonment）に関するリスクとコストに関連付けて説明できると考えた[11]．ウォルト（Walt 1987）は，同盟とは勢力均衡（balance of power）の所産ではなく，脅威に対する均衡（balance of threats）の所産であることを議論し，脅威の所在が変わるのであれば当然それが同盟形成にも影響を与えると考えた．モロー（Morrow 1993）は，同盟においては政治的自律性（autonomy）と安全保障がトレードオフ関係にあるとし，政治的自律性が大きく損なわれる場合，同盟のコミットメント不履行が起こる可能性を論じた．

　ここで解説するモローの研究（Morrow 1994a）とリーズの研究（Leeds 2003）は，これまでの一連の研究蓄積の延長線上に位置付けられる．モローは

---

10) なお，サブロスキーが用いたデータには偏りがあることを指摘している研究者もいる．例えば，Leeds, Long, and Mitchell（2000）を参照．リーズらは自分たちが作成したデータベース（ATOP）を用いて，再度追試を行っている（ATOPについては補章を参照）．この分析によると，約75%が同盟のコミットメントを履行し，残りの約25%が履行していないという．

11) 「巻き込まれ」とは，自国が同盟国の政策や戦争に必要以上に引き込まれてしまい，自国とは関係のない負担などを負う事態であり，「見捨てられ」とは逆に，自国が同盟国から全く相手にされず軽視されてしまう事態である．

同盟国による戦争への介入・不介入に関する問題を展開形ゲームによって分析している．一方のリーズは，モローのモデルによって提示された仮説の一部を計量分析により検証している．その概要を順に説明していこう．

13.3.2 同盟国の介入・不介入モデルの概要

モローによる同盟国の介入・不介入モデルは，3者によるゲームで表現される．それらは，同盟を形成しようとする2つの国（1と2）と1を脅迫しようとするT国（threatのT）である．2は，1を助けようとする国である．ゲーム全体は図13.1の通りである．

ゲームは，2が1に対して同盟形成を打診することから始まり，1が同盟形成に賛同するなら上の枝に，賛同しなければ下の枝にゲームは展開される．続いて，Tが1を脅迫するか否かを決める．Tが脅迫しなければ，ゲームは現状維持（下の枝ではSQ（status quo），上の枝では$SQ-c(x_A)$）で終了する．Tが1を脅迫する場合，1は対抗するかしないかを決める．対抗しない場合，ゲームは0で終了する．1が対抗する場合，2が1を助けるために介入するか決める．下の枝では，2が介入しない場合はx_1，介入する場合はx_{12}となり，上の枝ではそれぞれx_1, x_Aでゲームは終了する．

x_1は，1がTと単独で戦った場合の利得であり，x_{12}は1と2が同盟を形成せずにTと共同で戦った場合の利得である．x_Aは，1と2が同盟を形成してTと戦った場合の利得である（xのサブスクリプト$_A$は同盟（alliance）の頭文字である）．cは費用（cost）であり，$c(x_A)$は1と2が同盟を形成する費用である．

ここで，次のことがゲームの前提とされる．まず，すべての戦争はTに屈する（利得は0）よりよく，戦争は共に戦った方がよい．また共に戦う場合は，同盟を形成している方がよい．ゆえに$x_A > x_{12} > x_1 > 0$となる．次に，1と2にとってのそれぞれのxは同一の大きさとし，他方のTの利得はこのx分のマイナス，つまり$-x$とする．さらに，2にとっての1の重要度（salience）[12]をsとし，このsによってxは重み付けされる．sは0〜1とする．sが1に近いほ

---

12) salienceは「顕著度」「目立ち度」「重要点」であるが，ここでは'共感'くらいに考えておけばよい．

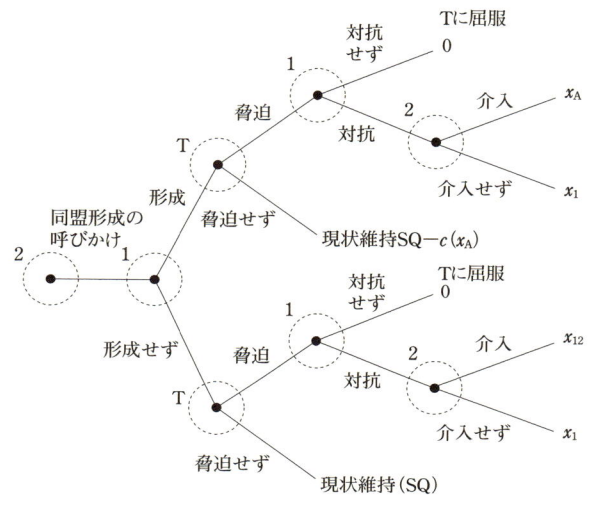

第13章　計量分析による数理モデルの検証

図13.1　同盟国の介入／不介入モデル

出所：Morrow（1994a）に加筆・修正

ど，2は1の政策や立場に共感しており，思い入れが強い（逆に，sが小さいことは，2は1の政策や立場にほとんど重きをおいていないことを表す）．以上より，それぞれの効用を $U_1=x$，$U_2=sx$，$U_T=-x$ とする．なお，戦争には費用が伴うが，1，2およびTの戦争費用をそれぞれ c_1, c_2, c_T とする．c_1 は全プレーヤーの共有知識（common knowledge）とする．c_2 と c_T は私的情報——プレーヤー間で共有されていない——とする．よって，このゲームは不完備情報ゲームである．

13.3.3　モデルの要点と示唆

このゲームにはいくつかの均衡があるが[13]，ゲームの要点と同盟の不履行に関する示唆について述べるだけでも意義がある[14]．まず，ゲームにおける費用

---

13) モローによって示された主な均衡は，分離均衡（separating equilibrium）と一括均衡（pooling equilibrium）などである．分離均衡は異なったタイプのプレーヤーがそれぞれ異なった行動をする均衡であり，一括均衡はプレーヤーのタイプが異なっていたとしても同じ行動をする均衡である．
14) モローのモデルからは多くの示唆が得られる．例えば，同モデルからは様々なタイプ

c の位置付けが重要である．不完備情報ゲームでは，相手がどのようなタイプか分からないため，一般的に相手のタイプに対するプレーヤーの「信念」を想定して均衡を導く．本ゲームでプレーヤー間の共有知識となっていない c_2 および c_T についても，各プレーヤーがどのように見積もるかが，不完備情報ゲームにおける信念と同じ役割を果たす．つまりゲームの均衡は c_2 および c_T がどのように見積もられるかで決まる．

この c は，同盟の形成条件を考える際にも重要である．図 13.1 において，2 が介入するかしないかは，x_A と x_1 の値に加えて，2 の戦争費用 (c_2) および 2 にとっての 1 の重要度 (s) に拠る．2 の介入に対する評価をそれぞれ

$$U_2 = s(x_\mathrm{A} - x_1) - c_2 \text{（同盟形成時）}, \quad U_2 = s(x_{12} - x_1) - c_2 \text{（同盟なし時）}$$

と考えると，2 の介入は

$$s(x_\mathrm{A} - x_1) > c_2, \ s(x_{12} - x_1) > c_2$$

のとき起こる．$x_\mathrm{A} - x_1$ は，同盟を形成することで得られる利得であり，式ではこれに s を掛けたものが c_2 と比較される．

$s(x_\mathrm{A} - x_1) < c_2$ のとき，2 は介入せず，同盟も形成されない．2 が介入しないのだから，1 も 2 と同盟を形成する動機をもたない．逆に $s(x_\mathrm{A} - x_1) > c_2$ であれば，2 は介入し，1 は 2 との同盟を形成して，T に対抗しようとする．したがって，T が 1 を脅迫するか否かは，c_2 と同盟が形成された場合の 2 の利得 ($s(x_\mathrm{A} - x_1)$) に大きく依存し，同盟は T に対するシグナリングとして機能し得る．実際 T 側からすれば，1 と 2 が同盟を形成した時点で $s(x_\mathrm{A} - x_1) > c_2$ であることが予想され，ゆえに 1 への脅迫を止めるかもしれない．

ところで $s(x_\mathrm{A} - x_1) < c_2$ が起こるのは，s と $x_\mathrm{A} - x_1$ が小さいとき，そして c_2 が大きいときである．モローはここから同盟形成に関する 3 通りの仮説を提示する．第一に，同盟は T の脅威に直面している 1 の T に対する政策などが，2 の立場と近い場合に形成されやすい．なぜならこのとき，s は大きい（1 に近い）と考えられるからである．第二に，同盟は大国間ないしどちらか一方が大国である場合に形成されやすく，小国同士では形成されにくい．なぜならすべての条件が同じであれば，大国のより高い戦闘能力は，同盟によるより大き

の同盟があり得ることが示されている（同盟は形成されるも相手を全く抑止できない同盟や完全に抑止できる同盟等）．

な効果（$x_A - x_1$）をもたらし得るからである．第三に，1やTと2が地理的に離れた国であれば，同盟による高い効果は期待できず，同盟は形成しがたい．

13.3.4　計量分析による検証

リーズ（Leeds 2003）は，モローからの示唆を部分的に用いて仮説形成を行い，計量分析で検証している．仮説は次の5つである．

仮説1：非民主主義国は，民主主義国よりも同盟の約束を破りやすい．

仮説2：大国は，小国よりも同盟の約束を破りやすい．

仮説3：条約締結時と戦時における国家のパワーの変化は，同盟の約束不履行に影響を与える．

仮説4：条約締結時と戦時における国内の政治体制の変化は，同盟の約束不履行に影響を与える．

仮説5：他の条件がすべて等しければ，同盟の約束不履行は同盟のメンバー国が戦争当事国である場合に起こりやすい．

モローの議論は仮説2，仮説3，仮説4に特に関連している[15]．仮説2は，モローとは逆の予測である．モローによれば，大国が同盟し，戦争に介入する理由の1つは，その利得（$x_A - x_1$）が大きく見積もられるからである．しかしリーズは，大国は同盟の約束不履行のコストが小国に比べて小さいこと，さらに小国はその安全保障を達成するために，同盟に多くを頼らざるを得ないが，大国は同時に様々な同盟を結びかつ自国でも安全保障を達成できることから，大国は小国よりも同盟の約束を破りやすいと考える．仮説3および仮説4は，モローのモデルにおけるsやcが，条約締結時よりも大きく変わっている場合を想定したものである．同盟締結時に$s(x_A - x_1) > c_2$であったとしても，その後の2の国力の低下や国内政治の変化によって，同盟締結後のある時点で同じ不等式が成り立っているとは限らない．

分析で用いられたデータベースはATOPである[16]．ここで同盟とは，少な

---

[15]　仮説1は，フィアロン（Fearon 1994）の観衆費用の議論等に拠った仮説である．民主主義国の指導者は，国際的な約束の不履行による国内からの評価に敏感であるため約束を守ろうとするから，非民主主義国に比べて民主主義国は同盟の約束を履行しやすい．

[16]　ATOPとCOWの違いについては，Leeds et al.（2002）を参照．

くとも2つ以上の独立国家の代表によって調印された「成文合意」（written agreements）である．この合意には，軍事衝突の際の同盟国への援助や，紛争中に中立を維持すること，国際的な危機の際に対立する利害を調整したり協力したりする等の約束が含まれている．リーズが従属変数として扱ったのは，1816年から1944年までの110の同盟において，同盟国が直面した143の同盟の約束履行，不履行の決定であり，履行された場合を0，不履行の場合を1としたロジット分析を行っている．また独立変数として用いられているデータはPolity IIIおよびCOWデータである．

　表13.5は計量分析の結果である．アスタリスク（＊印）が3つ付いているものは，p値（有意確率）が0.001以下のものであり，統計的には非常に有意である．これに比べて有意の度合いは若干劣るものの，＊＊，＊が付いた項目も統計的に有意である．数値にマイナス（－）がついているものは，逆に効いているとの意味である．

　結果を見ていくと，仮説1，仮説3，仮説4が非常に強く支持されている．まず，民主主義国であれば同盟の約束の不履行が起こりがたい（推定値は－2.799，不履行確率の変化は－0.165でマイナスが付いていることに注意する）．これは裏を返せば，非民主主義国は同盟の約束を破りやすいことを示している．次に，同盟締結後の国力と国内体制の変化も，同盟の約束不履行に大きな影響があることが示されている．特に，同盟締結後の国力に大きな変化があった場合は，p値が0.001未満であり，不履行確率の変化も約35％と大きい．大国である場合，または同盟国が攻撃の対象国となっている場合も，他の変数と比べてそれほど強くないが有意であり，同盟の約束不履行に影響を与えることが示されている．

　これらの検証は，1816年から1944年までの同盟を対象としているが，リーズとサヴァン（Leeds and Savun 2007）はさらに1816年から1989年までの同盟を対象として追試している．検証されている仮説も上記に加え，同盟国間での国力が非対称である場合や，合意内容に非軍事的な協力が含まれている場合などが検討されている．

表 13.5　戦時における同盟の約束不履行のロジット分析(1816-1944 年)

変数(関連仮説)	係数の推定値 (標準誤差)	不履行確率の変化
民主主義国(仮説 1)	−2.799** (1.143)	−0.165
大国(仮説 2)	1.029* (0.640)	0.113
同盟締結後の国力変化(仮説 3)	2.463*** (0.551)	0.353
同盟締結後の体制変化(仮説 4)	1.554** (0.572)	0.235
同盟国が攻撃の対象国(仮説 5)	1.157* (0.605)	0.154
N	143	
χ^2	30.90	

***$p<0.001$, **$p<0.01$, *$p<0.1$
出所:Leeds(2003)より一部抜粋し加筆・修正

13.4　計量分析による数理モデルの検証例(III)——国内政治と戦争

13.4.1　国内政治と外交のつながり

　国内政治と外交政策は密接に関連している．ところが国際政治学では，従来，国内政治と国際政治は別ものであり，それぞれを分けて分析することが主流であったために，国内政治と外交政策などの関連性については十分な議論がなされてこなかった．しかし近年，国内政治と外交政策との関連について論じた研究が増えている．2 レベル・ゲームによる分析（本書第 8 章第 4 節）やデモクラティック・ピース論（第 12 章第 3 節），さらにはここで取り上げるブエノ・デ・メスキータらによる研究（Bueno de Mesquita et al. 2003）は，その代表例である[17]．

---

17) 多湖（2010）は，近年における 1 つの代表例であろう．多湖は，アメリカの国内政治とその軍事行動との関連について，第一次，第二次湾岸戦争などの事例を計量分析によって検討している．

ブエノ・デ・メスキータらは，政治リーダーの政治的生き残り（political survival）が，リーダーを権力の座に保とうとするグループである「勝利連合」と，勝利連合を内包するより大きなグループである「選挙人団」との関係に拠って定まることを論じつつ，国内政治と戦争との関係を多角的に考察している．ここでは，彼らの理論の大略を捉え，国内政治と戦争の関係について考えよう．

13.4.2　選挙人団理論

ブエノ・デ・メスキータらが提示している理論は「選挙人団理論」（selectorate theory）と呼ばれる．「選挙人団」は，日本語としては馴染まない感があるが，これは政治リーダーを選ぶ人々に関連した理論であることから，本書ではこう訳しておく．

選挙人団理論の構成要素についてまず概観しよう．同理論では，すべての政体はいくつかのグループによって構成されていると考える．それらはまず，リーダーシップ（leadership：L）と呼ばれるグループである．これは個人からなるもっとも小さいグループ（純粋な独裁体制であれば1人）で，税率や税収などを管理し，財を集積したり，その支持者へ財を配分したりするグループである．以後，本節ではこれをリーダーシップではなく，単にリーダー（L）と記す．次に，選挙人団（selectorate：S）である．Sは，Lの選択についての選好を表明する公的な役割を持つグループ——いわば「有権者」——である．Sのサブグループとして「勝利連合」（winning coalition：W）がある．これはLを支持するグループであり，Lの政治的生き残りにとっては欠かせない存在である．このLに挑戦するのが，挑戦者（challenger：C）である．Cは，既存の制度やルールに則り現職のLに取って代わろうとする（退陣を迫る）個人やグループである．LとCは共に，Sのメンバーではあるが，Sの誰もがLになれるわけではない．Cはいわば，潜在的なLの集まりである．最後に，国民（Residents, N）である．彼らは，Sか否かで二分される．SでないNは選挙権を持たない（つまり有権者ではない）[18]．

---

18) なお，選挙人団理論においては，SとWの大きさ（割合）が極めて重要な意味を持つが，ブエノ・デ・メスキータによれば，このそれぞれの大きさと様々な政治体制には

ブエノ・デ・メスキータらは，これらの要素にさまざまな変数を加えることで，理論を精緻化し議論を展開しているが，その基本的なポイントを次の3点にまとめておきたい．

政治的生き残りの条件　現職のLは常にCからの挑戦を受けるが，Lの政治的生き残りのためにはそれを退ける必要がある．ブエノ・デ・メスキータらは，これを具体的に考えていくために，Lの勝利連合（W）が望む公共財（public goods : p）と私的財（private goods : g）を想定する．公共財（p）は非排他的でかつ非競合的であることから，ひとたび p が提供されれば，それはすべてのS（Wを含む）に利益をもたらす．対照的に，私的財（g）はすべてのSではなく，Sの一部（つまりW）のみに利益をもたらす．ここで，現職のLがSに提供する財の総計を p_L+g_L とし，CがSに提供しようとする財の総計を p_C+g_C としよう．LがCの挑戦を退けるためには，Cが提供する以上の財をLがSに対して提供することが必要であるから

$$Lが提供する財の総計 = p_L + g_L > p_C + g_C$$

のとき，Lの政治的生き残りは保たれる．不等号の向きが逆であればLは現職を追われ，Cに取って代わられる．

Cが現職を破るためには，Lが提供する以上の財をSやその潜在的なWに提供する必要があるが，ブエノ・デ・メスキータらによれば，このときのCは現職Lに比べ不利である．なぜなら，Cは現職Lよりも多く提供しようとしているだけであり，本当に提供できるのか分からないからである．ゆえにCを支持しようとする潜在的なWは，Cへの積極的な支持をためらう可能性がある．

提供される財の規定要因　Lは政治的生き残りのためとはいえ，無限大に財を提供できるわけではない．財の量は，租税政策と制度的制約に拠る．前者は直観的にもわかりやすい．税率を上げることは，より多くの収入につながる．収入の一部は，Lの政治的生き残りのために，Wに対して公共財ないし私的

一定の類推が成り立つ．例えば，ほとんどの人が参政権を持つ近代民主主義体制のうち大統領制では，S≒Nで，WはSの過半数を占めると推測される．一方，非民主主義体制のうち一党独裁体制はS＜Nで，SはNの約10％，またWはごく少数であると推測される．

財として配分されるが，その残りはLのものとなる．

　後者の制度的制約はSとWの大きさに関するものであり，本節での後の考察でより重要となる．彼らによれば，SとWの比率（W/S）と政治制度には一定の類推が成り立つ．SやWの大きさは実際の人数と想定してよい．例えば，Sに対してWが非常に少ない場合を考えよう．100万人の有権者（S）がいるとしよう．現職のリーダー（L）を支持する人々（W）が1,000人のエリートであるにもかかわらず，体制が崩壊せず維持されているとする（W/S＝1,000/1,000,000＝0.001）．ブエノ・デ・メスキータらは，このような制度を持つ国は独裁的な国である可能性が高いと推測する．そして，この国のLは，政治的生き残りのために1,000人のエリートからの支持を常に保持するだけでよいから，Lが提供する財の量はWが大きい国よりも相対的に少ないと予測する．しかも，少数のみを対象とした私的財の提供が主となる．逆に，Wが大きくSの過半数以上を占めるような国（例えばW/S＝700,000/1,000,000＝0.7）では，政治的生き残りのためにLが提供する財はより大きく，同時に多くの人々へ提供する必要があるから，私的財よりも公共財の提供が主となる．

Wの忠誠心　SとWの比率はまた，Wが現職Lに対してどの程度の忠誠心を抱くかを予測する．なぜならこの比率は，Sの一部が現職LのWであり続ける（つまり将来もWとなる）確率としても解釈できるからである．例えば，先の例（Sの過半数をWが占める国）では，現職Lを支持するWであったSは，Lが現職であり続ければ，（理論上，SおよびWの数に変更はないとして）70％の確率で次回もWとなる（Cが現職Lに挑戦し，Lを破れば，1－0.7＝0.3より30％の確率で将来のWになれない）．ブエノ・デ・メスキータらによれば，この将来に対する70％の確率が，逆に現職Lに対する忠誠心の低さにつながる．

　逆に，Sに対するWが非常に小さい場合を考えよう．Wとしての先の1,000人のエリートの例では，Cが現職Lに挑戦しLを破れば，彼らは，Cを支持する別なエリートに取って代わられる．つまり，S中のWの比率（W/S）が確率に転化するという前提から，99.9％の高い確率で現職のLを支えるエリート1,000人はその座から転落する．ゆえに彼らは，現職Lが権力の座を保ち

続けるよう強く支持する動機を持つため，彼らの現職Lに対する忠誠心は非常に高いと予測される．Wが現職Lが負けたときWでなくなるのは，Sの過半数をWが占める体制でも，Wがごく少数の体制でも同じであるが，99.9%でWでなくなるのと30%でWでなくなるのとを比較すると，現職Lに対する忠誠心の違いは明白である．

13.4.3 領土獲得を目的とする戦争

SとWの比率が重要な意味と役割をもつ国内政治と戦争との関係について考察しよう．ブエノ・デ・メスキータらの議論は多岐にわたるが，ここではその一例として領土獲得を目的とする戦争について取り上げる．問題状況としては，A国とB国が戦争をし，Aが勝利した直後を想定する．このとき，戦勝国となったAは敗戦国であるBに対してさまざまな追加的措置（敗戦国に傀儡政権を作る，敗戦国の従来の政策や制度を改めさせるなど）を取ろうとするが，そんな中，AがBの領土を実際に獲得しようとするのはいかなる条件の下でか．

ブエノ・デ・メスキータらによって示された仮説は次の2つであるが，ここで彼らは「領土」を基本的には私的財として捉えていることに留意する[19]．

仮説1：戦勝国の勝利連合（W）のサイズが大きければ大きいほど，敗戦国から領土を獲得しようとする可能性は低い．

仮説2：戦勝国の有権者（S）のサイズが大きければ大きいほど，敗戦国から領土を獲得しようとする可能性は高い．Sのサイズがもっとも影響を与えるのは，Wのサイズが小さいときである．

仮説1の根拠は，大きなWを持つLは，より多くの人々に財を提供する必要性から，私的財ではなく，公共財の提供をより好むと考えることである．仮説2の根拠は，Wの忠誠心に関連する．Sが大きくなるほど，W/Sの値は小さくなる．先にみたように，このときのWは現職Lに高い忠誠心を有する．したがってLは己の政治的生き残りのため，彼らの忠誠心に応えるに十分な

---

[19] 領土を私的財とすることは，あくまでも仮説上での想定である．実際，ブエノ・デ・メスキータらは，現実には，領土が戦勝国の安全保障にとって戦略的な意義を持つ場合などは，領土は私的財ではなく，公共財としての性格も有すると指摘している．

私的財を提供する動機を持つ．さらに，その残りは自分の私腹を肥やすことにも使うことができる．この傾向は W が小さければ小さいほど強いであろう．

13.4.4　計量分析による検証

これら2つの仮説の検証で用いられたデータは COW の MID である．MID データでは，戦争の目的を領土，政策，政治体制の変更の3つに分類しているが，ブエノ・デ・メスキータらは従属変数を，戦争目的が領土であった場合を1とし，それ以外の場合を0としている．

表 13.6 は，各独立変数とその結果である．最初の独立変数である勝利連合の大きさ（W）が仮説1に該当する．その次の選挙人団の効果（effective S：EFFS）が仮説2に該当する．p 値は 0.000 となっているが[20]，これは非常に小さい値である．表右側の結果は初期の紛争当事国を対象としたもので，左側の結果は途中から紛争に参加した国を含めた場合のものである．

検証結果としては，勝利連合（W）が大きいほど，戦争目的が領土獲得にはなりがたい傾向が強く表れている（それぞれ -1.96，-2.09 とマイナスに効いていることに注意する）．一方，表 13.6 を見る限りでは，仮説2は統計的には有意であるが，逆に効いているため予想とは異なる（しかしこれは，W の大きさについて特に留意せずに検証したためと思われる．実際，本節では割愛したが，ブエノ・デ・メスキータらの著書では，S と W の比率が 0.5 よりも小さいときと，0.75 よりも大きいときに分けた検証を行っており，それによれば仮説2は支持されている）．

本節では，上記の2つの仮説に関する第一次的な検証の紹介に留めているが，ブエノ・デ・メスキータらはその他5つの仮説を提示し，それぞれに合った適切な検証方法が綿密にかつ洗練された形で設計され，実際の検証がなされている（表 13.6 には，それらの検証結果の一部が提示されているが，解説は割愛する）．また，同研究がカバーしている分野は非常に広く，他では，税の徴収過程を入れたモデルも扱われており，国内政治と国際政治を考える上で有意義な分析視座を提供している．

---

20)　このような表し方は，非常に小さい p であって（0ではないが）示された桁では表し切れないことを表す．

表 13.6 領土目的型戦争についての検証結果

変数	全ての紛争当事国	初期の紛争当事国
勝利連合の大きさ（W）	−1.96	−2.09
選挙人団の効果（EFFS）	−0.18	−0.41
敗戦国の勝利連合の大きさ（OPPW）	0.99	0.80
国家間の能力比率（Power ratio）	0.38	0.34
人口（Log（Pop））	−0.22	−0.15
紛争開始年（Year of dispute）	−0.003	−0.007
1945年以降の紛争か（Dispute after 1945 ?）	−0.93	−0.77
紛争の当事国は国境を接しているか（Disputants share land border ?）	0.95	1.16
政治体制（WS：DemRes）	−0.07	0.17
1人当たりのエネルギー消費量（Energy consumption per capita）	−0.24	−0.27
1人当たりの鉄鋼生産量（Iron/Steel production per capita）	−0.11	−0.20
N	1,730	1,393
χ^2	173.8	153.9
p 値	0.000	0.000

出所：Bueno de Mesquita et al.（2003, 431）より一部抜粋し加筆・修正

補　章

1　数学用語と記号の解説

ギリシャ文字一覧

小文字	大文字	読み方	小文字	大文字	読み方	小文字	大文字	読み方
α	A	アルファ	ι	I	イオタ	ρ	P	ロー
β	B	ベータ	κ	K	カッパ	σ	Σ	シグマ
γ	Γ	ガンマ	λ	Λ	ラムダ	τ	T	タウ
δ	Δ	デルタ	μ	M	ミュー	υ	Y	ユプシロン
ε	E	イプシロン	ν	N	ニュー	φ, ϕ	Φ	ファイ
ζ	Z	ジータ	ξ	Ξ	クシー	χ	X	カイ
η	H	イータ	o	O	オミクロン	ψ	Ψ	プシー
θ	Θ	シータ	π	Π	パイ	ω	Ω	オメガ

記号・用語一覧

(1) 演算および論理

$<, >, \leqq, \geqq, \leq, \geq$　**大小関係**

　日本では一般的に $\leqq$, $\geqq$ を用いるが、欧米などでは $=$ の部分を $-$ にして $\leq$, $\geq$ を用いることもある。ただし、$\geqq$ と $\geq$ を区別する用法もある。

$\succ, \prec, \succsim, \precsim, \sim$　**選好の順序**

　数値で示すことのできない要素の好ましさの順序を示す。戦略 A を選んだときの利得 $v(A)$ と戦略 B を選んだときの利得 $v(B)$ ならば数量なので $v(A) > v(B)$ と示すことができるが、A と B の関係は数値の大小関係とは限らずプレーヤーの選好で決まるので、B より A が望ましい戦略であるならば、その関係を
$$A \succ B$$
と示す。また、$A \sim B$ は望ましさが同等であることを示し、$A \not\succ B$ はその選好順序の否定を示す。

　論理記号で、本書で用いられているのは次の2通りである。

$\Rightarrow, \rightarrow$　「〜ならば…」

　$A \Rightarrow B$ とは「A ならば B である」ことを示す。例として
$$x=y \text{ かつ } y=z \Rightarrow x=z$$

$\Leftrightarrow$　「〜は…と同等（一致する）」

　$A \Leftrightarrow B$ は「A ならば B、かつ B ならば A である」、つまり「A と B は論理上同一内容（場合）である」ことを示す。

(2) 集合および事象

　近代の確率論は集合の演算をそのまま流用する。集合論の演算は以下の通りである。

$\in, \ni, \notin, \not\ni$　「集合に属す、属さない」

　$x \in S$ ならば、x が集合 S に属する要素であることを意味する。たとえば S が

「奇数の集合」であるならば $1 \in S$, $2 \notin S$ となる.

⊆, ⊇, ⊂, ⊃, ⊊, ⊋, ⊄, ⊅ **集合の包含関係, 部分集合, 真部分集合**

$S \subseteq T$ は集合 S が集合 T の部分集合であることを示す. 部分集合とは, S に含まれる要素全てが T にも含まれることを意味する (1つでも異なる要素があれば部分集合ではない).

$S \subseteq T$ とは「$S \subset T$ または $S = T$」であることを意味する (その場合, ⊂ は真部分集合の場合のみを表す). 真部分集合とは「$S \subset T$ かつ $S \neq T$」である集合のことを示し, 特にその点を強調するときは $S \subsetneq T$ を使う. ⊂, ⊆ の使い分けの感覚としては <, ≤ と同様であり, ⊂ のほうがより厳密に集合の特徴を示す.

$S = \{1, 3\}$, $T = \{1, 3, 5, 7\}$ ならば $S \subset T$ となるが, $S = \{1, 2, 3\}$, $T = \{1, 3, 5, 7\}$ ならば S は T の部分集合ではないので $S \not\subset T$ となる.

=, ≠ 「~と…は等しい」「等しくない」

集合 S と集合 T が同じ集合であることを示す. $S = \{1, 3, 5\}$, $T = \{1, 3, 5\}$ ならば $S = T$ であり, $S = \{1, 2, 3, 4\}$, $T = \{1, 3, 5\}$ ならば $S \neq T$ である.

∩, ∪ **積集合, 和集合**

積集合 (あるいは共通部分) とは集合 S と集合 T の双方に含まれる部分のことで $S \cap T$ と表す. $S = \{4, 6, 8, 12\}$, $T = \{3, 6, 9, 12\}$ ならば $S \cap T = \{6, 12\}$ である. 確率論では事象 S および T が双方ともに起こることをいう.

集合 S と集合 T の和集合とは集合 S と集合 T のいずれかに含まれる部分のことで, $S \cup T$ と表す. $S = \{4, 8, 12\}$, $T = \{3, 6, 9\}$ ならば $S \cup T = \{3, 4, 6, 8, 9, 12\}$ である. 事象としては, 事象 S と T のいずれかが起こることをいう (両方がともに起こることも含まれる).

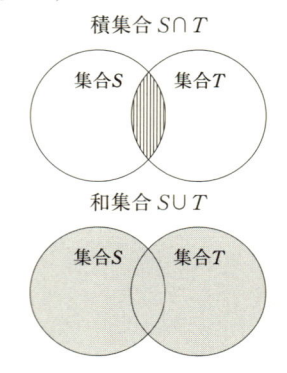

積集合 $S \cap T$

和集合 $S \cup T$

ϕ(∅) **空集合 (くうしゅうごう)**

属しているものが1つもない状態を「何も含まれない集合」という集合の一種として便宜的に表したもの. 数字の0に"/"を組み合わせた ∅ とギリシャ文字類似の ϕ (ファイ) による表記がある. たとえば $S = \{2, 4\}$, $T = \{5, 10\}$ のように重なる要素がなければ

$$S \cap T = \emptyset$$

と表記できる. 集合は { } でくくって示す決まりだが, 空集合だけはこの記号だけで「要素のない集合」であることを示すので { } でくくる必要はない.

(3) 計算

Σ **総和**

複数の加法をまとめて表すもの. ギリシャ文字の Σ (シグマ) で表す. ある要素 x が n 個あるならば, その合計値は

$$\sum_{i=1}^{n} x_i$$

となる. i とは n 個ある要素のうちの何番

補 章

目かの要素であることを示す代数である．

Σ の上と下にある記号は，x のどこからどこまでを足し算するのかを示しており，下の数字が i の開始番号で上が終了番号である．たとえば 2009 年，日本の総人口を求めたければ x を人口として x_1（北海道）から x_{47}（沖縄）までの総和を求める．

	1	2	$\cdots$	47	合計
	北海道	青森	$\cdots$	沖縄	
人口	5,507	1,379	$\cdots$	1,382	127,510

これを上の式に当てはめれば
$$\sum_{i=1}^{47} x_i = 127{,}510$$
となる．この式では下が 1，上が 47 なので「x（人口）の 1 番目から 47 番目までの合計を求める」ということである．

ただし他にも Σ を用いた計算式には紙面上の表記にいくつか種類がある．幅をとれないときや文章内に数式を書きたいときは "$\sum_{i=1}^{n} x_i$" のように表記することがある．これはあくまでも表記の問題であって，どちらであっても数式の意味はまったく同じである．

また，Σ の上下の n および $i=1$ は略されて
$$\sum_{1}^{n} x_i \qquad \sum x_i$$
のように略記できる．

なお，計算対象が集合 $S = \{1, 3, 5, 7, 9\}$ であった場合，その集合の範囲の総和は次のように書くことができる．
$$\sum_{i \in S} x_i = 25 \qquad \sum x_{i \in S} = 25$$

×, · 乗法

掛け算の記号だが $a \times b$ だけでなく $a \cdot b$ でも表記される．

！ 階乗

n の階乗とは，n から 1 までの全ての値を掛け算することを意味する．
$$n! = n \times (n-1) \times (n-2) \times \cdots \times 2 \times 1$$
たとえば $n = 5$ ならば
$$5! = 5 \times 4 \times 3 \times 2 \times 1 = 120$$
となる．ただし例外として 0! のみ
$$0! = 1$$
と定める（階乗は自然数で成り立つのでこれはあくまでも約束である）．

$_nC_r$ 組み合わせ（Combination）

n 個の中から r 個を選んだときに存在する組み合わせの数．階乗を用いて求める．
$$_nC_r = \frac{n!}{r!(n-r)!}$$
A, B, C, D, E から 3 つを選ぶ組み合わせの数は 10 である．
$$_5C_3 = \frac{5!}{3!(5-3)!} = \frac{5 \times 4 \times 3 \times 2 \times 1}{3 \times 2 \times 1 \times 2 \times 1} = 10$$
組み合わせでは，それを形成する要素の並び順が違っても区別しない．A, B, C と A, C, B のどちらも「A, B, C の組み合わせ」に還元される．それらを区別するのが順列である．

$_nP_r$ 順列（Permutation）

n 個の中から r 個を選んだときに存在する組み合わせの数だが，こちらは要素の並び順も考慮に入れた数え方をする．これを順列という．A, B, C と A, C, B を区別して数える．
$$_nP_r = \frac{n!}{(n-r)!}$$
A, B, C, D, E から 3 つを選ぶ順列は
$$_5P_3 = \frac{5!}{(5-3)!} = \frac{5 \times 4 \times 3 \times 2 \times 1}{2 \times 1} = 60 \text{ 通り}$$
である．

|x|　絶対値

|x|はxから符号を取り去ったxの値である．

$$|2|=2,\quad |-2|=2$$

$\log_a x$　対数

ある数aを何乗したらxになるかの数を示し，「aを底とするxの対数」という．

一例として，$a=2$，$x=32$ならば

$$\log_2 32 = 5$$

である．一般的なのは$a=10$であり，これを常用対数といい，一例として

$$\log_{10} 100 = 2$$

である．しばしば"$\log x$"と記述してaを省略するが，その場合は常用対数のことを意味する．

対数は通常では求められない一般の数に対しても計算され，たとえば

$$\log 50 = 1.698970$$
$$\log_3 20 = 2.726833$$

となるので，数表，コンピュータが必要になる．

max　最大値

ある値の集合の中で最も大きい値で，全てが等しければその数になる．

min　最小値

ある値の集合の中で最も小さい値で，全てが等しければその数になる．

等比数列

等比数列とは，同じ一定比で数値が増加する／減少する数列．例えば，初項をa，公比をrとすると，

$$a, ar, ar^2, ar^3, \cdots$$

が等比数列である．

等比数列の和（有限の場合）

等比数列の和S_nは，$S_n = a + ar + ar^2 + ar^3 + \cdots + ar^{n-1}$である．この$S_n$を$n$の式で表すためにはまず，両辺の各項目に$r$をかけて，$rS_n = ra + ar^2 + ar^3 + \cdots + ar^{n-1} + ar^n$とし，$S_n$からこの$rS_n$を引くと，$S_n - rS_n = a - ar^n$を得る．これを$(1-r)S_n = a(1-r^n)$と整理し，ここで$r \neq 1$ならば，両辺を$(1-r)$で割ると，最終的に

$$S_n = \frac{a(1-r^n)}{1-r}$$

を得る．なお，$r=1$のときは$S_n = na$である．

等比数列の和（無限の場合）

等比数列で，公比が-1と1の間にある（$-1 < r < 1$）場合は，nを無限に大きくした場合も和があって，

$$\frac{a}{1-r}$$

となる．これは上式でr^nのnを無限に大きくすることで得られる（ちなみに，$r=0.5$ならnが十分に大きく$n=20$とすると，$r^{20} \fallingdotseq 0.00001$となって，極めて小さくなる）．

(4) 統計学

算術平均（arithmetic mean）

算術平均（$\bar{x}$）は，観測値$x_1, x_2, \cdots, x_n$の和を観測値の総数，すなわちデータの大きさnで割ったものであり，

$$\bar{x} = \frac{x_1 + x_2 + \cdots + x_n}{n}$$

と定義される．

分散（variance）

各観測値が平均からどれだけ離れているか（偏差）についての平均を算出するにあ

たり，その各偏差を2乗することで算出したものを分散と呼ぶ．分散 (S^2) は，
$$S^2 = \frac{1}{n}\{(x_1-\bar{x})^2+(x_2-\bar{x})^2+\cdots+(x_n-\bar{x})^2\}$$
と定義される．

標準偏差（standard deviation）
　標準偏差 (S) とは，分散の平方根をとったものであり，
$$S = \sqrt{S^2}$$
と定義される．

相関係数（correlation coefficient）
　相関係数 (r) は，各変数 x の偏差と y の偏差を同時に考えた時の全データについての平均（これを共分散（covariance）と呼ぶ）を，x と y の標準偏差の積で割ったもので，
$$r_{xy} = \frac{\sum(x_i-\bar{x})(y_i-\bar{y})/n}{S_x S_y}$$
と定義される．相関係数は常に $-1 \leq r_{xy} \leq 1$ の範囲にある．

(5) 記号

∞　無限大
　限りがない，限界のないこと．ゲーム理論においては，無限繰り返しゲームのようにゲームが際限なく続くことを示す．

∴　「したがって」「故に」（結論）
　その主張が前述の内容を受けて述べられていることを示す．例えば
$$4p+8(1-p)=7p-(1-p) \quad \therefore p=3/4$$

∵　「なぜならば」（理由・根拠）
　前述した主張の論理的根拠を示す．例えば
$$4x+3 \leq 7 \quad (\because x \leq 1)$$

(6) 意思決定

P, Pr　確率（Probability）
　確率とは，ある事象の起こりやすさを定量的に表す指数である．事象 A が起こる確率を表すとき，Probability の頭文字をとって
$$P(A), \quad Pr(A)$$
と表し，その確率が 0.5 であれば
$$P(A)=0.5, \quad Pr(A)=0.5$$
と表す．

期待値（Expected value），**期待効用**（Expected utility）
　不確実な状況における利得の大きさを，確率を加えて表した値（利得の値×得られる確率）．ある状況で起こりうる結果とそれによって得られる利得もしくは損失を掛けた値の合計を期待値といい，一般的に E で表す．

効用（utility）
　効用はもの，行為，状態，ことがらなどに対する価値評価を数量で表したものであり，一般的に u, U で表す．

2　国際関係に関連する主要なデータベース一覧

[国際機関などが作成，編集したデータベース]

名称・作成主体	概要
OECD Economic Outlook 作成：OECD（経済協力開発機構） http://www.oecd.org/	OECD加盟国の経済に関する様々なデータが収集，編集されている．各国のGDP成長率や歳入・歳出額などに関するデータが利用できる．Agriculture Statistics（農業統計），Banking Statistics（銀行統計），Education Statistics（教育統計）などのデータベースもリンク先から利用できる．
World Development Indicators 作成：World Bank（世界銀行） http://data.worldbank.org/	経済，開発に関する様々なデータが収集，編集されている．Agriculture & Rural Development（農業と地方開発），Aid Effectiveness（援助効果），Economic Policy and External Debt（経済政策と対外債務），Social Development（社会開発）などのデータが利用できる．
Trade Profiles 作成：WTO（世界貿易機関） http://stat.wto.org/	世界各国の貿易関連データやマクロ経済に関するデータなどが収集，編集されている．貿易障壁やサービスに関するデータベース（Tariff Profiles, Services Profiles），国際貿易の時系列にそったデータベース（Time Series on International Trade）などが利用できる．
International Human Development Indicators 作成：UNDP（国連開発計画） http://hdr.undp.org/en/statistics/	人間開発指数（Human Development Indicators：HDI）に関するデータベースである．HDIは出生時平均余命，成人識字率，総就学率，1人当たりGDPという4つの指標より算出される．

[研究機関や研究者などが作成，編集したデータベース]

名称・作成主体	概要
Polity IV 作成：Ted Robert Gurr, Harry Eckstein et al. http://www.systemicpeace.org/polity/polity4.htm	政体（polity）に関するデータが収集，編集されている．1975年にPolity Iが発表されて以降，3度の更新を得て，現在ではPolity IVが利用できる．Polityは，政体における「質」（quality）を測り，その程度に応じた政体のスコアと分類を示している．
COW（Correlates of War） 作成：David Singer, Melvin Small et al. http://www.correlatesofwar.org/	戦争に関する様々なデータが収集，編集されている．COWの戦争の定義は，組織化された武力による継続的な戦闘行為であり，v.4.0では，戦争の主体によりデータセットを分類している．Militarized Interstate Disputes Data（軍事化された国家間紛争データ），Inter-State War Data（国家間戦争データ），Non-State War Data（非国家間戦争データ），Intra-State War Data（国内戦争データ），National Material Capabilities（国家の物質的能力）などが利用できる．

The Armed Conflict Database 作成：IISS（英国・国際戦略研究所） http://www.iiss.org/	紛争に関する様々なデータが収集，編集されている．約75の国際的な武力紛争および国内でのテロ事件に関するデータが利用できる．COWに比べて扱われている紛争の数は少ないが，戦闘で用いられている兵器や武器に関する情報なども網羅されている．また紛争における難民の数や経済的な損害の大きさ，それぞれの紛争に関する歴史的な背景などが整理されている．
ATOP（Alliance Treaty Obligations and Provisions） 作成：Brett Ashley Leeds et al. http://atop.rice.edu/	同盟に関する様々なデータが収集，編集されている．ATOPにおける同盟とは，少なくとも2つ以上の独立国家の代表によって調印された「成文合意」（written agreements）である．この合意には，軍事衝突の際の同盟国への援助や，紛争中に中立を維持すること，国際的な危機の際に調整したり協力したりする等の約束が含まれている．

参考文献一覧

和　文

有賀貞. 2010.『国際関係史：16世紀から1945年まで』東京大学出版会.
飯田敬輔. 1994.「交渉者はタカ派か中道か：二層ゲームにおける交渉者選択過程」『理論と方法』9(1)：1-20.
石井修. 2000.『国際政治史としての20世紀』有信堂.
石黒馨. 2007.『入門・国際政治経済の分析：ゲーム理論で解くグローバル世界』勁草書房.
———. 2009.「国際通商交渉とシミュレーション分析」吉田和男・井堀利宏・瀬島誠編『地球秩序のシミュレーション分析：グローバル公共財学の構築に向けて』日本評論社.
石黒馨・石田淳. 2004.「国内平和の国際的条件」『社会科学研究』55(5・6)：5-27.
石田淳. 2006.「国際安全保障の空間的ガヴァナンス」河野勝編『制度からガヴァナンスへ：社会科学における知の交差』東京大学出版会.
———. 2010.「外交における強制の論理と安心供与の論理：威嚇型と約束型のコミットメント」法政大学比較経済研究所／鈴木豊編『ガバナンスの比較セクター分析：ゲーム理論・契約理論を用いた学際的アプローチ』（比較経済研究所研究シリーズ25）法政大学出版局.
石原英樹・金井雅之. 2002.『進化的意思決定』朝倉書店.
猪口孝. 1970.『国際関係の数量分析：北京・平壌・モスクワ，1961年—1966年』巌南堂書店.
———. 1978.「擬似予算編成としての交渉：世界二大漁業国間のさけます交渉，1957年～1977年」『東洋文化研究所紀要』76：163-195.
———. 1990.『交渉・同盟・戦争：東アジアの国際政治』東京大学出版会.
———編. 2007.『シリーズ国際関係論』（全5巻）東京大学出版会.
今井晴雄・岡田章編. 2002.『ゲーム理論の新展開』勁草書房.
ウェーバー，マックス（濱島朗訳）. 1966.『権力と支配：政治社会学入門』有斐閣.
岡田章. 1996.『ゲーム理論』有斐閣.
———. 2002.「グループ形成と非協力 n 人交渉ゲーム」今井晴雄・岡田章編著『ゲーム理論の新展開』勁草書房.
———. 2008.『ゲーム理論・入門』有斐閣.
金子守. 2003.『ゲーム理解と蒟蒻問答』日本評論社.
蒲島郁夫. 2004.『戦後政治の軌跡：自民党システムの形成と変容』岩波書店.
蒲島郁夫・竹中佳彦. 1996.『現代日本人のイデオロギー』東京大学出版会.
蒲島郁夫・松原望. 1989.「日米経済紛争の収束過程：日米自動車交渉をケースとして」『レヴァイアサン』5：52-74.
神谷万丈. 2000.「TIT FOR TAT戦略に基づく北朝鮮問題への対応：可能性と問題点」日本国際問題研究所編『朝鮮半島の予防外交と危機管理：北朝鮮危機と日米韓関係』日本国

際問題研究所.

キノネス, ケネス (伊豆見元監訳, 山岡邦彦・山口瑞彦訳). 2000. 『北朝鮮：米国務省担当官の交渉秘録』中央公論新社.

―――. 2003. 『北朝鮮II：核の秘密都市寧辺を往く』中央公論新社.

クラーヴェン, ジョン (富山慶典・金井雅之訳). 2005. 『社会的選択理論：集団の意思決定と個人の判断の分析枠組み』勁草書房.

クーン, H. W., S. ナサー (落合卓四郎・松島斉訳). 2005. 『ナッシュは何を見たか：純粋数学とゲーム理論』シュプリンガー・フェアラーク東京.

小島寛之. 2004. 『確率的発想法』NHKブックス.

小島寛之・松原望. 2011. 『戦略とゲームの理論』東京図書.

小林良彰. 1988. 『公共選択』(現代政治学叢書9) 東京大学出版会.

小山昭雄. 1980. 『ゲーム理論入門』日経文庫.

佐伯胖. 1980. 『「きめ方」の論理：社会的決定理論への招待』東京大学出版会.

阪本拓人・保城広至・山影進. 2012. 『ホワイトハウスのキューバ危機：マルチエージェント・シミュレーションで探る核戦争回避の分水嶺』書籍工房早山.

佐藤英夫. 1989. 『対外政策』(現代政治学叢書20) 東京大学出版会.

芝井清久. 2010. 「国際政治交渉における第三当事者の存在：欧州核不拡散交渉と東アジア核問題の関連性」上智大学博士論文.

―――. 2012. 「国際交渉の合意形成における第三当事者への対応問題」『国際政治』169：139-153.

鈴木光男. 1975. 『計画の倫理』東洋経済新報社.

―――. 1981. 『ゲーム理論入門』共立全書.

―――. 1994. 『新ゲーム理論』勁草書房.

―――. 1999. 『ゲーム理論の世界』勁草書房.

―――. 2003. 『ゲーム理論入門［新装版］』共立出版.

鈴木光男・中村健二郎. 1976. 『社会システム：ゲーム理論的アプローチ』共立出版.

鈴木光男・武藤滋夫. 1985. 『協力ゲームの理論』東京大学出版会.

鈴木基史. 1998. 「国際協調と国際レジーム」『Journal of Policy Studies』5：59-85.

―――. 2000. 『国際関係』(社会科学の理論とモデル2) 東京大学出版会.

ストックホルム国際平和研究所編 (服部学訳). 1979. 『核時代の軍備と軍縮』時事通信社.

ストックホルム国際平和研究所編. 1985-. 『SIPRI年鑑』東海大学出版会／広島大学出版会／広島大学図書館.

春原剛. 2004. 『米朝対立：核危機の十年』日本経済新聞社.

関寛治. 1959. 「国際政治学における数学的方法：ゲーム理論を中心として」『国際政治』9：58-89.

関山健. 2011. 「現代国際政治経済システムの利害調整問題に見る『男女の争い』繰り返しゲームの特徴に関する考察」『国際協力学ワーキングペーパー』3：1-18.

高木保興編. 2004. 『国際協力学』東京大学出版会.

参考文献一覧

高柳先男. 1999. 『パワー・ポリティクス：その原型と変容［増補改訂版］』有信堂.
竹田茂夫. 2004. 『ゲーム理論を読みとく：戦略的理性の批判』ちくま新書.
多湖淳. 2010. 『武力行使の政治学：単独と多角をめぐる国際政治とアメリカ国内政治』千倉書房.
―――. 2011. 「国際政治学における計量分析」『オペレーションズ・リサーチ：経営の科学』56(4): 215-220.
田中明彦. 2003. 『新しい中世：相互依存深まる世界システム』日経ビジネス文庫.
東京大学教養学部統計学教室編. 1991. 『統計学入門』東京大学出版会.
ナイ・ジュニア, ジョセフ・S., デイヴィッド・A. ウェルチ（田中明彦・村田晃嗣訳）. 2011. 『国際紛争：理論と歴史［第8版］』有斐閣.
中山幹夫・武藤滋夫・船木由喜彦編. 2000. 『ゲーム理論で解く』有斐閣ブックス.
生天目章. 2001. 『戦略的意思決定』朝倉書店.
西岡洋子. 2005. 「国際電気通信連合成立前史にみる国際的電気通信制度の形成過程に関する検討」『Journal of Global Media Studies』3: 27-40.
西舘崇. 2010. 「1990年代の朝鮮半島における日米韓の安全保障協力の条件：両性の闘いからの分析」東京大学博士論文.
日本国際政治学会編. 2009. 『日本の国際政治学』（全4巻）有斐閣.
日本国際政治学会太平洋戦争原因研究部編. 1962-1963. 『太平洋戦争への道』（全8巻）朝日新聞社.
パウンドストーン, ウィリアム（松浦俊輔ほか訳）. 1995. 『囚人のジレンマ：フォン・ノイマンとゲームの理論』青土社.
林光・山本吉宣. 2005. 「合理的国家と安全保障」山本吉宣・河野勝編『アクセス安全保障論』日本経済評論社.
原田至郎. 1998. 「国際政治の数量分析：戦争研究における例」『オペレーションズ・リサーチ：経営の科学』43(7): 378-382.
フォン・クラウゼヴィッツ, カール（清水多吉訳）. 2001. 『戦争論』（上下巻）中央公論社.
藤本熙・松原望. 1976. 『決定の数理』筑摩書房.
藤原帰一・李鍾元・古城佳子・石田淳編. 2004a. 『経済のグローバル化と国際政治』（国際政治講座 3）東京大学出版会.
―――. 2004b. 『国際秩序の変動』（国際政治講座 4）東京大学出版会.
船木由喜彦. 2001. 『エコノミックゲームセオリー：協力ゲームの応用』サイエンス社.
増山幹高・山田真裕. 2004. 『計量政治分析入門』東京大学出版会.
松井彰彦. 2010. 『高校生からのゲーム理論』ちくまプリマー新書.
松原望. 1985. 『新版 意思決定の基礎』朝倉書店.
―――. 1988. 「権力の限界」『レヴァイアサン』3: 162-189.
―――. 1996. 『わかりやすい統計学』丸善株式会社.
―――. 1997. 『計量社会科学』東京大学出版会.
―――. 2001. 『意思決定の基礎』朝倉書店.

――. 2003.『入門　確率過程』東京図書.
――. 2004.『社会を読み解く数理トレーニング：計量社会科学入門』東京大学出版会.
――. 2008.『入門ベイズ統計：意思決定の理論と発展』東京図書.
――. 2009.『社会を読み解く数学』ベレ出版.
――. 2011.『ベルヌーイ家の人々：物理と数学を築いた天才一家の真実』技術評論社.
宮台真司．1989.『権力の予期理論：了解を媒介にした行動形式』勁草書房.
武藤滋夫．2001.『ゲーム理論入門』日経文庫.
山影進．2012.『国際関係論講義』東京大学出版会.
山本吉宣．1989a.『国際的相互依存』（現代政治学叢書 18）東京大学出版会.
――. 1989b.「国際政治学における数理的なモデル」有賀貞・宇野重昭・木戸蓊・山本吉宣・渡辺昭夫編『国際政治の理論』（講座国際政治 1）東京大学出版会.
――. 1998.「国際政治の数理分析：戦争の原因の数理モデル」『オペレーションズ・リサーチ：経営の科学』43(7)：383-388.
山本吉宣・黒川修司．1979.「数量国際政治学」『国際政治』61・62：306-316.
山本吉宣・田中明彦編．1992.『戦争と国際システム』東京大学出版会.

欧　文

Allison, Graham T. 1971. *The Essence of Decision : Explaining the Cuban Missile Crisis*. Boston : Little, Brown.（宮里政玄訳『決定の本質：キューバ・ミサイル危機の分析』中央公論社，1977）

Aumann, Robert J. 1961. "The Core of a Cooperative Game without Side Payments." *Transactions of the American Mathematical Society* 98(3) : 539-552.

Aumann, Robert J., and Bezalel Peleg. 1960. "Von Neumann-Morgenstern Solutions to Cooperative Games without Side Payments." *Bulletin of the American Mathematical Society* 66(3) : 173-179.

Axelrod, Robert. 1967. "Conflict of Interest : An Axiomatic Approach." *Journal of Conflict Resolution* 11(1) : 87-99.

――. 1980. "Effective Choice in the Prisoner's Dilemma." *Journal of Conflict Resolution* 24(1) : 3-25.

――. 1984. *The Evolution of Cooperation*. New York : Basic Books.（松田裕之訳『つきあい方の科学：バクテリアから国際関係まで［新装版］』ミネルヴァ書房，1998）

Axelrod, Robert, and Robert O. Keohane. 1986. "Achieving Cooperation under Anarchy : Strategies and Institutions." In Kenneth A. Oye, ed. *Cooperation under Anarchy*. Princeton : Princeton University Press.

Barros, C. P., and Isabel Proença. 2005. "Mixed Logit Estimation of Radical Islamic Terrorism in Europe and North America : A Comparative Study." *Journal of Conflict Resolution* 49(2) : 298-314.

Berkowitz, Bruce D. 1985. "Proliferation, Deterrence, and the Likelihood of Nuclear War."

Journal of Conflict Resolution 29(1): 112-136.

Biglaiser, Glen, and David Lektzian. 2011. "The Effect of Sanctions on U.S. Foreign Direct Investment." *International Organization* 65: 531-551.

Black, Max. 1962. *Models and Metaphors: Studies in Language and Philosophy*. Ithaca, N.Y.: Cornell University Press.

Blackwell, David, and M. A. Girshick. 1954. *Theory of Games and Statistical Decisions*. New York: Wiley.

Brady, Henry E., and David Collier, eds. 2004. *Rethinking Social Inquiry: Diverse Tools, Shared Standards*. Lanham, Md.: Rowman & Littlefield.（泉川泰博・宮下明聡訳『社会科学の方法論争：多様な分析道具と共通の基準』勁草書房，2008）

Brahms, Steven J. 1985. *Superpower Games*. New Haven: Yale University Press.

Brodie, Barnard. 1946. *The Absolute Weapon: Atomic Power and World Order*. New York: Harcourt.

Brody, Richard A. 1968. "Deterrence." In *International Encyclopedia of the Social Sciences*, IV. New York: Macmillan.

Bronowski, Jacob. 1973. *The Ascent of Man*. Boston: Little, Brown and Company.

Bueno de Mesquita, Bruce, and David Lalman. 1992. *War and Reason: Domestic and International Imperatives*. New Haven: Yale University Press.

Bueno de Mesquita, Bruce, and William H. Riker. 1982. "An Assessment of the Merits of Selective Nuclear Proliferation." *Journal of Conflict Resolution* 26(2): 283-306.

Bueno de Mequita, Bruce, Alastair Smith, Randolph M. Siverson, and James D. Morrow. 2003. *The Logic of Political Survival*. Cambridge, Mass.: MIT Press.

Chernoff, Herman, and Lincoln E. Moses. 1959. *Elementary Decision Theory*. New York: Wiley.（宮澤光一訳『決定理論入門』紀伊國屋書店，1960）

Chojnacki, Sven. 2006. "Democratic Wars and Military Interventions, 1946-2002: The Monadic Level Reconsidered." In Anna Geis, Lothar Brock, and Harald Müller, eds. *Democratic Wars: Looking at the Dark Side of Democratic Peace*. New York: Palgrave Macmillan.

Davis, Morton D. 1970. *Game Theory: A Nontechnical Introduction*. New York: Basic Books.（桐谷維・森克美訳『ゲームの理論入門：チェスから核戦略まで』講談社ブルーバックス，1973）

DeGroot, Morris H. 2004. *Optimal Statistical Decisions*. Hoboken, N.J.: Wiley-Interscience.

DeGroot, Morris H., and Mark J. Schervish. 2011. *Probability and Statistics*, 4th ed. New York: Addison-Wesley.

Doyle, Michael W. 1986. "Liberalism and World Politics." *American Political Science Review* 80(4): 1151-1169.

Dresher, Melvin. 1961. *Games of Strategy: Theory and Applications*. Englewood Cliffs, N.J.: Prentice-Hall.

Ellsberg, Daniel. 1960. "The Crude Analysis of Strategic Choices." Rand monograph P-2183, Rand Corporation.

Encarnación, Omar G. 2006. "Bush and the Theory of the Democratic Peace." *Global Dialogue* 8(3-4). (http://www.worlddialogue.org/content.php?id=384)

Enders, Walter, and Todd Sandler. 2005. "After 9/11 : Is It All Different Now?" *Journal of Conflict Resolution* 49(2) : 259-277.

Farber, Henry S., and Joanne Gowa. 1995. "Polities and Peace." *International Security* 20(2) : 123-146.

Fearon, James D. 1994. "Domestic Political Audiences and the Escalation of International Disputes." *American Political Science Review* 89 : 295-308.

――. 1998. "Commitment Problems and the Spread of Ethnic Conflict." In David A. Lake and Donald S. Rothchild, eds. *The International Spread of Ethnic Conflict : Fear, Diffusion and Escalation*. Princeton : Princeton University Press.

Filson, Darren, and Suzanne Werner. 2002. "A Bargaining Model of War and Peace : Anticipating the Onset, Duration and Outcome of War." *American Journal of Political Science* 46 : 819-838.

Flood, Merrill M. 1952. "Some Experimental Games." RAND Research Memorandum RM-789-1.

Frank, Thomas M. 1992. "The Emerging Right to Democratic Governance." *American Journal of International Law* 86(1) : 46-91.

Friedman, James W. 1986. *Game Theory with Applications to Economics*. New York : Oxford University Press. [2nd ed., 1991]

Fudenberg, Drew, and Jean Tirole. 1991. *Game Theory*. Cambridge, Mass. : MIT Press.

Geller, Daniel S. 1990. "Nuclear Weapons, Deterrence, and Crisis Escalation." *Journal of Conflict Resolution* 34(2) : 291-310.

Gillies, D. B. 1959. "Solutions to General Non-Zero-Sum Games." In A. W. Tucker and R. D. Luce, eds. *Contributions to the Theory of Games*, IV (Annals of Mathematics Studies, no. 40). Princeton University Press.

Gilpin, Robert. 1981. *War and Change in World Politics*. Cambridge : Cambridge University Press.

Grieco, Joseph M. 1988. "Anarchy and the Limits of Cooperation : A Realist Critique of the Newest Liberal Institutionalism." *International Organization* 42 : 485-507.

Gul, Faruk. 1989. "Bargaining Foundations of Shapley Value." *Econometrica* 57(1) : 81-95.

Harsanyi, John C. 1967. "Games with Incomplete Information Played by 'Bayesian' Players, I-III, Part I : The Basic Model." *Management Science* 14(3) : 159-182.

――. 1968a. "Games with Incomplete Information Played by 'Bayesian' Players, Part II : Bayesian Equilibrium Points." *Management Science* 14(5) : 320-334.

――. 1968b. "Games with Incomplete Information Played by 'Bayesian' Players, Part III : The

Basic Probability Distribution of the Game." *Management Science* 14(7) : 486-502.
Harsanyi, John C., and Reinhard Selten. 1988. *A General Theory of Equilibrium Selection in Games*. Cambridge, Mass. : MIT Press.
Haywood, O. G., Jr. 1954. "Military Decision and Game Theory." *Journal of the Operations Research Society of America* 2(4) : 365-385.
Hovi, Jon, and Robert Huseby. 2004. "Tales of the Unexpected : When Do Economic Sanctions Work?" (http://www.ima.org.uk/_db/_documents/Hovi.pdf)
Hufbauer, Gary Clyde, Jeffrey J. Schott, and Kimberly Ann Elliott. 1990. *Economic Sanctions Reconsidered*, 2nd ed. Washington, D.C. : Institute for International Economics.
Hufbauer, Gary Clyde, Jeffrey J. Schott, Kimberly Ann Elliott, and Barbara Oegg. 2007. *Economic Sanctions Reconsidered*, 3rd ed. Washington, D.C. : Institute for International Economics.
Huntington, Samuel P. 1991. *The Third Wave : Democratization in the Late Twentieth Century*. Norman : University of Oklahoma Press.（坪郷實・中道寿一・藪野祐三訳『第三の波 : 20世紀後半の民主化』三嶺書房，1995）
Iida, Keisuke. 1993. "When and How Domestic Constraints Matter? Two Level Games with Uncertainty." *Journal of Conflict Resolution* 37(3) : 403-426.
Ikenberry, G. John. 2001. *After Victory : Institutions, Strategic Restraint, and the Rebuilding of Order after Major Wars*. Princeton : Princeton University Press.（鈴木康雄訳『アフター・ヴィクトリー : 戦後構築の論理と行動』NTT出版，2004）
Inoguchi, Takashi, and Nobuharu Miyatake. 1979. "Negotiation as Quasi-Budgeting : The Salmon Catch Negotiations between Two World Fishery Powers." *International Organization* 33(2) : 229-256.
Jervis, Robert. 1976. *Perception and Misperception in International Politics*. Princeton, N.J. : Princeton University Press.
———. 1978. "Cooperation under the Security Dilemma." *World Politics* 30(2) : 167-214.
Keohane, Robert O. 1984. *After Hegemony : Cooperation and Discord in the World Political Economy*. Princeton : Princeton University Press.（石黒馨・小林誠訳『覇権後の国際政治経済学』晃洋書房，1998）
Keohane, Robert O., and Lisa L. Martin. 1995. "The Promise of Institutionalist Theory." *International Security* 20(1) : 39-51.
King, Gary, Robert O. Keohane, and Sidney Verba. 1994. *Designing Social Inquiry : Scientific Inference in Qualitative Research*. Princeton : Princeton University Press.（真渕勝監訳『社会科学のリサーチ・デザイン : 定性的研究における科学的推論』勁草書房，2003）
Klevorick, Alvin, and Gerald Kramer. 1973. "Social Choice on Pollution Management : The Genossenschaften." *Journal of Public Economics* 2 : 101-146.
Krasner, Stephen D. 1991. "Global Communications and National Power : Life on the Pareto Frontier." *World Politics* 43(3) : 336-366.

Kreps, David M. 1990. *A Course in Microeconomic Theory*. Princeton : Princeton University Press.

Kreps, David M., and Robert Wilson. 1982. "Reputation and Imperfect Information." *Journal of Economic Theory* 27 : 253-279.

Kydd, Andrew H. 2005. *Trust and Mistrust in International Relations*. Princeton : Princeton University Press.

Layne, Christopher. 1994. "Kant or Cant : The Myth of the Democratic Peace." *International Security* 19(2) : 5-49.

Leeds, Brett Ashley. 2003. "Alliance Reliability in Times of War : Explaining State Decisions to Violate Treaties." *International Organization* 57 : 801-827.

Leeds, Brett Ashley, and Bruce Savun. 2007. "Terminating Alliances : Why Do States Abrogate Agreements?" *Journal of Politics* 69(4) : 1118-1132.

Leeds, Brett Ashley, Andrew G. Long, and Sara McLaughlin Mitchell. 2000. "Reevaluating Alliance Reliability : Specific Threats, Specific Promises." *Journal of Conflict Resolution* 44(5) : 686-699.

Leeds, Brett Ashley, Jeffrey M. Ritter, Sara McLaughlin Mitchell, and Andrew G. Long. 2002. "Alliance Treaty Obligations and Provisions, 1815-1944." *International Interactions* 38(3) : 237-260.

Levy, Jack S. 1984. "The Offensive/Defensive Balance of Military Technology : A Theoretical and Historical Analysis." *International Studies Quarterly* 28(2) : 219-238.

Lichbach, Mark Irving. 1990. "When Is an Arms Rivalry a Prisoner's Dilemma? Richardson's Models and 2×2 Games." *Journal of Conflict Resolution* 34(1) : 29-56.

Lucas, W. F. 1968. "A Game with No Solution." *Bulletin of the American Mathematical Society* 74 : 237-239.

Luce, R. Duncan, and Howard Raiffa. 1957. *Games and Decisions : Introduction and Critical Survey*. New York : Wiley.

Lukes, Steven. 2005. *Power : A Radical View*, 2nd ed. New York : Palgrave Macmillan.

Lynn-Jones, Sean M., Steven E. Miller, and Stephen Van Evera, eds. 1990. *Nuclear Diplomacy and Crisis Management*. Cambridge, Mass. : MIT Press.

Mansfield, Edward D., and Jack Snyder. 1995. "Democratization and the Danger of War." *International Security* 20(1) : 5-38.

Martin, Lisa L. 1992. *Coercive Cooperation : Explaining Multilateral Economic Sanctions*. Princeton : Princeton University Press.

Matsubara, Nozomu. 1989. "Conflict and Limits of Power." *Journal of Conflict Resolution* 33(1) : 113-141.

Mattli, Walter, and Tim Buthe. 2003. "Setting International Standards : Technological Rationality or Primacy of Power?" *World Politics* 56(1) : 1-42.

McCarty, Nolan, and Adam Meirowitz. 2007. *Political Game Theory : An Introduction*. New

York : Cambridge University Press.
McKeown, Timothy J. 2004. "Case Studies and the Limits of the Quantitative Worldview." In Henry E. Brady and David Collier, eds. *Rethinking Social Inquiry : Diverse Tools, Shared Standards*. Lanham, Md. : Rowman & Littlefield.
McKinsey, J. C. C. 2003. *Introduction to the Theory of Games*. New York : Dover Publications.
Mearsheimer, John J. 1994/1995. "The False Promise of International Institutions." *International Security* 19(3) : 5-49.
——. 1995. "A Realist Reply." *International Security* 20(1) : 5-49.
Milner, Helen V. 1997. *Interests, Institutions and Information : Domestic Politics and International Relations*. Princeton : Princeton University Press.
Mo, Jongryn. 1994. "The Logic of Two-Level Games with Endogenous Domestic Coalitions." *Journal of Conflict Resolution* 38(3) : 402-422.
Mor, Ben D. 1992. "Book Review : *Nuclear Deterrence Theory : The Search for Credibility* by Robert Powell." *American Political Science Review* 86(1) : 293-294.
Morgenthau, Hans J. 1948. *Politics among Nations : The Struggle for Power and Peace*. New York : Knopf.（現代平和研究会訳『国際政治：権力と平和』福村出版，1986）
Morris, Stephen, and Hyun Song Shin. 2001. "Global Games : Theory and Applications." Cowles Foundation Discussion Paper 1275R.
Morrow, James D. 1993. "Arms versus Allies : Trade-Offs in the Search for Security." *International Organization* 47(2) : 207-233.
——. 1994a. "Alliances, Credibility, and Peacetime Costs." *Journal of Conflict Resolution* 38(2) : 270-297.
——. 1994b. "Modeling the Forms of International Cooperation : Distribution versus Information." *International Organization* 48(3) : 387-423.
——. 1994c. *Game Theory for Political Scientists*. Princeton : Princeton University Press.
——. 2000. "Alliances : Why Write Them Down?" *Annual Review of Political Science* 3 : 63-83.
Nash, John F., Jr. 1950. "Equilibrium Points in *n*-Person Games." *Proceedings of the National Academy of Sciences of the United States of America* 36 : 48-49.
——. 1951. "Non-Cooperative Games." *Annals of Mathematics* 54(2) : 286-295.
Nicholson, Michael. 1990. *Formal Theories in International Relations*. Cambridge : Cambridge University Press.
Nye, Joseph S., Jr. 2004. *Soft Power : The Means to Success in World Politics*. New York : Public Affairs.（山岡洋一訳『ソフト・パワー：21世紀国際政治を制する見えざる力』日本経済新聞社，2004）
——. 2011. *The Future of Power*. New York : Public Affairs.（山岡洋一・藤島京子訳『スマート・パワー：21世紀を支配する新しい力』日本経済新聞出版社，2011）
Oberdorfer, Don. 1997. *The Two Koreas*. New York : Basic Books.（菱木一美訳『二つのコリア：国際政治の中の朝鮮半島［特別最新版］』共同通信社，2002）

Okada, Akira. 2007. "International Negotiations on Climate Change : A Noncooperative Game Analysis of the Kyoto Protocol." In Rudolf Avenhaus and I. William Zartman, eds. *Diplomacy Games : Formal Models and International Negotiations*. Berlin : Springer-Verlag.

O'Neill, Barry. 2007. "Game Models of Peace and War : Some Recent Themes." In Rudolf Avenhaus and I. William Zartman, eds. *Diplomacy Games : Formal Models and International Negotiations*. Berlin : Springer-Verlag.

Ordeshook, Peter C. 1986. *Game Theory and Political Theory : An Introduction*. Cambridge : Cambridge University Press.

Oren, Ido. 1995. "The Subjectivity of the 'Democratic' Peace : Changing U.S. Perceptions of Imperial Germany." *International Security* 20(2) : 147-184.

Organski, A. F. K. 1958. *World Politics*. New York : Alfred A. Knopf.

Osborne, Martin. J., and Ariel Rubinstein. 1994. *A Course in Game Theory*. Cambridge, Mass. : MIT Press.

Oye, Kenneth A. 1985. " Explaining Cooperation under Anarchy : Hypotheses and Strategies." *World Politics* 38(1) : 1-24.

─────, ed. 1986. *Cooperation under Anarchy*. Princeton : Princeton University Press.

Perry, William J. 1999. *Review of United States Policy toward North Korea : Findings and Recommendations*. Office of the North Korea Policy Coordinator, United States Department of State, October 12.

Powell, Robert. 1987. "Crisis Bargaining, Escalation, and MAD." *American Political Science Review* 81 : 717-735.

─────. 1988. "Nuclear Brinkmanship with Two-Sided Incomplete Information." *American Political Science Review* 82(1) : 155-178.

─────. 1989a. "Crisis Stability in the Nuclear Age." *American Political Science Review* 83(1) : 61-76.

─────. 1989b. "Nuclear Deterrence and the Strategy of Limited Retaliation." *American Political Science Review* 83(2) : 503-519.

─────. 1990. *Nuclear Deterrence Theory : The Search for Credibility*. New York : Cambridge University Press.

─────. 1991. "Absolute and Relative Gains in International Relations Theory." *American Political Science Review* 85(4) : 1303-1320.

─────. 1996. "Stability and the Distribution of Power." *World Politics* 48 : 239-267.

─────. 2002. "Bargaining Theory and International Conflict." *Annual Review of Political Science* 5 : 1-30.

Putnam, Robert D. 1988. "Diplomacy and Domestic Politics : The Logic of Two-Level Games." *International Organization* 42 : 427-460.

Ramsay, Kristopher W. 2004. "Politics at the Water's Edge : Crisis Bargaining and Electoral Competition." *Journal of Conflict Resolution* 48 : 459-486.

Rapoport, Anatol. 1964. *Strategy and Conscience*. New York: Harper & Row. (坂本義和・関寛治・湯浅義正訳『戦略と良心（上）』岩波書店，1972)

Rapoport, Anatol, and Albert M. Chammah. 1965. *Prisoner's Dilemma: A Study in Conflict and Cooperation*. Ann Arbor: University of Michigan Press. (廣松毅・平山朝治・田中辰雄訳『囚人のジレンマ：紛争と協力に関する心理学的研究』啓明社，1983)

Rasmusen, Eric. 1989. *Games and Information: An Introduction to Game Theory*. Oxford: Basil Blackwell. [4th ed., 2006]

Richardson, Lewis. 1960. *Arms and Insecurity*. Pittsburgh: Boxwood Press.

Ruggie, John G. 1998a. "What Makes the World Hang Together? Neo-Utilitarianism and Social Constructivist Challenge." *International Organization* 52(4): 855-885.

——. 1998b. *Constructing the World Polity: Essays on International Institutionalization* (The New International Relations). London: Routledge.

Russett, Bruce M. 1983. *The Prisoners of Insecurity: Nuclear Deterrence, the Arms Race, and Arms Control*. San Francisco: W. H. Freeman. (鴨武彦訳『安全保障のジレンマ：核抑止・軍拡競争・軍備管理をめぐって』有斐閣，1984)

——. 1993. *Grasping the Democratic Peace: Principles for a Post-Cold War World*. Princeton: Princeton University Press. (鴨武彦訳『パクス・デモクラティア：冷戦後世界への原理』東京大学出版会，1996)

Russett, Bruce, Harvey Starr, and David Kinsella. 2004. *World Politics: The Menu for Choice*, 7th ed. Belmont, Calif.: Thomson Wadsworth.

Sabrosky, Alan Ned. 1980. "Interstate Alliances: Their Reliability and the Expansion of War." In J. David Singer, ed. *The Correlates of War, 2: Testing Some Realpolitik Models*. New York: Free Press.

Sartori, Anne E. 2002. "The Might of the Pen: A Reputational Theory of Communication in International Disputes." *International Organization* 56: 121-149.

Scarf, Herbert E. 1967. "The Core of an N Person Game." *Econometrica* 35(1): 50-69.

Schelling, Thomas C. 1960. *The Strategy of Conflict*. Cambridge, Mass.: Harvard University Press. (河野勝監訳『紛争の戦略：ゲーム理論のエッセンス』勁草書房，2008)

——. 1966. *Arms and Influence*. New Haven: Yale University Press.

Schultz, Kenneth A. 2001. *Democracy and Coercive Diplomacy*. New York: Cambridge University Press.

Selten, Reinhard. 1975. "Reexamination of the Perfectness Concept for Equilibrium Points in Extensive Games." *International Journal of Game Theory* 4(1): 25-55.

——. 1978. "The Chain-Store Paradox." *Theory and Decision* 9: 127-159.

Sen, Amartya. 2009. *The Idea of Justice*. Cambridge, Mass.: Harvard University Press.

Shapley, L. S. 1953. "Stochastic Games." *Proceedings of the National Academy of Sciences of the United States of America* 39(10): 1095-1100.

Shapley, L. S., and Martin Shubik. 1954. "A Method for Evaluating the Distribution of Power in

a Committee System." *American Political Science Review* 48(3) : 787-792.
Shubik, Martin. 1984. *Game Theory in the Social Sciences : Concepts and Solutions*. Cambridge, Mass. : MIT Press.
Sigal, Leon V. 1998. *Disarming Strangers : Nuclear Diplomacy with North Korea*. Princeton : Princeton University Press.
Simon, Michael W. 2004. "Asymmetric Proliferation and Nuclear War : The Limited Usefulness of an Experimental Test." *International Interactions* 30 : 59-85.
Slantchev, Branislav L. 2003. "The Power to Hurt : Costly Conflict with Completely Informed States." *American Political Science Review* 97(1) : 123-133.
——. 2005. "Military Coercion in Interstate Crises." *American Political Science Review* 99(4) : 533-547.
Snidal, Duncan. 1985. "Coordination versus Prisoners' Dilemma : Implications for International Cooperation and Regimes." *American Political Science Review* 79(4) : 923-942.
——. 1991. "Relative Gains and the Pattern of International Cooperation." *American Political Science Review* 85 : 701-726.
Snyder, Glenn H. 1984. "The Security Dilemma in Alliance Politics." *World Politics* 36(4) : 461-495.
Snyder, Glenn H., and Paul Diesing. 1977. *Conflict among Nations : Bargaining, Decision Making and International Structure in International Crises*. Princeton : Princeton University Press.
Snyder, Jack L. 1978. "Rationality at the Brink : The Role of Cognitive Processes in Failures of Deterrence." *World Politics* 30(3) : 345-365.
Stein, Arthur. 1990. *Why Nations Cooperate : Circumstance and Choice in International Relations*. Ithaca, N.Y. : Cornell University Press.
Tarar, Ahmer. 2001. "International Bargaining with Two-Sided Domestic Constraints." *Journal of Conflict Resolution* 45(3) : 320-340.
——. 2005. "Constituencies and Preferences in International Bargaining." *Journal of Conflict Resolution* 49(3) : 383-407.
Tarrow, Sidney. 2004. "Bridging the Quantitative-Qualitative Divide." In Henry E. Brady and David Collier, eds. *Rethinking Social Inquiry : Diverse Tools, Shared Standards*. Lanham, Md. : Rowman & Littlefield.
Taylor, A. J. P. 1954. *The Struggle for Mastery in Europe 1848-1918*. New York : Oxford University Press.
Taylor, Michael. 1987. *The Possibility of Cooperation*. Cambridge : Cambridge University Press.（松原望訳『協力の可能性』木鐸社, 1995）
Thomas, L. C. 2003. *Games, Theory and Applications*. New York : Courier Dover Publications.
Thompson, William R., and Richard Tucker. 1997. "A Tale of Two Democratic Peace Critiques." *Journal of Conflict Resolution* 41(3) : 428-454.

Van Evera, Stephen. 1999. *Causes of War : Power and the Roots of Conflict*. Ithaca, N.Y. : Cornell University Press.

von Neumann, John, and Oskar Morgenstern. 1944. *Theory of Games and Economic Behavior*. Princeton : Princeton University Press. [3rd ed., 1953 ; 60th anniversary ed., 2004]（銀林浩・橋本和美・宮本敏雄監訳／阿部修一・橋本和美訳『ゲームの理論と経済行動』（全3巻）ちくま学芸文庫，2009）

Wagner, R. Harrison. 2000. "Bargaining and War." *American Journal of Political Science* 44 : 469-484.

Walt, Stephen M. 1987. *Origins of Alliances*. Ithaca, N.Y. : Cornell University Press.

Waltz, Kenneth N. 1959. *Man, the State and War : A Theoretical Analysis*. New York : Columbia University Press.

――. 1979. *Theory of International Politics*. Reading, Mass. : Addison-Wesley.（河野勝・岡垣知子訳『国際政治の理論』勁草書房，2010）

――. 1990. "Nuclear Myths and Political Realities." *American Political Science Review* 84(3) : 731-745.

Weiss, Thomas G. 2003. "The Illusion of UN Security Council Reform." *Washington Quarterly* 26(4) : 147-161.

Wendt, Alexander. 1992. "Anarchy Is What States Make of It : The Social Construction of Power Politics." *International Organization* 46(2) : 391-425.

Wendt, Alexander, and James D. Fearon. 2002. "Rationalism v. Constructivism : A Skeptical View." In Walter Carlsnaes, Thomas Risse, and Beth A. Simmons, eds. *Handbook of International Relations*. London : Sage.

Wittman, Donald. 1979. "How a War Ends : A Rational Model Approach." *Journal of Conflict Resolution* 23(4) : 743-763.

Wohlstetter, Albert. 1958. "The Delicate Balance of Terror." *Foreign Affairs* 37(2) : 211-234.

Wohlstetter, Roberta. 1962. *Pearl Harbor : Warning and Decision*. Stanford : Stanford University Press.（岩島久夫・斐子訳『パールハーバー：トップは情報洪水の中でいかに決断すべきか』読売新聞社，1987）

Wright, Quincy. 1942. *A Study of War*. Chicago : University of Chicago Press.

本書に関する関連ページ

http://www.qmss.jp/portal/

あとがき

　本書は国際政治に対する数理的および計量的方法の入門書である．「入門」というといずれも読者本位ではあるが，'ビギナー読者に合わせて難しいところは省いた初心者向けの本'の場合と，'よりレベルの高い分野への基礎にしてミニマムの前提を解説し，それによって学問の本質と全体的視野そして何よりも背後の哲学へと導く橋渡しの本'（いいかえると学問の「型」を伝える）という2通りがある．本書はもちろん後者である．したがって，当初より企画・執筆・編集の各段階で，「初心者には難しいからやめておこう」よりは，それが大切なら「せっかくの機会だから，この際かみくだいてそのエッセンスは伝えよう」という読者本位の本づくりを貫くよう努力をした．そういう意味で，単に数学を適用した本というのでなく，国際政治を見る視角と思考の新しい「型」をめざした．東京大学出版会編集部の奥田修一氏から本の英訳名にformalと使ったらどうかという提案もあったが，これもまことに慧眼である．
　以下は企画以来8年の間の執筆・編集雑感の列挙だが，編者のホンネである．

　映画『13デイズ』（'Thirteen Days', 2000, 日本では2001公開）は，人類を核戦争による滅亡の淵に立たせた1962年10月16日〜28日のキューバ・ミサイル危機を描いたものとして迫真であったが，こんな会話場面があった．危機が去った後，話者はケネディー大統領とその弟ロバート・ケネディー（司法長官）で，
　　「よかったよかった，これもドブルィニン（駐米ソ連）大使のおかげだ」
　　「それはそうだ，あの人がほんとうに善い人だったからね」
　実は，核戦争を起こしかねない危険な選択（空爆，侵攻）の可能性は決して低くなく，大統領自身ギリギリの選択の淵にいた．これは一般には知られていない．ここで言及されているのはロバート・ケネディーとドブルィニン大使との極秘会談（同26日）のことであり，会談以降事態は好転し解決へ向かう（ただし，一時的に再び暗転する）．実はこの会話には日本語訳してはわからな

いちょっとした機智があって，'ドブルィ'はロシア語で文字通り「善い」の意，つまり名は実を表したのである．

さて，多くの人々は，このような場合，事件の中核の事実こそその真実を解くカギであり，それを知ることで事件の全体像を再現できると信じていて，青空の雲一つほどの疑いも持たないだろう．だが実際はそうはいかないだろうし，長年意思決定を研究してきた私も同感である．何よりも，キューバ危機の中で誰よりも多くの事実を知るケネディー大統領自身次のよう術懐する．

結局研究者［原典：観察者（オブザーバー）］は究極的決定の本質を知ることはできない——実際，それは多くの場合決定者自身にとっても同じことである．……意思決定過程には不明瞭で錯雑としたことが常にある——それは決定に最も直接的にかかわり合っている者にとってすら不可解なものなのである．

最高意思決定者のこのような自覚はさすがだが，言明の内容自体は当然のことであらためていうほどではない．しかしながら，よく考えてみると，どのような意思決定にもその時点でとられなかった意思決定がいくつもその陰にあったはずであり，それを可視化して比較衡量することは，なぜ当該意思決定がなされたかの分析自体の深化には有意義である．「歴史に if はない」という自主規制も時と所をわきまえなくてはならない．事実は貴重であるが，それを神秘化しないバランス感覚がほしい．本書のメリットもそこにある．

「素人にとって戦争はいいものである」とは，ルネッサンスの人文主義哲学者・神学者エラスムスのことばで，法哲学者ラートブルフ『法哲学』の第29章「戦争」の冒頭にあるのだが（出典の記載はない），以前より大変気になる言葉であった．このことも本書を構想するうえで参考になった．本書の大筋は戦争と平和の論だからである．古代にあっては戦略は将帥（ストラテゴス）の個人的術策（アート）任せで，今日まで普遍理論（サイエンス）といいうるものは残っていないが，「平和」は叡智に富む哲学者，預言者の領分に属し，その知恵によって権力者に助言する所であった．ストア哲学者セネカは皇帝ネロの師であったし，近代国際法の祖グロチウスが深い影響を受けたキケロは政治家にして文人であって，「武器はトガ［ローマ市民の平服］に譲るべき」（Cedant arma togae.）との有名な格言は静かな力を持っている（『義務について』

De officiis).

　もしゲーム理論が「戦略の理論」だとすると人類の歴史的伝統では珍しい産物である．この産物の効用は多様であり，他方にラパポート，ドイッチュなど平和と協力の理想を根にもつゲーム理論とその応用の流れもあり，本書でとりあげたラパポートのTFTの発想もその1つの表れである．ゲーム理論が金太郎飴のようにどこを切っても囚人のジレンマとチキン・ゲームでは知恵がない．今回は協力の思想の流れに全面的に棹差す余裕はなかったが，もし'戦争が素人のもの'だとすると，「平和」の構築こそプロと専門家の叡智を必要とする．ゲーム理論をその方向で発展させていくことは学者の責任でもある．

　本書の有用性や存在の時代的意義はなんであろうか．執筆，編集しているうちに，ヤヌスのごとく2方向を向き2つの時代に属するように思えてきた．1つは前向き（forward）で，そうはっきりと明示したわけではないが，読者諸氏が本書の内容を基礎の踏み台にして，歴史に学び，思考を鍛錬し広い視野を獲得して，未来の平和で多様な世界を知的に構成する一助にしてほしいことであり，もう1つは（悪い意味でなく）後向き（backward）で，本書がそのまま，緊張と紛争に籠断され国家の間で戦争が絶えることなかった人類のある過去の時代の，分析報告書となったことである．20年後に本書が読まれたとき，こんなことを分析していた時代があったのかと，懐かしく思い出されるかも知れない．

　最後に，私事だが，著者は東京神田の古書店主の家庭に生まれ，背丈の何倍もの高さの本の谷間で幼少時を過ごした．それでか，社会科学の古典を原語でスラスラ読むのが憧れであったが，大学志望では家事の都合で数学を選んだ．数学の本質は思考の全体的な整合性と精確さである．カントの『純粋理性批判』は数学を理性の最高形態にして，認識が最終的に準拠すべき範型としている．だが，外国語は横好きで英，仏，独，露，羅（ラテン語）を履修した．ただ浅学の誹りは免れず，本書の分野でも，本当に長い間非常に多くの先輩，同輩，そして若い研究者のお世話になった．本書の執筆で指導的役割の大役を快く引き受けてくださった飯田敬輔氏，執筆者である2人の俊秀西舘崇，芝井清

久氏にはつきない感謝の言葉を述べたい.

　私のゲーム理論歴は 1960 年代前半に遡るが，政治学での計量分析は何よりも筑波大学時代の蒲島郁夫，故佐藤英夫，そして猪口孝氏との共同研究から始まり，東京大学教養学部へ招聘を受けてからは，山影進，山本吉宣，石井明，田中明彦の 4 氏のご理解にずいぶんと助けられた．私の経歴の本筋は多少広く，社会科学の数理で，故村上泰亮，林周二，中村隆英の 3 先生の学恩は決して忘れられないものである．新領域創成科学研究科に移って後は，社会科学分野では国際政治経済の故鬼塚雄丞，柳田辰雄氏との共鳴にも力づけられた．そして，本書の企画段階であるが，上智大学の国際関係論専攻の創立者蠟山道雄先生，共同研究者川口和子，樋渡由美，今井圭子，野宮大志郎，D. ウェッセルズ，高橋久志，吉川元，都丸潤子の諸氏には多くのご意見，批判をいただいた．そして私の現職の大学（聖学院大学）の大木英夫先生，そして何よりも本書の課題と重なる大先輩有賀貞先生には日ごろのご指導に感謝したい．大所高所から，私を叱責してくれる政治哲学，法哲学の田中浩，大木雅夫両先生にも御礼申し上げたい．海外の研究者では，エール大学の B. ラセット，M. シュービック，M. ニコルソン氏の温かい理解に助けられることは多かった．議論の相手になってくれた村主道美氏，英国エセックス大学での短期研究滞在の折行暮れて難儀していた私を助けてくれた谷藤悦史氏のご厚意も現在の私を作っている．最後になったが，私が教えた国際政治の若人の成長も頼もしい．林光，福島啓之，原田至郎，光辻克馬，阪本拓人の諸氏にも，成長してくれてありがとうと正直にお礼をいう年に私もなったようである．

　'13 章' を恙なく終えて 8 年ぶりにホッとしつつ

2012 年立秋をすぎて　松原　望

＊本あとがきはすべて松原個人の考えである．

索引

あ 行

アクセルロッド（Axelrod, Robert） 9-11, 108-111, 129-130
アクター 36
アリソン（Allison, Graham T.） 19
アローの不可能性定理 23
安定集合 6, 81
安定性 75, 80-81
鞍点 41-44
移転可能な効用 78, 95
意図 64
ヴァン・エヴェラ（Van Evera, Stephen） 1
ウォールステッター（Wohlstetter, Albert） 65
ウォルト（Walt, Stephen M.） 217
演繹 169
オイ（Oye, Kenneth A.） 11
オーガンスキー（Organski, A. F. K.） 191
オッズ 180

か 行

解 →フォン・ノイマン＝モルゲンシュテルン解
回帰（分析） 176-179, 192-195
　――係数 178
　――方程式 177
　重―― 179
　ロジスティック―― 182, 197-199
χ^2 検定（独立性の） →検定
拡大抑止 →抑止
核の傘 69
核抑止 →抑止
確率 23-26, 121
　事後―― 144-145
　事前―― 144-145
　主観―― 139-140
　条件付―― 142-143, 148-151
　同時―― 142, 145-147
間隔尺度 →尺度
観衆費用 13, 123
完全情報 →情報

完備情報 →情報
基数的効用 →効用
期待効用 →効用
期待効用仮説 28-30
期待値 2, 26-28
帰納 170
逆向き推論 107
協力ゲーム →ゲーム
拒否権 97, 99-100
ギリーズ（Gillies, D. B.） 82
ギルピン（Gilpin, Robert） 12
均衡（点）
　逐次―― 11
　ナッシュ―― 6-7, 42, 49, 104-106
　部分ゲーム完全―― 7, 104-107
　ベイジアン―― 7, 140, 148-151
偶然手番 →手番
繰り返しゲーム →ゲーム
繰り返し囚人のジレンマ →ゲーム
グレコ（Grieco, Joseph M.） 13
経済制裁 17, 64, 210-217
ケインズ（Keynes, John M.） 24
決定係数 178
ゲーム
　協力―― 6, 73
　繰り返し――（スーパー・――） 108
　繰り返し囚人のジレンマ 9-11, 108-113, 129-133
　鹿狩り 57
　囚人のジレンマ 4, 9-10, 52-55, 60
　ゼロサム・―― 38-39, 62
　チキン・―― 8, 55-56, 66
　調整―― 57-58, 69
　2レベル・―― 14, 114-117, 135-138
　デッドロック 57
　展開形―― 7, 101-107, 125-127
　非協力―― 6, 36
　非ゼロサム・―― 51-58, 153
　ベイジアン・―― 7, 32, 139-140, 153, 167-168

両性の闘い 56-57, 69-72
ゲームの木（デシジョン・ツリー） 7, 102
検定 182
　χ^2――（独立性の） 182-184
権力移行論 192
権力指数　→シャプレー＝シュービックの権力指数
コア 82-83, 90-95
公共財 225-226
効用 20, 23, 121
　――関数 20, 22
　基数的―― 20, 22-23
　期待―― 2, 28-30, 47, 159
　序数的―― 20
功利主義 20
合理性 32-33
国内政治 17-18, 114-115, 134-135, 223-224
国力 185-187
国連安全保障理事会（安保理） 96-100
互恵主義（互恵性） 10, 129-132
後手 102
誤認 167-168
コヘイン（Keohane, Robert O.） 90
コミットメント 57
　信憑性のある―― 8, 16
混合戦略　→戦略

さ　行

サブゲーム　→部分ゲーム
塹壕戦 129-132
散布図（相関図） 172-174
シェリング（Schelling, Thomas C.） 7-9, 65
鹿狩り　→ゲーム
シグナリング（理論） 17, 220
事後確率　→確率
事前確率　→確率
自然状態 111
自然対数　→対数
質的データ 175
私的財 225-226
尺度 175
　間隔―― 176
　順序―― 175-176
　比―― 176
　名義―― 175-176

シャプレー（Shapley, L. S.） 84, 96
シャプレー＝シュービックの権力指数 87, 96-100
シャプレー値 84-87, 95-96
ジャンケン 39, 43
重回帰分析　→回帰（分析）
囚人のジレンマ　→ゲーム
従属変数　→変数
主観確率　→確率
シュービック（Shubik, Martin） 96
シュルツ（Schultz, Kenneth A.） 15, 18
順序
　線形―― 22
　全―― 22
　半―― 22
順序尺度　→尺度
純粋戦略　→戦略
条件付確率　→確率
条件付利得 148
情報
　完全―― 31, 103, 107, 125-127
　完備―― 31, 103
　不完全―― 31, 127
　不完備―― 7, 31-32, 139, 145, 219-220
情報集合 103, 127
常用対数　→対数
勝利集合 116-117, 136-137
勝利連合 18, 224, 228
序数主義 23
序数的効用　→効用
事例研究 170
信憑性 123
信憑性のあるコミットメント　→コミットメント
推移律 21
スナイダー（Snyder, Glenn H.） 9, 217
スナイダル（Snidal, Duncan） 13
スーパー・ゲーム　→ゲーム
スプートニク・ショック 156-158
正規形（戦略形） 36-38
政治体制（政体） 187-190
節 102
切片 178
ゼルテン（Selten, Rhinhard） 7, 104
セレクション・バイアス 200-201

索　引

ゼロサム　37
ゼロサム・ゲーム　→ゲーム
セン（Sen, Amartya）　23
選挙人団（理論）　18, 224
線形順序　→順序
選好　20
選好順序　20-22
全順序　→順序
戦争　12, 14-15, 60, 190-192, 227-229
先手　102
戦略
　　混合——　44-50
　　純粋——　46
　　マクスミン——　40
　　ミニマックス——　41
　　優越——　50-51
戦略形　→正規形
戦略的相互作用　35-36, 145
相関関係　174
相関係数　172, 175
相関図　→散布図
総合国力指数　→CINC
相互確証破壊（MAD）　9
相対利得論　13-14

た　行

対数　180
　　自然——　180
　　常用——　172
第二撃能力　8, 65
大量報復戦略　8
ただ乗り　55, 210
タッカー（Tucker, Albert W.）　53, 108
ダミー変数　→変数
チキン・ゲーム　→ゲーム
逐次均衡　→均衡（点）
チープトーク　15
調整ゲーム　→ゲーム
調整問題　69-70
2レベル・ゲーム　→ゲーム
提携　73, 76
ディージング（Diesing, Paul）　9
t値　178, 195
ティット・フォー・タット（TFT，しっぺ返し）
　　10, 109-111, 131-134

テイラー（Taylor, Michael）　56, 111
デシジョン・ツリー　→ゲームの木
デッドロック　→ゲーム
手番　102
　　偶然——　126
デモクラティック・ピース（論）　12-13, 15, 18,
　　196-202
テラー（Teller, Edward）　65
テロ　203-207
展開形ゲーム　→ゲーム
ドイッチュ（Deutsch, Karl W.）　109
ドイル（Doyle, Michael W.）　12, 196
同時確率　→確率
同盟　217-223
特性関数　75-78
独立変数　→変数
度数分布表　173

な　行

ナイ（Nye, Joseph S., Jr.）　187
ナッシュ（Nash, John F., Jr.）　6, 49
ナッシュ均衡（点）　→均衡（点）
日ソ漁業交渉　192-195
人間開発指数　→HDI
ネオリアリズム　10, 134
ネオリベラリズム　10, 13, 134
能力　64

は　行

配分　75, 78-80
パウエル（Powell, Robert）　11-13
ハーサニ（Harsanyi, John C.）　7, 32, 139-140,
　　167
パットナム（Putnam, Robert D.）　14, 115
パレート原理　22
パレート最適　55
パレート優位（優越）　22
半順序　→順序
比較静学　124
非協力ゲーム　→ゲーム
比尺度　→尺度
ヒストグラム　173
ビスマルク海戦　60-64
非ゼロサム・ゲーム　→ゲーム
p値　184

標準誤差　195
フィアロン（Fearon, James D.）　12-13, 16
ブエノ・デ・メスキータ（Bueno de Mesquita, Bruce）　17-18, 68, 223-228
フォン・ノイマン（von Neumann, John）　5-6, 22, 30, 35-36, 49, 65, 73-74, 89
フォン・ノイマン＝モルゲンシュテルン解　6, 75, 81
不確実性　24, 136
不完全情報　→情報
不完備情報　→情報
部分ゲーム（サブゲーム）　105
部分ゲーム完全均衡　→均衡（点）
フラッド（Flood, Merrill M.）　54, 108
ブラフ　89, 123
プレーヤー　36, 76
ブロディー（Brodie, Barnard）　65
ヘイウッド（Haywood, O. G., Jr.）　60
ベイジアン均衡（点）　→均衡（点）
ベイジアン・ゲーム　→ゲーム
ベイズ（Bayes, Thomas）　140
ベイズの定理（法則）　32, 139-145
米朝交渉　132-134
別払い　78, 95
変数
　　従属──　177
　　ダミー──　176
　　独立──　178
ホッブズ（Hobbes, Thomas）　111

ま　行

マクスミン戦略　→戦略
マーティン（Martin, Lisa L.）　17, 210-216
ミニマックス戦略　→戦略
ミニマックス定理　6, 46, 64
ミュンヘン会談　154-156
未来の影　11, 113
無差別　21
名義尺度　→尺度
モーゲンソー（Morgenthau, Hans J.）　187
モルゲンシュテルン（Morgenstern, Oskar）　6, 22, 30, 35, 73
モロー（Morrow, James D.）　120, 217-221

や　行

有意水準　184
優越戦略　→戦略
抑止　16, 120-127
　　核──　8, 65, 67-68, 120, 127
　　拡大──　69, 128

ら　行

ライト（Wright, Quincy）　190
ラセット（Russett, Bruce M.）　13, 197-199
ラパポート（Rapoport, Anatol）　39, 108-109
ラプラス（Laplace, Pierre-Simon）　140
ランド研究所　65
リーズ（Leeds, Brett Ashley）　217, 221-222
リチャードソン（Richardson, Lewis F.）　190
利得行列　37
両性の闘い　→ゲーム
ルース（Luce, R. Duncan）　23
冷戦　65-69, 156
レイファ（Raiffa, Howard）　23
ロジット　180
ロジット分析　179-182, 196, 203-207
ロジスティック回帰　→回帰（分析）

わ　行

割引因子　11, 111-113

ATOP　221-222
CINC（総合国力指数）　185-187
COW　16, 185
HDI（人間開発指数）　189-190
ICB　197
ITERATE　204
MAD　→相互確証破壊
MID　16, 197
NMC　185
Polity　188-190
TFT　→ティット・フォー・タット

執筆者一覧

松原望（まつばら・のぞむ）
1942年生まれ．スタンフォード大学大学院博士課程修了，Ph.D.（統計学）．現在，聖学院大学大学院政治政策学研究科教授，東京大学名誉教授．主要業績："Conflict and Limits of Power," *Journal of Conflict Resolution*, Vol. 33, No. 1 (March 1989), 『計量社会科学』（東京大学出版会，1997年）．第2章／第3章／第4章第1節・第2節／第5章／第7章第1節・第2節／第8章第2節／第11章第4節・第5節／第12章第2節・第4節担当．著者HP, http://www.virtual-u.net/

飯田敬輔（いいだ・けいすけ）
1960年生まれ．ハーバード大学大学院博士課程修了，Ph.D.（政治学）．現在，東京大学大学院法学政治学研究科教授．主要業績：『国際政治経済』（東京大学出版会，2007年）．第1章／第11章第1節担当．

芝井清久（しばい・きよひさ）
1976年生まれ．上智大学大学院博士後期課程満期退学，博士（国際関係論）．現在，統計数理研究所特任研究員．主要業績：「国際交渉の合意形成における第三当事者への対応問題」『国際政治』第169号（2012年6月）．第4章第3節／第6章／第7章第3節／第8章第4節／第9章／第10章／第12章第3節／補章1担当．

西舘崇（にしたて・たかし）
1978年生まれ．東京大学大学院博士課程修了，博士（国際協力学）．現在，公益財団法人日本国際フォーラム主任研究員．主要業績：「1990年代の朝鮮半島における日米韓の安全保障協力の条件：両性の闘いからの分析」（学位論文），「『嫉妬』は協力をもたらすか」『国際協力学ワーキングペーパー』No.1（2009年）．第4章第4節／第7章第1節・第2節／第8章第1節・第3節／第11章第2節・第3節・第6節／第12章第1節・第2節・第4節／第13章／補章2担当．

国際政治の数理・計量分析入門
2012 年 9 月 26 日　初　版

［検印廃止］

編　者　松原　望・飯田敬輔

発行所　財団法人　東京大学出版会

代表者　渡辺　浩

113-8654　東京都文京区本郷 7-3-1　東大構内
http://www.utp.or.jp/
電話 03-3811-8814　Fax 03-3812-6958
振替 00160-6-59964

印刷所　三美印刷株式会社
製本所　誠製本株式会社

Ⓒ 2012 Nozomu Matsubara & Keisuke Iida
ISBN 978-4-13-032221-8　Printed in Japan

Ⓡ〈日本複製権センター委託出版物〉
本書の全部または一部を無断で複写複製（コピー）することは、著作権法上での例外を除き、禁じられています。本書からの複写を希望される場合は、日本複製権センター (03-3401-2382) にご連絡ください。

松原 望 著	計 量 社 会 科 学	A5・3200 円
松原 望 著	社会を読みとく数理トレーニング 計量社会科学入門	A5・2500 円
東大教養学部 統計学教室 編	統 計 学 入 門 基礎統計学Ⅰ	A5・2800 円
増山 幹高 山田 真裕 著	計 量 政 治 分 析 入 門	A5・2400 円
猪口 孝 編	シリーズ国際関係論（全5巻）	四六各 2500 円
山影 進 著	国 際 関 係 論 講 義	A5・2800 円
鈴木 基史 著	国 際 関 係 社会科学の理論とモデル 2	四六・2800 円
髙木 保興 編	国 際 協 力 学	A5・2800 円

ここに表示された価格は本体価格です．ご購入の際には消費税が加算されますのでご了承下さい．